Mosaik bei
GOLDMANN

Buch

Wann waren Sie zuletzt wirklich glücklich mit Ihrem Partner? Wie sieht Ihr Idealbild von einer harmonischen Beziehung aus? Und wie die Realität? Wird Ihre Beziehung oft durch Missstimmungen, Gereiztheiten oder Streit belastet? Sollten diese Fragen Sie zum Nachdenken bringen, so ist es höchste Zeit, Ihre Beziehung zu entrümpeln!

Rita Pohle zeigt Ihnen, wie Sie die häufigsten Konfliktherde im Alltag entschärfen und mehr Leichtigkeit in Ihr gemeinsames Leben bringen. Lernen Sie, konstruktiv zu diskutieren, statt sich immer nur nervtötende Wortgefechte zu liefern. Befreien Sie sich von falschen Erwartungen und überzogenen Ansprüchen – der Mann an Ihrer Seite wird sich nicht ändern, egal, was Sie auch tun! Mit dem einzigartigen »Weg damit!«-Prinzip befreien Sie Ihre Beziehung von unnötigem Ballast – damit Sie endlich Ihre Liebe genießen können!

Autorin

Dr. Rita Pohle studierte Germanistik, Politologie und Industrial Design. Sie lebt in Stuttgart und arbeitet selbstständig als Interior und Industrial Designerin. Sie berät Firmen und Privatleute in Gestaltungs- und Konzeptionsfragen und hält darüber hinaus Vorträge über Feng Shui und Space-Clearing.

www.spaceclearing.de

Von Rita Pohle außerdem bei Mosaik bei Goldmann:

Weg damit! Entrümpeln befreit (16527)

Weg damit! Büro ohne Ballast (16620)

Weg damit! Die Seele befreien (16690)

Rita Pohle

Weg damit! Die Liebe befreien

Wie Sie Ihre Beziehung entrümpeln

Mosaik bei
GOLDMANN

Alle Ratschläge und Hinweise in diesem Buch wurden
von der Autorin und vom Verlag sorgfältig erwogen und geprüft.
Eine Garantie kann dennoch nicht übernommen werden.
Eine Haftung der Autorin bzw. des Verlags für Personen-, Sach- und
Vermögensschäden ist daher ausgeschlossen.

FSC
Mix
Produktgruppe aus vorbildlich
bewirtschafteten Wäldern und
anderen kontrollierten Herkünften

Zert.-Nr. SGS-COC-1940
www.fsc.org
© 1996 Forest Stewardship Council

Verlagsgruppe Random House FSC-DEU-0100
Das für dieses Buch verwendete FSC-zertifizierte Papier *Munken Print*
liefert Arctic Paper Munkedals AB, Schweden.

1. Auflage
Vollständige Taschenbuchausgabe Dezember 2006
Wilhelm Goldmann Verlag, München,
in der Verlagsgruppe Random House GmbH

Umschlaggestaltung: Design Team München
Umschlagmotiv: zefa/Millenium
Satz: Uhl + Massopust, Aalen
Druck und Bindung: GGP Media GmbH, Pößneck
BS · Herstellung: Han
Printed in Germany
ISBN 10: 3-442-16785-X
ISBN 13: 978-3-442-16785-2

www.goldmann-verlag.de

Inhalt

»Beziehungen entrümpeln?! Bist du wahnsinnig? Willst du jetzt auch noch die Männer entsorgen?« Solche und ähnliche Reaktionen erlebte ich während meiner Recherchen zum Thema dieses Buches. Um es vorwegzunehmen: Die Männer (und auch Frauen) dürfen bleiben! Vielmehr geht es mir darum, den Stress und Ballast aufzuzeigen, der Beziehungen unnötig belastet. Wenn Sie Ihr Haus entrümpeln wollen, brennen Sie es ja auch nicht gleich nieder! Um Missverständnisse gar nicht erst aufkommen zu lassen: Ich persönlich will mir ein Leben ohne Männer nicht vorstellen. Ich brauche sie zwar nicht wirklich, bin finanziell unabhängig und kann auch mit einem Hammer umgehen. Aber ich liebe sie und will nicht ohne sie sein! Nach dem »Warum« darf man nicht fragen. Vielleicht weil ich mir gern rote Pumps mit gelben Punkten kaufe, weil ich mir manchmal Dinge anlache, die ich nicht wirklich brauche, die mich aber glücklich machen. Weil ich meistens meinen Gefühlen, meinem inneren Impuls nachgebe und etwas Verrücktes, etwas Unvernünftiges tue! Es gibt keinen besseren Grund!

Einleitung: Die Liebe entlasten

Die Welt ist voller bemerkenswerter Frauen: Frauen, die sich in wirtschaftlich schlechten Zeiten ohne Eigenkapital selbstständig machen. Frauen, die ihre vier Kinder allein großziehen. Frauen, die mit dem Fallschirm aus einem Flugzeug springen, und solche, die freiwillig in Afghanistan Aufbauhilfe leisten. Allesamt wirklich mutige, geerdete Frauen. Aber sobald ein Mann in ihr Leben tritt, verlieren sie die Bodenhaftung, mutieren zu kleinen, süßen Mäuschen, scheinen fremd- oder hormongesteuert. Ruft der Angebetete mal zwei Tage nicht an, geraten sie vollkommen aus der Fassung! Stunden und Tage verbringen sie damit, nach einer Erklärung zu suchen, spinnen sich Gründe zusammen, telefonieren mit ihren Freundinnen und sprechen darüber mit ihren Therapeuten. Beruflich verantworten sie große Projekte und scheitern an einer Kleinigkeit im Leben: an ihrer Beziehung. Sie investieren erfolgreich in ihre Unternehmen, aber was Männer betrifft, vergeuden sie sich an aussichtslose Fälle. Obwohl ihr Terminkalender knapp kalkuliert ist, verbringen sie Zeit mit Menschen, die ihnen nicht guttun.

Andere Frauen sind mit einem netten Exemplar der männlichen Gattung verheiratet, das sie auf Händen trägt und sie bewundert. Diese Frauen könnten ihr Leben glücklich zusammen mit ihrem Partner genießen. Sie sind jedoch in ihren Beziehungen unzufrieden, genervt von Kleinigkeiten und nörgeln ständig an ihrem Ehemann rum. Oft stellen sie bereits beim geringsten Stress die Beziehung in Frage und denken an Trennung. Die Wegwerfmentalität herrscht auch schon auf der menschlichen Ebene. »Weg mit der alten Beziehung – her mit einer neuen« ist garantiert nicht Botschaft dieses Buches und auch keine praktikable Lösung. Denn damit fängt das alte Spiel nur wieder von vorn an.

Wer sein Haus entrümpelt hat, sein Leben bilanzieren und optimieren möchte, kommt am Thema Beziehungen nicht vorbei. Es ist an der Zeit, auch hier eine Art Kassensturz zu machen. Beziehungen zu entrümpeln bedeutet nicht, den Partner loszuwerden, sondern das eigene Verhalten kritisch zu betrachten und sich zu fragen, welche Faktoren die Beziehung blockieren. Es bedeutet, die Blockaden aufzuspüren und den Ballast zu reduzieren, der das Miteinander stört. Wir überlasten unsere Beziehungen mit falschen Vorstellungen, unrealistischen Hoffnungen und zu hohen Erwartungen an die Spezies Mann. Das kostet Kraft und Energie und führt in den wenigsten Fällen zum Erfolg. Beziehungen zu bilanzieren heißt auch, diese zu ordnen, sich der wahren Schätze bewusst zu werden, sie zu hegen und zu pflegen.

Anstatt harmonisch miteinander zu leben und die Liebe zu genießen, machen wir uns oft genug gegenseitig das

Leben schwer. Dass sich zwei Menschen begegnen und lieben ist so selten, wie in der U-Bahn auf einen Pinguin zu treffen. Doch haben sie sich gefunden, beachten sie einander nicht oder treten sich unachtsam auf die Füße. Unachtsam zu sein bedeutet auch, Beziehungen leichtfertig aufs Spiel zu setzen. Oft schätzt man das, was man hat, wenn es schon zu spät und der Partner weg ist. Dann beginnt das Spiel von neuem: Haben wir keinen, dann geben wir keine Ruhe, bis wir einen haben. Haben wir einen, dann versuchen wir, an ihm herumzuschrauben und zu löten, bis er so wird, wie wir ihn gern hätten. Haben wir das erreicht, gefällt er uns nicht mehr, weil er sich ja so sehr verändert hat.

Tatsache ist: Männer faszinieren uns, und wir lieben sie. Sie schleichen sich – manchmal durch Hintertüren – in unser Herz, und wir werden sie nicht mehr los! Obwohl oder gerade weil sie uns nerven, nicht anrufen, ihre Sachen überall herumliegen lassen, uns nicht verstehen und überhaupt nicht so funktionieren, wie wir das gern hätten, sind sie ein ständig präsentes Gesprächsthema. Sie beherrschen unsere Gefühls- und Gedankenwelt. Wir rotieren um sie wie die Erde um die Sonne und schenken ihnen viel zu viel Aufmerksamkeit. Wir können nicht ohne sie, aber auch nicht mit ihnen! Männer sind uns Frauen wichtig, manchmal zu wichtig. Oft sind es gerade ihre Fehler, die sie für uns so interessant machen. Und anstatt lieber die Finger von den wirklich schwierigen Fällen zu lassen, betrachten wir ihre Macken und Gebrechen noch als Herausforderung und investieren Zeit und Energie in deren Therapie. Würden wir in dieser Zeit auch nur putzen gehen, hätten wir uns im Laufe der Jahre längst einen Porsche zusammengeschrubbt.

Frauen sind von Männern genervt und versuchen, sie zu verändern. Vergessen Sie es! Männer lassen sich niemals ändern. Was wir in der ersten Phase des Verliebtseins noch ganz niedlich fanden, stört uns morgen und wird übermorgen unerträglich. »Liebling, du wusstest doch schon immer, dass ich schnarche, warum stört es dich plötzlich?« Aber anstatt unser Leben lang erfolglos am System »Mann« rumzuschrauben, könnten wir unsere Energie auch konstruktiv einsetzen. »Cook it, peel it or leave it« lautet die Regel für frisches Obst in asiatischen Ländern. Lass die Finger von allem, was du nicht kochen oder schälen kannst, ansonsten kann es dir schlecht bekommen. Welch schönes Bild! Und da wir die Männer weder weich kochen noch ihnen die Haut abziehen wollen, sollten wir sie einfach lassen, wie sie sind! Wir Frauen haben ein Talent, aus dem, was da ist, etwas zu machen. Meistens gelingt es uns doch auch, aus den mageren Resten im Kühlschrank noch ein ganz akzeptables Menü zu zaubern. Also machen wir aus den Männern das Beste!

1. Lieber einen Partner als gar keinen Ärger?!

Wie viel Zeit am Tag verbringen Sie damit, über Beziehungen oder Ihren Partner nachzudenken? Ärgern Sie sich eher über ihn oder über die Tatsache, dass Sie sich über ihn ärgern?

Kommt Ihnen Folgendes bekannt vor? Kein Tag vergeht, ohne dass Sie etwas in Ihrer Beziehung nervt, Sie darüber reden oder zumindest nachdenken. Kein Tag, an dem Sie Ihre Freundin bei partnerschaftlichen Problemen nicht zu Rate ziehen? Auch ohne eine feste Partnerschaft scheint unter Frauen das Thema ständig gegenwärtig, es bietet unerschöpflichen Gesprächsstoff und ist mehr als abendfüllend! Gelegentlich kommt es mir so vor, als reden Frauen mehr *über* ihre Partner als mit ihnen! Partnerschaft ist das Thema Nummer eins der weiblichen Hitparade! Frauen investieren eine Unmenge an Zeit und Energie, um über ihre Männer nachzudenken, diesbezügliche Fachbücher zu studieren, Partnerschaften aufzuarbeiten. Die praktische tagtägliche »Beziehungsarbeit« wie hinter ihnen her zu telefonieren, für sie einzukaufen, ihre Post wegzubringen oder ihre Socken aufzulesen nicht mitgerechnet. Und oft genug steht die Frage im Raum: »Warum tue ich mir das an?«

Frauen können heutzutage eine Bohrmaschine professionell handhaben, aber sie durchschauen nicht, wie Männer funktionieren. Attraktive, intelligente, selbstständige, scheinbar unabhängige Frauen leben nach dem Motto »Lieber einen Mann als gar keinen Ärger«. Sie sind mit Männern zusammen, die ihnen allem Anschein nach weder charakterlich noch beruflich das Wasser reichen können. Sie ertragen es, von ihnen missachtet, verachtet, seelisch und manchmal auch körperlich misshandelt zu werden. Sie entschuldigen im privaten Bereich schlechte Manieren und blenden manche Verhaltensweisen komplett aus. »Er meint es nicht so« klingt wie der bekannte Zuruf eines Hundebesitzers an den Jogger »Der beißt nicht, der will nur spielen«. Auf geschäftlicher Ebene würden sie dieses Verhalten nie und nimmer akzeptieren.

Ob man mit ihnen nun privat oder geschäftlich zu tun hat, eins wird immer wieder deutlich: Männer sind, wie sie sind! Und das mit einer großen Selbstverständlichkeit. »Wenn ich sie manchmal in Besprechungen beobachte, überkommt mich der Wunsch, mir ihr Selbstbewusstsein, gepaart mit völliger Inkompetenz, mal für einen halben Tag auszuleihen!« Nicht nur Karen, 42, selbstständige Unternehmerin, geht es so. Natürlich ist hier nur von »manchen« Männern die Rede. Von denen, die nassforsch auftreten und sich für die Größten halten, einem dicht auf die Pelle rücken, ohne es zu bemerken. Sie reden ungefragt und das viel zu lange, monologisieren und hören anderen nicht zu. Für sie selbst stellt das kein Problem dar. Einzig uns Frauen scheint es zu stören. Wir weisen sie vielleicht mit einem Blick in ihre Schranken, aber kann ein Mann diesen auch deuten? Wir rücken von ihnen ab und sie sehen das noch als Aufforderung, uns zu folgen. Wenn Frau dann endlich mal das Wort ergreift, spielen sie gelangweilt mit ihrem Handy.

Im privaten Leben sieht es nicht viel anders aus: Männer scheinen nicht zuzuhören und sie rufen nicht an. Sie pinkeln im Stehen und machen danach den Klodeckel nicht zu. Sie tragen hellbraune Unterhosen mit kleinen Mustern oder Krawatten mit Mickymäusen. Sie wissen alles besser und erklären uns die Welt. Sie machen sich breit – in der U-Bahn, im Bett und anderswo. Sie können sich nicht benehmen und kratzen sich an den unmöglichsten Stellen. Sie wissen nicht mal, wie man das Wort Kompliment schreibt, und können Fremdworte wie »Entschuldigung« oder »Ich liebe dich« nicht aussprechen. Sie haben eine Allergie gegen Schnittblumen. Sie leiden nicht nur an Legasthenie (Statistiken zeigen: Sie schreiben nur ungern und lassen lesen), sondern auch an Dyskalkulie (Rechenschwäche, verkalkulieren sich im Zentimeterbereich). Sie vergessen die unwichtigen privaten Daten, aber niemals PS und Hubraumgrößen, ROM oder die Fußballergebnisse. Dabei sind sich Männer wie Frauen in einem Punkt meist einig: Eigentlich passen sie gar nicht zusammen. Diese beiden Spezies sind so wenig kompatibel wie Schokoladeneis mit sauren Gurken. Und dennoch verbringen sie ihr Leben miteinander. Fakt ist: Sie können nicht mit und noch viel weniger ohne einander! Aber wo liegt das Problem?

Wenn Männer zu sehr nerven

Die meisten Frauen sind unzufrieden, genervt und enttäuscht. So haben sie sich das gemeinsame Leben nicht vorgestellt! Ist die Phase der Verliebtheit und vor allem der Werbung abgeschlossen, macht sich Ernüchterung breit. Ungelöste Konflikte erzeugen Spannungen, und die Kleinigkeiten des Alltags sind oft die zündenden Funken, die das Pulverfass zur Explosion bringen können. Ich habe übers Internet eine Umfrage mit folgenden Fragen gestartet: »Was nervt dich an deinem Partner/ deiner Partnerin? Was liebst du an deinem Partner/deiner Partnerin?« Unzählige Frauen und genau vier Männer haben mir geantwortet.

An erster Stelle stehen die unterschiedlichen Auffassungen zum Thema Hausarbeit: »Den Alltag im Haushalt finde ich am nervenaufreibendsten, er arbeitet, also bin ich allein für Kinder und Haus zuständig. Dass er sich nicht mal selber 'nen Tee machen kann, geschweige denn weiß, wo die Teekanne steht...« Auch mit der Ordnung scheinen es viele Männer nicht so genau zu nehmen: »Er sammelt und sammelt und räumt nichts weg, und mich nervt ganz besonders, dass er ständig sein Zeug überall herumliegen lässt.« Viele Frauen beklagen die männliche Selbstüberschätzung und ihre Unfähigkeit, sich zu entschuldigen: »Männer kommen sich wichtiger und gescheiter vor, als sie wirklich sind, und als Gesprächspartner wollen sie unbedingt besser sein und können es dann nicht zugeben, wenn dem einmal nicht so ist.«

»Sie sind manchmal schrecklich rechthaberisch und dominant und wollen Frau die Welt erklären.« Oder: »Meiner ist ein nörgelnder Kritiker, der überall und in jeder Suppe ein Haar findet. Spitzfindig weiß er alles besser, korrigiert jedes Wort, präzisiert wie ein Lehrer die Worte seiner Gesprächspartner und stülpt generell über jede Meinung seine. Dabei ist er langweilig und bringt keine interessanten oder bereichernden Inhalte.« Das klingt in der Tat hart! Und es geht noch weiter: »Sie hören nicht zu, denn sie glauben schon von vornherein zu wissen, was man sagen möchte.« Es ist nicht so, dass Männer keine Gefühle zeigen, aber oft »reduzieren sich diese Gefühle auf Selbstmitleid und Launenhaftigkeit. Da sie Angst vor Aussprachen auf der Gefühlsebene haben, lenken sie ab oder gehen gleich ganz weg.« Für Frauen völlig unverständlich ist die Unfähigkeit der Männer, sich zu entschuldigen und »wenn sie sich nach einer Enttäuschung ganz zurückziehen und nichts mehr von sich hören lassen, weil sie glauben, sie würden sonst ihr Gesicht verlieren«. Ebenso unerklärlich finden Frauen den männlichen Ehrgeiz »Immer Erster und der Beste sein zu müssen«. Und damit sind wir bei der Behauptung, dass »Männer generell meistens schweifgesteuert sind«. Bis auf die, die »Sex nach Verordnung, das heißt, heute will ich lesen, wir verschieben das auf morgen Abend...« praktizieren. Beklagt wird »schlechter Sex« oder »seine absolute Fantasielosigkeit in Sachen Erotik«. Alternativ steht dann »das Gezappe am Fernseher« auf dem Programm. Das Ganze findet dann, wenn auch kein lautloses Ende, »wenn er vor dem Kasten einschläft und dabei auch noch schnarcht!«. Die Bandbreite ist groß: »Mal sind sie zum Knuddeln, mal zum Auf-den-Mond-Schießen.« Ziemlich abgebrüht ist die Auffassung von Maya, 49 Jahre: »Männer sind nur zu einem da: zum Vergnügen. Und wenn sie das nicht erfüllen, die Bilanz nicht mehr stimmt, mehr Ärger da ist als Freude, dann schick ich den Kerl in die Wüste und vergnüge mich allein!«

Stattdessen: Erinnern Sie sich!

Wir haben es meist vergessen, aber da war doch mal was? Die Erinnerungen sind vergraben, aber vor langer Zeit verliebten Sie sich doch in Ihren Partner, fanden ihn anziehend. Erinnern Sie sich! Wie war das damals? Wie war Ihre erste Begegnung? Was hat Sie an ihm fasziniert? Sicher hat Sie zunächst nichts gestört, irgendetwas hat Sie in seinen Bann gezogen! Holen Sie sich dieses Gefühl, das Sie bei der ersten oder den nachfolgenden Begegnungen hatten. Das Gefühl, das Kribbeln verursachte, die Bilder, die Sie damit verbinden!

Dieses Gefühl sollten Sie »konservieren« und es immer wieder dann abrufen, wenn Sie ihn gerade mal wieder »auf den Mond schießen« könnten. Dann holen Sie sich dieses innere »Polaroid« und erinnern Sie sich an die Zeit Ihrer intensivsten Gefühle! Wo sind diese heute? Sind sie ganz verschwunden oder nur unter dem Alltagskram vergraben? Was müssten Sie tun, um sich zusammen wieder so wie damals zu fühlen? Denn eigentlich machen wir uns doch nur gegenseitig das Leben schwer, anstatt es miteinander zu genießen! Hatten Sie damals in der verliebten Phase Ihres Lebens nicht auch das Gefühl, dass Sie auf ein »Schatzstück«, auf etwas ganz Besonderes gestoßen sind? Und Sie hatten Recht! Denn es passiert selten genug, dass sich zwei Menschen treffen und lieben. Also machen Sie sich bewusst, wie kostbar und einmalig die damalige Begegnung mit Ihrem Partner war und wie wertvoll Ihre Beziehung auch heute noch ist. Das ist viel schwerer, als unachtsam auf der Beziehung herumzutrampeln!

Wenn Frauen Männer schätzen

Männer sind der Frauen liebstes Gesprächsthema! Sie mögen ihre Unkompliziertheit, dass »Mücke Mücke bleibt und Elefant Elefant ist«, ihre handwerklichen, praktischen Seiten und dass sie »für jedes Problem eine Lösung haben im Vergleich zu Frauen, die für jede Lösung ein Problem parat haben«. Sie »sind gute Diagnostiker, haben einen eingebauten Werkzeugkasten im Kopf und wirken beruhigend, da sie genau wissen, was mit dem Auto los ist, wenn es merkwürdige Geräusche macht«.

Frauen schätzen Männer, »weil sie für häusliche Atmosphäre sorgen, indem sie die Wohnung rundum mit Holz verkleiden und den Fußboden mit ihren Socken dekorieren«. Im Zeitalter der Emanzipation sind Frauen oft glücklich darüber, dass sie sich in Dingen, »von denen ich wenig oder nichts weiß oder die mich nicht im Geringsten interessieren wie Steuern, Buchhaltung und Formulare« voll auf den Mann verlassen können. Praktisch ist auch, dass er vor Reisen »Kofferanhänger ausfüllt, Versicherungen abschließt und den Herd ausschaltet«. Ein Aspekt darf nicht zu kurz kommen – die männliche Anatomie und Körperlichkeit. Manche Frau schätzt seine »Hände, die so groß wie Klodeckel sind« oder seinen »Waschbärbauch« (im Zeitalter der Waschmaschine kann Frau anscheinend auf Waschbrettbäuche verzichten). Die meisten Frauen scheinen mehr auf kuschelige und knuddelige Typen zu stehen: »Ich kuschle mich gern an ihn.« Nicht zu unterschätzen und praktisch im Alltag ist ihre männliche Kraft, mit der sie »schwere Lasten wie Sprudelkästen schleppen können« (ob sie es tun, steht auf einem anderen Blatt). Und ein ganz wichtiger Punkt: »Sie können ganz hervorragend Spinnen töten!« Überhaupt schätzen Frauen an Männern, dass sie »dufte Kumpel, die nicht so zimperlich wie Frauen sind«, die ihnen auch ab und zu mal ihre »starke Schulter zum Ausweinen und Anlehnen« geben.

Manche Eigenschaften werden eher ambivalent bewertet wie »ihre Sparsamkeit, dass sie kein unnötiges Geld für Geschenke ausgeben« oder »das Wissen, womit sie uns ungefragt beglücken«. »Männer geben uns Fragen auf Antworten, die Frauen allem Anschein nach nie gestellt haben. Sie liefern kostenlose Weiterbildung und Frau kann auf dem horizontalen Bildungsweg schwierige Sprachen wie Finnisch genauso bequem lernen wie die Unterschiede zwischen Hydraulik und Pneumatik. Wenn sich zu seiner Intelligenz auch noch Humor gesellt, hat Frau eigentlich fast alles, was sie braucht! Doch auch seine sexuell-erotische Anziehung ist nicht zu unterschätzen. Es geht nicht nur bei Männern um »Sex und immer wieder Sex und zwar guten Sex« (was immer das ist), wobei der Austausch von Zärtlichkeiten nicht zu kurz kommen darf. Dass Männer dabei ganz bei der Sache sind, schätzen »multitasking-fähige« Frauen besonders: »Er kann Sex haben, obwohl das Haus abbrennt! Aber ist das wirklich ein Vorteil? Aber dieses Fokussiertsein auf eine Sache, das ist es!!!!« Frauen blicken neidisch auf diese männlichste aller Fähigkeiten, »im Chaos einschlafen zu können oder den Kopf einfach in den Sand zu stecken und Probleme vorübergehend ausschalten zu können. Männer haben einen eingebauten Ein-Aus-Schalter. Bei Frauen funktioniert höchstens der Dimmer!«

Stattdessen: Eine andere Sichtweise

Wir neigen eher dazu, das Glas halb leer anstatt halb voll zu sehen. Die Welt wie auch den Partner unter dem Aspekt »Was fehlt zum Glück« zu betrachten, als eine Ansammlung von Defiziten, scheint normal. Steigen Sie auf einen Stuhl, stehen Sie Kopf, tun Sie was auch immer – nur verändern Sie einmal Ihre Perspektive! Betrachten Sie ihn aus einem anderen Blickwinkel. Nehmen Sie doch einfach mal das, was Sie stört, und verwandeln Sie es in eine »Qualität«. Es nervt Sie beispielsweise, dass er zu früh nach Hause kommt (ja, das gibt es tatsächlich!) und machen Sie daraus den Satz: »Schön, dass du so früh nach Hause kommst.« Stört es Sie immer noch? Dann suchen Sie nach den Vorteilen, die Ihnen dadurch entstehen! Entdecken Sie die Stärke hinter einer scheinbaren »Schwäche« und probieren Sie, etwas Positives daraus zu machen. Wenn er schon so früh nach Hause kommt, kann er Sie beispielsweise beim Einkaufen begleiten und Ihnen tragen helfen. Somit entlastet er Sie. Vielleicht fühlt er sich dadurch aber belastet und kommt morgen wieder später!

Ihn können Sie nicht verändern, sondern nur Ihre eigene Betrachtungsweise. Darum können Sie genauso gut mit der Nörgelei und dem Kritisieren aufhören. Eine schwierige Übung? Dann fangen Sie klein an, indem Sie nur am heutigen Tag mal ohne auskommen. Morgen können Sie sich ja von neuem entscheiden! Der nächste Schritt wäre dann, sein Leben zu bereichern. Das klingt ein wenig hoch gegriffen, aber haben Sie Ihrem Partner oder Ihrer Partnerin heute schon etwas Nettes gesagt? Ihm ein Kompliment gemacht? Ihn gelobt? Beispielsweise: »Ich mag an dir, dass du so stark bist.« Und das schätzen Frauen an Männern ja tatsächlich. Also sagen Sie es ihm doch mal. Formulieren Sie es ganz persönlich, indem Sie Ihren Satz mit »Ich ...« beginnen (und vergessen Sie die Einschränkung »aber du könntest in Zukunft mehr ...«). Eine ganz kleine Übung, um Sonne in Ihren Tag und in den eines anderen Menschen zu bringen, die nichts kostet! Was haben Sie zu verlieren, wenn Sie Ihren Mitmenschen ein Lächeln und ein nettes Wort schenken?

Was Frauen nervt, das lieben sie

Seltsamerweise kam bei der Frageaktion heraus, dass Frauen das, was sie an Männern nervt, gleichzeitig auch schätzen. »Er ist so autistisch und sagt kaum was« wird als störend beschrieben und zwei Sätze weiter schätzt sie an ihm, »dass er der ruhende Pol ist«. Wir lieben an ihnen genau das, was wir auch an ihnen hassen! Und das ist auch gut so, denn das eine ist ohne das andere nicht zu haben! Jede Medaille hat schließlich zwei Seiten, die meist zwischen Extremen pendeln. Cool und gelassen macht sich Mann selbst dann keine übermäßigen Sorgen, wenn Frau kurz vor einer Notoperation steht. Mit lösungsorientierten Ratschlägen wie »Falls es dir schlechter geht, ruf deine Mutter an« steht er hilfreich zur Seite. Immerhin ist er um sein eigenes Wohl besorgt, verabschiedet sich von seiner kranken Frau, um mit den Kumpels zum Essen zu gehen.

Dass Männer schlecht über ihre Gefühle reden können, ist nichts Neues, aber wenn sie dann doch was sagen, ist es für eine Frau ein selteneres und faszinierenderes Erlebnis als Schneefall am Strand von Teneriffa: »Faszinierend, weil sie eben so anders sind und ganz besonders, wenn sie ihre Gefühle zeigen und man mit ihnen darüber sprechen kann. Es ist eine ganz neue Erfahrungswelt für mich als Frau, die sich da auftut.«

Selbstverständliche Kleinigkeiten wie »mich in meinen Interessen zu unterstützen und auch den Freiraum zu geben, diese umzusetzen« werden von Frauen mit großer

Dankbarkeit registriert. Zwar bemängelt sie, dass er sie nicht versteht, falls er es doch mal versucht, treibt »seine Aufmerksamkeit, sein Bemühen, mich zu verstehen« ihnen fast Tränen in die Augen. Frauenherzen schmelzen dahin, »wenn ein Mann ein wenig aufmerksam ist, ein wenig romantisch, Tiere und die Natur liebt, einen Blick für das Schöne hat und auch das Leben genießen kann«. Zwar nervt es ohne Ende, dass er im Haushalt keinen Kochlöffel findet, aber wenn er dann ein »guter Koch ist und dies oft unter Beweis stellt«, bekommt der Kandidat von ihr hundert Punkte! Im selben Text, in dem sein vorlautes Wissen und sein Egoismus kritisiert werden, schätzt sie ein paar Sätze weiter »seinen sachkundigen Rat in vielen Lebenslagen, er ist ein sehr guter Zuhörer und nimmt jeden gesprochenen Satz wirklich ernst und macht sich dazu seine Gedanken«. Aber sie selbst bringt es auf einen Nenner: »Eigentlich frage ich mich, warum ich gerade diesen Mann liebe! Es ist Hass und Liebe zu gleichen Teilen.« So wenig Mann und Frau kompatibel sind, lieben die meisten Frauen an den Männern allgemein, »dass sie halt einfach Männer sind!«.

Stattdessen: Mehr Leichtigkeit!

Alles wird leichter, selbst die Wurst hat nur noch halb so viel Fett, der Joghurt so gut wie gar keins und Light-Produkte stehen bestimmt auch in Ihrem Kühlschrank. Aber wie sieht es mit der Leichtigkeit in Ihrem Leben aus? Drücken Sie banale Sorgen? Ärgern Sie sich über Lappalien, über die man eigentlich auch lachen könnte? Lassen Sie sich von der schlechten Laune anderer anstecken? Was ist denn schon das Problem an einer kleinen Beule im Auto? Passiert ist passiert, und es lässt sich schließlich reparieren! Was ist schon so schlimm daran, dass er den Hochzeitstag vergessen hat? Immerhin sind Sie ja noch verheiratet!

Mehr Leichtigkeit ins Leben zu bringen heißt, nicht alles so verbissen zu sehen! Nehmen Sie Lappalien doch nicht so wichtig – das Leben ist hart genug und eine Beziehung ist kein Weltkrieg. Lachen Sie über sich selbst und verordnen Sie Ihrer Beziehung mehr Humor. Lachen ist gut für den Teint, durchblutet das Gehirn und ist vollkommen kostenlos! Nehmen Sie Ihr Lachen auch mit ins Bett. Sex ist kein Triathlon und sollte eigentlich Spaß machen!

Bringen Sie mehr Leichtigkeit in eine Beziehung, indem Sie sie nicht komplizierter als nötig gestalten. Einfache Beziehungen könnten solche sein, die nicht überladen von Ansprüchen sind, in denen sich zwei Menschen einfach gut verstehen. Und das kann ganz einfach sein. Aber Harmonie und Glück sind in der heutigen Zeit suspekt! Wer keine »Beziehungsprobleme« hat, hat wohl ein »einfaches« Gemüt, das schon fast an »Dämlichkeit« grenzt. Der Mensch misstraut allem Einfachen und schlägt sich lieber mit dem Komplizierten herum! Nehmen Sie es deshalb leicht, auch auf die Gefahr hin, »einfach« strukturiert zu erscheinen!

Wenn Frauen zu sehr nerven

Haben Sie sich schon mal gewünscht, Mäuschen zu sein, wenn sich Ihr Mann mit seinen Freunden trifft? So unter dem Kneipentisch zu sitzen und ihren Gesprächen zu lauschen? Ich glaube, Sie wären enttäuscht! Sie würden zusammen mit den anderen Mäusen vor Langeweile einschlafen! Männer reden über alles Mögliche: Formel eins, Beruf, Sport und Fitness, Politik, Weine, Autos, Motorräder, Computer, Internet und am Rande auch über Frauen. Aber meistens nicht über ihre eigenen. Und falls doch, sind sie ähnlich genervt: Sie sind von Frauen irritiert, von deren schlechter Laune, ihrer Unzufriedenheit, die Männer nicht nachvollziehen können, von ihrem ständigen Genörgel. Frauen bringen Männer zur Verzweiflung, weil sie alles Mögliche ständig diskutieren müssen. »Lass uns darüber reden« ist ein Satz, der Männer in die Flucht treibt! Jede noch so winzige Kleinigkeit zum abendfüllenden Gesprächsthema machen zu wollen, ist wohl typisch weiblich. Männer haben oft das Gefühl, dass man den Frauen nichts recht machen kann! Kommt man früh nach Hause, dann fühlt sich Frau überrumpelt, kommt man spät nach Hause, gibt es auch Stress. Männer stört, dass Frauen Entscheidungsprobleme haben und oft nicht wissen, was sie wollen. Dass Frauen gemeinsam aufs Klo gehen und ständig kalte Füße haben, finden Männer ja noch ganz amüsant. Aber dass Frauen zu wenig zum Anziehen, aber umso mehr zum Meckern haben, stört sie ebenso wie ihre Fähigkeit, ihnen allein durch einen Blick ein schlechtes Gewissen zu machen. »Ich fühle mich wie ein Schwerverbrecher, der nicht weiß, was er verbrochen hat« (Wolfgang, Ingenieur, 34 Jahre). »Mich nervt am meisten, dass sich meine Frau viel mehr Mühe für ihr Äußeres gibt, wenn wir irgendwo einen Besuch machen, aber wenn wir allein weggehen, tut sie es nicht« (Jan, 39 Jahre). Hier schwingt wohl etwas Eifersucht mit. Wobei Männer, genauso wie Frauen, nicht auf das allgemein propagierte Schönheitsideal stehen, denn »sie sollten sich mal mit etwas anderem als mit ihrer Figur befassen, die meisten Frauen sind aus meiner Sicht so, wie sie sind, völlig in Ordnung«.

Dass hier so wenig steht, liegt daran, dass auf meine »Rundfrage« nur vier Männer geantwortet haben. Männer sind von Frauen weniger genervt, nicht etwa, weil sie weniger Gründe hätten als umgekehrt, sondern weil sie sich gedanklich weniger mit ihnen beschäftigen. Ob uns Frauen das gefällt oder nicht: Wir sind für Männer meist eine der schönsten Nebensächlichkeiten, während sie für uns die Hauptsache in unserem Leben darstellen. Tatsache ist, dass Frauen weitaus anspruchsvoller an eine Beziehung herangehen, weil sie mehr Energie, Gefühle und Zeit investieren wollen und verständlicherweise auch mehr davon profitieren möchten. Sind Männer mit »weniger« zufrieden, weil sie auch »weniger investieren«?

Stattdessen: Selbstkritik und Selbsteinschätzung

Warum sich immer nur mit Ihrem männlichen Gegenüber beschäftigen? Sehen Sie doch mal in den Spiegel und fragen

Sie sich offen und nicht feindselig: Was ist echt an mir? Was gebe ich vor zu sein? Wer bin ich wirklich? Ergänzen Sie Ihre Selbsterkundung mit folgenden Listen:

1. Meine positiven Eigenschaften
2. Meine negativen Eigenschaften
3. Meine Fähigkeiten
4. Meine Stärken
5. Meine Schwächen

Welche Aufzählung ist Ihnen am leichtesten gefallen? Darf ich raten? Falls es die Punkte 2 und 5 waren, haben Sie noch einiges vor sich, um Ihren Selbstwert aufzupäppeln! Aber egal, was wirklich auf Ihren Listen steht, es ist nie zu spät, sich selbst wertzuschätzen, denn nur dann können Sie auch anderen echte Wertschätzung entgegenbringen! Positive oder negative Eigenschaften? Alles ist ein Teil von Ihnen, also stehen Sie einfach dazu! Seltsamerweise fällt es den meisten Frauen leichter, sich zu ihren Schwächen zu bekennen als zu ihren Stärken.

Die Selbsteinschätzung von Frauen und die von Männern ist völlig unterschiedlich! Männer überschätzen sich meist, während Frauen sich unterschätzen! Die weibliche Selbstwahrnehmung ist oft getrübt. Frau sieht sich selbst als einen Ausbund an Defiziten und weiß sofort, was ihr nicht gefällt oder was sie nicht kann. Sie betrachtet sich immer aus der Perspektive »halb leeres Glas«.

Um die Selbsterkenntnis und realistische Selbsteinschätzung zu fördern, ist es nicht verkehrt, sich Unterstützung zu holen. Wie sehen mich andere? Vergessen Sie die Frage, wie Sie glauben, dass andere Sie sehen! Stattdessen sollten Sie Ihre Freundinnen oder Kolleginnen ansprechen, um sich ein Feedback zu Ihrer Person einzuholen. Aber Vorsicht, es könnte auch schmerzhaft werden! Können Sie mit Kritik umgehen? Holen Sie sich aber auch ein Lob, wo es gerechtfertigt ist, und nehmen Sie bitte auch das zur Kenntnis, was Sie gut machen, worin Sie gut sind! Diese so genannte Fremdwahrnehmung bildet zusammen mit Ihrer Selbstwahrnehmung einen Teil des Puzzles Ihrer Persönlichkeit. »Du kannst richtig gut zeichnen, hat dir das schon mal jemand gesagt?« Nein, natürlich nicht, und falls doch, hätten Sie es dann geglaubt? Also hören Sie in Zukunft zu, wenn sich Ihr Gegenüber positiv zu Ihren Fähigkeiten äußert!

Was Frauen selbst am meisten nervt

Wie schon gesagt nimmt das Thema Beziehungen und Partnerschaft im weiblichen Leben einen mehr oder weniger großen Raum ein. Bei Frauen dreht sich alles um das Thema Mann! Und das nervt uns selbst am meisten. Wir bewundern und hassen sie gleichermaßen, wir erliegen ihrem Charme, wir lassen uns immer wieder um den kleinen Finger wickeln. Wir verzeihen und vergeben, wir sind zu gutgläubig. Wir flattern um sie herum wie die Motten ums Licht. Und wenn wir ihnen zu nah kommen, kann es sein, dass wir uns den Pelz verbrennen. Wir versuchen an etwas anderes zu denken und es gelingt uns nicht. Ständig und immer wieder schleicht »er« sich in unseren Kopf! Wenn Sie Ihr Leben als eine Torte betrachten, welchen Anteil hat dann das Thema Beziehung? Die halbe Torte? Oder ist es nur ein Stück? Die Sahne oder nur die Kirsche? Oder die gesamte Torte? Seien Sie ganz ehrlich! Wie sieht Ihre Bilanz aus? Warten Sie mehr auf Ihren Partner, als dass Sie Zeit mit ihm verbringen? Oder denken Sie mehr an ihn, als dass Sie tatsächlich an seiner Seite sind? Dann stimmt zum einen die partnerschaftliche Bilanz nicht, weil Sie zu viel gedankliche Energie investieren. Ihre Beziehung hat vielleicht dann keinen Sucht-, aber einen Abhängigkeitscharakter. Wir sprechen von Sucht, wenn das Denken an die Droge (Essen, Alkohol, Sex) mehr als die Hälfte der Zeit und Energie einnimmt. Sehen wir doch mal der Tatsache ins Auge: Wie abhängige Junkies kreisen unsere Gedanken um das Thema »Mann«! Und das nervt uns am meisten! Uns stört, dass wir über ihre Fehler immer wieder hinwegsehen, ihnen immer wieder verzeihen, um ein weiteres Mal auf die Nase zu fallen, dass wir um sie rotieren, uns abhängig machen, sie bedienen und anscheinend nicht lernfähig sind, dass wir mehr geben als erhalten, dass wir sie ernster nehmen als sie uns!

Stattdessen: Gedankenkontrolle

Alles, was an Gedanken in Ihnen »spukt«, ist selbst fabriziert! Es sind doch Sie, die sich diese Gedanken machen? Oder nicht? Also woher sollen sie denn kommen? Sie allein sind verantwortlich, sind die Gestalterin Ihrer eigenen Gedankenwelt! Ist das nicht gut, zu wissen? Denn wenn Sie einen Gedanken erschaffen können, dann können Sie diesen auch wieder unterbinden! Also machen Sie sich nicht zum »Opfer« Ihrer Gedankenwelt, sondern zum Schöpfer. Gedanken kommen und gehen, halten Sie sie fest und üben Sie Kontrolle auf sie aus. Dies gelingt am besten, wenn man auf Distanz zu sich selbst geht. Denken Sie beispielsweise wieder an Ihren Freund, der seit Tagen nicht angerufen hat und den Sie nicht erreichen. Nehmen Sie Ihren Gedanken genau unter die Lupe: »Hallo, lieber Gedanke, da bist du ja schon wieder!« Damit akzeptieren Sie ihn. Falls er unablässig auftauchen sollte, halten Sie ihn in Schach! »Du darfst kommen, aber einmal in der Stunde reicht.« Schicken Sie ihn wieder weg, er kann warten. Wie ein kleines Hündchen, das Sie dressieren, können Sie auch Ihre Gedankenwelt allmählich kontrollieren.

Wenn Sie an etwas nicht denken wollen, kommt es immer wieder. »Ich habe keinen Hunger« bedeutet im Klartext »Ich habe Hunger«, und der Hunger wird Sie nie verlassen. »Ich habe in einer Stunde Hunger« weist Ihrem Gedanken einen zeitlichen Rahmen zu. Also kontrollieren Sie Ihre Gedanken! Gedanken sind Energie und haben die Kraft, sich zu verwirklichen. »Das geht bestimmt daneben« ist ein absolut destruktiver Gedanke, der sich dann wohl auch verwirklicht! Polen Sie den Gedanken um in »Ich werde es schaffen«.

Immer wiederkehrende Gedanken wie »Ich bin so allein und keiner liebt mich« werden garantiert nicht dazu führen, dass ein Partner angezogen wird. Also »hungern« Sie den Gedanken aus! Fragen Sie sich bei jedem Gedanken, der in Ihrem Kopf auftaucht: Soll dieser mein weiteres Leben bestimmen? Blockiert er mich für meine Zukunft? Dann »löschen« Sie ihn aus Ihrem Kopf, indem Sie einen anderen Gedanken an seine Stelle setzen. Schreiben Sie ihn zu Beginn auf, denn was schwarz auf weiß vor Ihnen steht, hat mehr Kraft! Wenn der alte Gedanke kommt, ersetzen Sie ihn durch den neuen, den Sie aufgeschrieben haben! Immer wiederkehrende Gedanken kann man zeitlich begrenzen, indem man ihnen pro Stunde beispielsweise eine Minute zubilligt und diese selbst festlegt. Irgendwann, wenn Sie immer wieder zur vollen Stunde an ihn gedacht haben, verschwindet er von selbst. Warum sollten Sie beispielsweise mehr Zeit damit verbringen, an einen Menschen zu denken, als tatsächlich mit ihm zusammen zu sein! Wenn das der Fall ist, stimmt die Bilanz nicht! Hier kann man von Männern lernen, die meist nur dann an ihre Liebste denken, wenn sie vor ihnen steht! Also bringen Sie Ihre Gedanken mit Ihrer Realität in Deckung! Und die einzige Realität, die es gibt, ist die in dieser Sekunde an diesem Ort! An ihn zu denken reicht noch, wenn er persönlich vor Ihnen steht! Alles andere ist verschwendete Energie! Zurückzudenken bringt noch viel weniger! Konzentrieren Sie sich auf das, was im Moment ist. Und trauern Sie nicht dem Vergangenen nach! Aus dem Schnee von gestern lässt sich kein Schneemann mehr bauen!

Es ist Zeit, zu bilanzieren

Betrachtet man sich die Häuser und Wohnungen von Paaren, die in ihrer Unordnung, ihrem Gerümpel und Chaos gemeinsam leben, so kann man hier auf ein entsprechendes »Beziehungschaos« schließen. In den meisten Fällen spiegelt sich das Innere von Menschen und ihre Beziehung zueinander auch im Außen wider. Es gibt aber auch Paare, die im »Beziehungschaos« leben und ihre äußere Umgebung im Griff haben. Hier stimmt wenigstens der äußere Schein. In den meisten Fällen ist das Chaos in diesen Beziehungen aber groß.

Keine Frage – das Leben in einer Beziehung ist nicht immer leicht. Einige Partner, Männer wie Frauen, sind überaus anstrengend, bestimmen unser Leben und tragen zu einem nicht unerheblichen Teil unseres täglichen Ärgers bei! Es ist eine Tatsache, dass sich Frauen in ihren Beziehungen häufiger unwohl fühlen und unzufriedener als Männer sind. So haben sie sich das Zusammenleben nicht vorgestellt! Viele Beziehungen gleichen einem Haus, in dem sich der Müll bis zur Decke stapelt. Man fühlt sich darin nicht wohl, sieht aber nicht, woran es liegt, denn man hat den Überblick verloren. Manche Beziehung gleicht einem mit unterschiedlichen Stilrichtungen und Schnickschnack überfrachteten Wohnzimmer. Jeder der Partner bringt tagtäglich noch ein neues Möbelstück hinzu in der guten Absicht, es für beide noch kuscheliger und harmonischer zu gestalten. Dadurch entsteht aber keine Harmonie, sondern nur ein heilloses Durcheinander, ein Chaos, durch das keiner mehr durchsteigt. Dabei wollen doch beide anscheinend nur das eine – Glück.

Aber fangen wir mal an, der Sache auf den Grund zu gehen. Täglich räumen wir unsere Wohnung auf, wöchentlich wird geputzt, monatlich sortiert und ab und zu ausgemistet. Warum nicht auch in der Beziehung? Es ist Zeit, nicht nur das Haus zu entrümpeln, aufzuräumen und den Dingen einen richtigen Platz zu geben, sondern auch mal die eigenen Beziehungen zu betrachten: Wie Sie in Ihrem Kleiderschrank Stück für Stück begutachten und sich fragen, ob Sie das noch brauchen, können Sie sich Stück für Stück Ihre Beziehung betrachten und sich zunächst einmal fragen:

- Was habe ich da eigentlich vor mir? Gerümpel oder Schätze?
- Was brauche ich davon wirklich? Kann ich nicht auf einige Probleme oder Streitereien verzichten?
- Was belastet die Beziehung unnötig und raubt mir Kraft und Zeit?
- Wie groß ist das Chaos tatsächlich? Haben wir es noch im Griff oder versinken wir im Beziehungsgerümpel?

Schritt I – Ballast definieren

Jetzt ist es an der Zeit, Inventur zu machen, sich den Ist-Zustand einmal anzuschauen! Es ist Zeit, zu definieren und auszusortieren! Weg mit dem, was uns belastet! Wer sein äußeres Leben entrümpelt hat, regelmäßig das Überflüssige aus seiner Wohnung aussortiert, kommt weder am mentalen Ballast noch an der Unordnung seiner Beziehungen vorbei! Auch hier ist radikales Entrümpeln angesagt. Aber wir sollten beginnen, Schritt für Schritt vorzugehen. Definieren Sie zunächst Ihren ganz persönlichen Beziehungsballast! Was blockiert Sie? Was belastet Ihre Beziehung? Verschwende ich meine Zeit an jemanden, der mich nicht schätzt? Investiere ich in eine Beziehung, die sich nicht lohnt? Was wiegt an Verhalten und Auseinandersetzung so schwer, dass Sie sich belastet fühlen? Was für den einen schwer wiegt, ist für den anderen durchaus tragbar. Den einen treibt Eifersucht in den Wahnsinn, während der andere dies als ein Zeichen von Liebe deutet. Wie Sie Ihren Kleiderschrank allein, das Wohnzimmer aber gemeinsam entrümpeln, so durchforsten Sie allein und gemeinsam Ihre Beziehung und bilanzieren Sie. Was kann wirklich raus aus der Beziehung? Was kann entsorgt werden, weil es Müll ist?

Schritt 2 – Blockaden differenzieren

Dann wird es Zeit, zu sortieren, die Dinge und Probleme auseinanderzudividieren! Haben Sie Dinge in Ihrem Schrank, die Ihnen gar nicht gehören? Geben Sie sie zurück! Verfahren Sie ebenso in Ihrer Beziehung. Schauen Sie sich an, was Ihres ist und was nicht! Welches Problem gehört mir gar nicht? (Soll er doch mit seiner Mutter selbst klarkommen!) Sich jedes Ding vorzunehmen heißt, zu unterscheiden und zu trennen. Dann sollten wir entscheiden, ob wir es in unserem Leben behalten möchten oder nicht. An der Frage »Was ist mir wichtig im Leben, was brauche ich und worauf kann ich gut und gern verzichten?« kommt keiner von uns vorbei! Betrachten Sie die einzelnen Dinge: Wollen Sie sich der alten Muster oder Probleme wirklich entledigen? Oder sind Sie Ihnen mittlerweile vielleicht ans Herz gewachsen? Vielleicht entpuppen sich manche Verhaltensweisen, die Sie an sich oder dem anderen nicht mögen, auch als Stärken, Besonderheiten, die Sie pflegen sollten? Tut Ihnen der Kontakt zu einer bestimmten Person gut oder schadet er Ihnen? Werden Sie dadurch gestärkt oder geschwächt? Manches, das anfänglich wie Gerümpel aussieht, ist vielleicht in der Beziehung doch noch ganz gut zu gebrauchen. Gewisse Probleme müssen erst bereinigt werden, Diskussionen geführt und Klarheit geschaffen werden. Jedenfalls brauche ich es im Moment noch, später kann es vielleicht weg oder es wird sich ganz von selbst erledigen! Manche Konflikte und Probleme sind durchaus als »Beziehungskleister« sinnvoll! Wenn man sich davon trennt, könnte möglicherweise das verbindende Element fehlen!

Schritt 3 – Ordnung schaffen

Nachdem im Haus das Gerümpel sortiert und weggeworfen wurde, geht es nun darum, die Dinge an den richtigen Platz zu stellen. Den Schlüsseln einen Haken an der Wand zu geben, damit Sie sie nicht ständig suchen müssen, oder die Erinnerungsstücke in die Schatztruhe zu packen. Auch in der Beziehung geht es darum, das Verbleibende auseinanderzuhalten, zu ordnen und aufzuräumen. Was kann wirklich weg, was wird entsorgt, verarbeitet, aufgearbeitet und geklärt? Was behalte ich noch? Was ist mir wichtig? Der Partner? Wenn ich ihn also behalten will, braucht er einen angemessenen Platz in meinem Leben. Der »Katzentisch« steht ihm nicht zu. Sicher haben Sie auch Schätze in Ihrer Beziehung? Gemeinsamkeiten aus alten Tagen wie zum Beispiel Unternehmungen, die im Alltag längst auf der Strecke geblieben sind? Diese Schätze sollten Sie wieder ausgraben und aufleben lassen! Denn mit kostbaren Dingen geht man nicht fahrlässig um! Den Schätzen im Leben einen richtigen Platz zu geben heißt auch, alte Beziehungen wertzuschätzen und das Gute an ihnen zu sehen. Was Sie nicht entsorgen, also nicht vergessen können, müssen Sie »aufarbeiten«. Dabei können Gespräche oder auch eine Therapie helfen.

Schritt 4 – Strategisch denken

Entrümpeln allein hilft aber nicht! Falls Sie Ihren Schreibtisch gründlich aufgeräumt und sortiert haben und dieser Zustand etwas länger anhalten soll, ist es wichtig, bestimmte Strategien zu entwickeln: Unter anderem die Dinge sofort erledigen und Unwichtiges gleich in den Papierkorb werfen. Falls Beziehungen oder eine spezielle Beziehung in Ihrem Leben eine wichtige Rolle spielen, so muss nach der Bestandsaufnahme klar sein, welches Ziel man in Zukunft verfolgt: weniger Stress und stattdessen mehr Freiräume? Mehr Zeit für das Wesentliche? Dann vermeiden Sie in Zukunft das, was Ihre Beziehung belastet, und schmeißen Sie diesen Müll gleich in den »Papierkorb«. Wenn Sie in Zukunft diesen Ballast vermeiden wollen, müssen Sie sich genau ansehen, mit wem Sie Ihre Zeit verbringen. Verschwende ich sie an jemanden, der mich nicht schätzt? Investiere ich in eine Beziehung, die sich nicht lohnt, weil sie keine Zukunft hat? Sprechen Sie Gedanken, die Sie immer mal haben, ruhig offen aus: Was bringt mir mein Partner? Ist es besser, mit oder ohne Partner zu leben? Wie kann ich vermeiden, dass mir in Zukunft das Chaos nicht wieder über den Kopf wächst?

Als Erstes: entrümpeln!

Ein Ansatzpunkt, Ordnung in sein Inneres zu bringen, ist zunächst, seine eigenen vier Wände zu entrümpeln. Der daraus folgende leere Raum schafft Platz für neue Impulse im Leben. Die Klarheit im Außen zieht oft auch Klarheit im Innern nach sich. Jeder Mensch gestaltet seine Wohnung, und die Art und Weise der Einrichtung wirkt auf ihn zurück! Der Mensch gestaltet seine Umwelt und diese gestaltet auch ihn, wirkt physisch und psychisch auf ihn ein. Eine Wohnung ist daher immer auch ein Spiegelbild der Seele seiner Bewohner. Bevor man jetzt ein Haus neu einrichtet, renoviert oder auch nur neu dekoriert, ist zuerst Entrümpeln angesagt. Und dieses hat eine unglaubliche magische Wirkung! Zwar handelt es sich dabei um eine Maßnahme, die »außen« einsetzt, aber ihre Tiefenwirkung ist nicht zu unterschätzen!

Die Ordnung im Haus zieht Neues nach sich! Wenn Sie sich also privat oder beruflich verändern wollen und sich selbst noch nicht darüber im Klaren sind, wohin das konkret führen soll, versuchen Sie es doch zuerst einmal mit dem Entrümpeln! Erst wenn das Alte weg ist, findet Neues seinen Platz. Wer abnehmen will, kann seine Absichten ebenfalls durch das Entrümpeln unterstützen. Eine »Abführmaßnahme« auf der Dingebene hat oft eine durchschlagende Wirkung! Manchmal reicht schon das Aufräumen, wie das folgende Beispiel zeigt: Der Lebenspartner von Monika, 34 Jahre, Maskenbildnerin, war mit seinen Umzugskartons bei ihr eingezogen, stapelte diese unausgepackt seit über einem Jahr in ihrem Wohnzimmer. Kurz vor Weihnachten konnte sie den Anblick der Kartons nicht mehr ertragen und setzte ihm folgendes Ultimatum: Bis Weihnachten sind sie ausgeräumt. Ihr Partner machte sich also an die Arbeit, packte die Kartons aus und – gleich wieder ein und zog mit ihnen aus der gemeinsamen Wohnung. Nun ja, Reisende sollte man niemals aufhalten! Aber was im Außen schon lange sichtbar war: Er war noch gar nicht richtig angekommen. Und seine Reaktion zeigte, dass sein Inneres nicht bleiben wollte: Dort war anscheinend nicht sein Platz und er bemerkte es zum Glück noch früh genug!

Also lassen Sie es gar nicht erst so weit kommen! Räumen Sie auf! Trennen Sie sich von allem, was Sie über ein Jahr nicht gebraucht haben, was schäbig und defekt ist und für Sie persönlich Gerümpel darstellt! Besonders, wenn beide Partner eine unterschiedliche Auffassung von »Gestaltung« und Einrichtung haben, ist es wichtig, den äußeren gemeinsamen Ballast beiseite zu schaffen. Alles, was Sie dafür brauchen, sind ein paar Schachteln und einige Mülltüten.

Kurzanleitung: Die 3-Kisten-Methode

Diese Technik habe ich in meinem Buch: *Weg damit. Entrümpeln befreit* ausführlich erläutert.

Besorgen Sie sich drei Kisten und fangen Sie ohne Umschweife und sofort an (wahrscheinlich werden Sie mehrere Kartons, Tüten oder Mülleimer brauchen, aber drei sollten es mindestens sein). Nummerieren Sie diese Kisten: eins, zwei und drei. In die Kiste Nummer eins packen Sie das Gerümpel und alles, was Müll ist und wegkommt – und zwar endgültig! In Kiste Nummer zwei wird alles verstaut, was Sie selbst nicht mehr brauchen, aber noch verschenken können, etwa getragene, gut erhaltene Kleidung. Die Kiste mit der Nummer drei ist Ihre private Schatztruhe: Darin bewahren Sie Ihre ganz persönlichen Dinge auf, die nicht mehr in Ihre Wohnung gehören, Ihnen aber wirklich am Herzen liegen. Arbeiten Sie sich von außen nach innen vor und gehen Sie jedes Zimmer im Uhrzeigersinn durch. Jeder ist für seinen Kram selbst verantwortlich, räumt auf und entrümpelt selbst. Sie sollten niemals etwas wegwerfen, das dem anderen gehört! Entrümpeln Sie am Wochenende, wenn alle aus der Familie zu Hause sind!

Kiste Nummer 1: Der Müll

Weg können Verpackungsmaterial, alte Kleidung, defekte Geräte (der täglich anfallende Haushaltsmüll ist hier nicht gemeint und auch nicht Thema dieses Buches). Die Kiste Nummer eins hat in fast allen Fällen den größten räumlichen Anteil. Falls sich Ihr Gerümpel in Grenzen hält, muss es ja nicht gleich ein Container sein. Nehmen Sie Ihre Mülltonne und dazu noch Müllsäcke, die Ihre Müllabfuhr akzeptiert. Sie sollten den Müll beim Aussortieren gleich trennen, wie Sie es beim Haushaltsmüll ja auch tun. Ebenso getrennt entsorgen Sie Papier, Glas und Altpapier (Letzteres fällt normalerweise in großen Mengen an). Von bestimmten Dingen kann man sich endgültig trennen. Dazu gehört alles, was man in den letzten zwölf Monaten nicht mehr gebraucht hat, was in irgendeiner Form abgenutzt oder nicht mehr funktionsfähig ist. Könnte jemand anderes damit noch etwas anfangen oder müsste er es auch erst reparieren? Falls Letzteres zutrifft: weg damit! Die Säcke und Kisten mit der Nummer eins bringen Sie so schnell wie möglich weg oder lassen sie abholen. Wichtig ist, dass sie nicht noch zwischengelagert werden: Ansonsten ist die Gefahr sehr groß, dass Sie es sich im Laufe der nächsten Tage noch einmal anders überlegen und die Dinge wieder aus dem Müll holen. Fragen Sie sich wieder: »Wann hatte ich dich zuletzt in der Hand?« All das, was Sie im letzten Jahr nicht gebraucht haben, werden Sie in den nächsten Jahren auch nicht benötigen.

Kiste Nummer 2: Noch Brauchbares

Bestreiten den größten Teil der Kiste Nummer zwei vielleicht alte Kleidungsstücke? Hinein kommt all das, was Sie im letzten Jahr nicht getragen haben, zusammen mit den Stücken, die Ihnen nicht mehr passen. Dabei müssen Sie nicht unbedingt auf die Abholung warten. Das Rote Kreuz und entsprechende Einrichtungen nehmen jederzeit Altkleider und -schuhe an. Außerdem finden Sie in jeder Stadt entsprechende Sammelcontainer. Ebenso können Sie die Sachen, die zu schade zum Wegwerfen sind, sinnvoll verschenken. Falls Sie nicht wissen, wer sie noch gebrauchen könnte, sammeln Sie sie in einer so genannten »Flohmarktkiste« im Keller oder auf dem Speicher; dies ist jedoch nur ein zeitlich begrenztes Zwischenlager. Wenn Sie jemanden kennen, der Gebrauchtes und Altes wie Bücher, Spielzeug, Kleidung, Haushaltsgeräte, Geschirr und mehr auf dem Flohmarkt verkauft, dann macht diese Kiste Sinn. Wenn nicht, können Sie aus der Zwei auf der Kiste gleich eine Eins machen; spätestens aber nach einem Jahr, wenn die »Flohmarktkiste« noch immer in Keller oder Speicher ihr Dasein fristet, steigt sie automatisch in die Kategorie eins auf und kommt in den Container.

Kiste Nummer 3: Die Schatztruhe

Die Dinge, die uns wirklich ans Herz gewachsen sind und von denen wir uns nicht trennen wollen, sollten wir auch an einem entsprechenden Ort aufbewahren: Liebesbriefe aus der Schulzeit, Muscheln aus dem ersten gemeinsamen Urlaub, ein Stein aus dem Grand Canyon, die gepresste Blüte, ein Poesiealbum, ganz besondere Fotos, ein Schmuckstück der Urgroßmutter. Das alles sind Schätze, die in eine entsprechende Truhe gehören: So haben sie ihren eigenen Ort, liegen nicht wahllos verstreut herum, müssen nicht abgestaubt werden und gehen auch nicht verloren.

In Regalen sind diese Dinge nur störende Staubfänger, in der Schatzkiste erhalten sie jedoch ihre wahre Bedeutung. Wichtig ist, dass jeder Mensch seine eigene Schatztruhe besitzt, in die ihm keiner reinredet und in der auch kein anderer etwas verloren hat. Was in der Schatzkiste landet, ist wirklich wertvoll, jedenfalls für Sie persönlich. Beim Sortieren merkt man ganz schnell selbst, woran das Herz hängt, und oft landen Dinge, die einem scheinbar wichtig waren, nach kurzer Überlegung nicht in der Schatztruhe, sondern im Container. Die Schatztruhe, in der Ihre privaten Schätze ruhen, kann so groß wie eine Truhe sein, in der man einen Piratenschatz vermutet. Vielleicht ist es eine Kiste aus Holz, verziert und mit handgeschmiedeten Scharnieren und Schlössern versehen. Vielleicht ist Ihre Schatztruhe auch nur eine bunte Blechdose, in der einmal Nürnberger Lebkuchen verpackt waren. Denken Sie daran, es ist Ihre ganz persönliche, ganz geheime Kiste – vielleicht sollte sie daher verschließbar sein?

Ihre ganz persönliche Bilanz

Liste 1

Machen Sie eine Aufstellung mit denjenigen Eigenschaften und Besonderheiten, die Sie an Ihrem Partner, an Ihrer Partnerin mögen.
(Falls Sie in keiner festen Beziehung leben, können Sie eine Liste der liebenswerten Eigenschaften des anderen Geschlechts anlegen).
Als Einstieg in die Liste vervollständigen Sie bitte diese Sätze:

- »Ich habe mich in ihn verliebt, weil …«
- »Ich liebe an ihm …«
- »Mir gefällt ganz besonders, dass …«
- »Ich habe ihn geheiratet, weil …«
- »Ich bin auch heute noch mit ihm zusammen, weil …«
- »…………«

Liste 2

Jetzt folgt eine Aufstellung mit denjenigen Eigenschaften und Besonderheiten, die Sie an Ihrem Partner, an Ihrer Partnerin nicht mögen.
Als Einstieg in die Liste vervollständigen Sie bitte diese Sätze:

- »Ich könnte ihn manchmal auf den Mond schießen, weil …

- »Mich macht es wahnsinnig, dass …«
- »Am schlimmsten finde ich …«
- »Mich nervt ganz besonders, dass …«
- »Mich ärgert es immer wieder …«
- »Am meisten stört mich …«
- »………………………«

Wozu ist Ihnen mehr eingefallen? Welche Antworten sind Ihnen leichter gefallen? Wenn es die Liste 2 war, sind Sie in guter Gesellschaft! Sollte uns das nicht zu denken geben? Stimmt die Bilanz in der Beziehung noch oder liegt es vielleicht an Ihrer generell eher »defizitären« Wahrnehmung, dass Ihnen die Liste 2 leichter gefallen ist? Wie sieht Ihre Bilanz unterm Strich aus?

Zusammengefasst:

- Betrachten Sie den Partner nicht als eine Ansammlung von Defiziten, sondern sehen Sie seine Qualitäten.
- Schätzen Sie doch an Ihrem Partner zur Abwechslung einmal das, was Sie auch an ihm stört.
- Vergessen Sie nicht, dass ständige Diskussionen und Nörgeleien Männer in die Flucht treiben.
- Machen Sie sich klar, dass Frauen mit größeren Erwartungen an eine Beziehung herangehen, mehr Energie, Gefühle und Zeit investieren und dann verständlicherweise auch davon profitieren wollen.

- Männer investieren in eine Beziehung weniger, sind auch mit »weniger« zufrieden.
- Verschwenden Sie keine Zeit an jemanden, der Sie nicht schätzt!
- Investieren Sie nicht in eine Beziehung, die sich nicht lohnt!
- Manche Konflikte und Probleme sind durchaus als »Beziehungskleister« sinnvoll. Wenn sie weg sind, fehlt oft das verbindende Element.
- Alles ist Energie: Gedanken, Worte. Auch die Dinge, mit denen wir uns umgeben.
- Fragen Sie sich bei jedem Gedanken: Soll er mein weiteres Leben bestimmen?
- Konzentrieren Sie sich auf das, was jetzt gerade ist und trauern Sie nicht dem nach, was war! Aus dem Schnee von gestern lässt sich kein Schneemann mehr bauen!
- Die einzige Realität ist die in dieser Sekunde an diesem Ort.
- Nehmen Sie Lappalien nicht so wichtig! Das Leben ist hart genug!
- Lachen Sie über sich selbst!
- Bringen Sie mehr Humor und Leichtigkeit in Ihre Beziehung!
- Nehmen Sie Ihr Lachen mit ins Bett. Auch Sex muss man nicht so verbissen sehen.
- Erst, wenn etwas Altes geht, kann etwas Neues kommen.
- Jeder Mensch gestaltet seine Wohnung, und diese wirkt auf ihn zurück.

- Gerümpel im Haus kann das Beziehungschaos spiegeln, denn wie innen, so auch außen.
- Veränderungen jeder Art können mit dem Entrümpeln beginnen.
- Klarheit im Außen zieht oft auch Klarheit im Innern nach sich.

2. Der Mensch braucht mehr als Luft und Liebe, um glücklich zu sein

Wann waren Sie zuletzt so richtig glücklich? Wann waren Sie zuletzt allein mit sich selbst glücklich? Und wann zusammen mit Ihrem Partner? Was haben Sie dabei gemacht? Wie könnten Sie sich wieder in diesen wunderbaren Zustand bringen?

Glück ist nicht greifbar, Glück ist eine Illusion. Man kann es weder kaufen noch leihen, noch besitzen. Manchmal scheint es Formen anzunehmen: ein schnelles Auto, ein Haus am Meer, ein gut aussehender Partner an der Seite, vielleicht ein Lottogewinn. Aber Letzteres ist weniger Glück als ein glücklicher Zufall (der manch einen langfristig ins Unglück stürzt!). Falls Ihnen das Wort »Glück« nicht gefällt oder zu euphorisch vorkommt, wählen Sie Ihr eigenes: Erfüllung, Zufriedenheit, innere Ruhe, Ausgeglichenheit …

Viele misstrauen dem Glück, weil sie sich im Unglück viel wohler fühlen. Wer daran gewöhnt ist, sich unglücklich im Selbstmitleid zu suhlen wie ein kleines Ferkel im Schlamm, der misstraut der Idylle positiver Gefühle! Für ihn genügt zum Glück allein schon die Abwesenheit von Unglück. Im Übrigen muss auch nicht jeder glücklich werden. Und anderen zu ihrem Glück zu verhelfen, misslingt in den meisten Fällen. Denn Glück ist etwas durch und durch Subjektives und der Partner hat davon vielleicht völlig andere Vorstellungen! Schon bei den banalsten Kleinigkeiten kann sich das zeigen: Ist der eine am Sonntag glücklich, endlich ausschlafen zu können, ist es für den anderen der Inbegriff von Glück, in aller Herrgottsfrühe durch den Wald zu laufen! Jeder muss das für sich selbst definieren. Ich selbst begreife Glück als ein Geschenk, als einen einmaligen Zustand des menschlichen Lebens, als eine Option, die jeder Mensch von Geburt an besitzt. Mit diesem Leben, das wir ebenso geschenkt bekommen haben, haben wir gleichzeitig die Herausforderung mitbekommen, das Beste daraus zu machen. Jeder hat es selbst in der Hand, sein Glück mit und gegen die äußeren Umstände zu realisieren. Und dass Glück nicht an materiellen Reichtum gebunden ist, ist hinlänglich bekannt! Wo ist es demnach zu finden? Wir suchen Erfüllung und Glück im Außen und vor allem in der Zukunft. Verlegen es auf später, »wenn ich meine Ausbildung beendet habe… mein Buch geschrieben… den Abwasch erledigt habe…« und überfordern den anderen mit unseren Vorstellungen von Glück. »Wenn er nur mehr Zeit für mich hätte…«

Das Glück liegt auf der Wiese

Ihr Glück ist wahrscheinlich ganz in Ihrer Nähe! Können Sie es sehen? Vielleicht ist es vollkommen unspektakulär.

Vielleicht befindet es sich in Ihrer unmittelbaren Reichweite! Zwei Meter von mir entfernt liegen zwei mal vier Pfoten Glück zusammengerollt auf dem Boden. Der eine Hund liegt mit überkreuzten Pfoten, als sei er betend eingeschlafen, der andere schnarchend daneben. Das Glück findet jetzt statt. Die Wirklichkeit existiert immer nur im Hier und Jetzt. Dort, wo Ihr Körper ist! Auf einem Stuhl? In der Bahn? Oder wo immer Sie gerade dieses Buch lesen. Wie fühlen Sie sich jetzt? Glücklich? Dumme Frage? Was hindert Sie denn daran, sich so zu fühlen? Es sind die kleinen Momente, die den Menschen glücklich machen. Wie immer man es definiert, ob als Zufriedenheit oder Abwesenheit von Stress und Streit, das »Glück« ist etwas, was der Mensch meist in seiner Vergangenheit hervorkramt und in seiner Zukunft erwartet. Aber es wird in den wenigsten Fällen mit dem Moment, dem Hier und dem Jetzt, in Verbindung gebracht.

Der erste Schritt zum eigenen Glück beginnt mit dem Nachdenken darüber, was wir wirklich wollen, was uns wichtig ist, was wir vom Leben erwarten. Was uns stört und unglücklich macht, wissen wir meist sofort. Für unser Glück sind wir aber selbst verantwortlich. Wenn Sie selbst nicht wissen, was Sie glücklich macht, wie soll es dann Ihr Partner wissen? Oft erwarten wir von ihm das absolut Unmögliche: Er soll uns die Wünsche von den Augen ablesen. Wünsche, die wir nicht einmal selbst kennen! Und falls er sich dann »verliest«, beschweren wir uns auch noch! Glück existiert nicht außerhalb, es ist in uns! Es ist eine innere Einstellung sich selbst, den Mitmenschen und der Welt gegenüber! Wahres Glück funktioniert nur, wenn man sich selbst mag, seinen Mitmenschen etwas Gutes tut und mit sich selbst und seiner Umgebung im Reinen ist.

Glück ist flüchtig. Versucht man, es festzuhalten, ist es bereits wieder weg. Darum muss man es genau in dem Moment, in dem es sich zeigt, voll und ganz genießen. Die Geburt eines Kindes, die Freude über eine bestandene Prüfung, die Umarmung nach einer langen Trennung sind Momente, die sich tief in unser Inneres eingraben. Dieses Gefühl, das Sie in diesem Moment hatten, sollten Sie konservieren, um es jederzeit abrufen zu können. Wenn Sie sich mit diesem Gefühl im Rücken, Bauch oder wo Sie es auch immer bereithalten, in eine unangenehme Situation hineinbegeben, dann wird Sie das enorm stärken. Mit dem Bewusstsein eines tief in Ihnen ruhenden Glücksgefühls kann selbst ein unangenehmes Gespräch mit Ihrem Vorgesetzten Ihrem Innern keinen Schaden zufügen! Probieren Sie es einfach mal aus. Rufen Sie sich dieses Gefühl immer wieder ab. Übrigens stärkt es auch Ihr Immunsystem!

Zwischen Kick und Koma

Glück ist nicht mit »Kick« zu verwechseln. Dieser momentane Zustand von Euphorie, das berauschende Gefühl, das sich beispielsweise während eines freien Falls einstellt, ist für manch einen »Todesangst« und Glück zugleich. Im

Kick oder Thrill suchen vor allem kontrollierte Menschen gezielt Grenzerfahrungen oder sogar Todesnähe. Ob man mit einer Pferdestärke unter dem Hintern durch die Landschaft galoppiert oder mit einigen hundert PS durch Kurven rast – in diesen Momenten fühlt der Mensch sich lebendig und mächtig zugleich! Obwohl der Kick auch immer ein selbstzerstörerisches Element in sich trägt, gibt er Kraft und man spürt sich ganz. Hat man diese gefährlichen Situationen, wie beispielsweise eine rasende Motorradfahrt oder auch einen Unfall, überlebt, fühlt man sich fast unsterblich. Wobei der Zustand des »Kicks« nur wenige Sekunden oder kurze Zeit anhält und wenig gemein hat mit der tiefen Ruhe des inneren Glücks. Für manche Menschen jedoch ist diese Grenzerfahrung der einzige Weg, um überhaupt in die Nähe eines Glücksgefühl zu kommen. Gerade Personen, die sich nur verschwommen spüren oder ein schlechtes Körpergefühl haben, spüren sich in diesen extremen Zuständen ebenso wie im Schmerz oder in der Angst. Auch körperlich genossener Sex kann diesen Kick auslösen, der mit dem tiefen Glücksgefühl einer körperlich-seelischen Vereinigung wenig zu tun hat.

Jeder Mensch braucht eine Herausforderung, die ihn manchmal bis an seine Grenzen treibt. Der eine erfährt seine Leistungsgrenze im Sport, der andere braucht den Adrenalinausstoß durch das Bungeejumping oder völlig banal im täglichen Streit und Drama. Einem Kick kommt auch das materielle Glück derjenigen gleich, die in großen Häusern wohnen, schnelle Autos fahren und in Saus und

Braus leben. Denn auch daran kann man sich gewöhnen und auf die Gewohnheit folgt die Langeweile. Ähnlich wie bei einer Sucht verliert auch dieses Leben auf Dauer an Reiz, nutzt sich schnell ab und verlangt nach immer größeren Herausforderungen. Wie bei einer Sucht muss hier die Dosis im Laufe der Zeit gesteigert werden, um überhaupt noch eine Wirkung zu erzielen. Längst ist der Kick nichts typisch Männliches. Frauen brauchen ihn auch, erleben ihn anders und suchen ihn oft auf anderem Gebiet. Überforderung, Perfektionszwang oder das alltägliche Drama kann ebenso als Auslöser für den Kick herhalten. Man kann sich aber auch einen gesunden Kick suchen, indem man etwas tut, was man noch nie getan hat, sich beispielsweise auf eine Bühne zu begeben, vor Publikum zu reden, zu schauspielern oder zu singen. Auch Lampenfieber ist nichts anderes als ein gesunder Kick!

Die Vorstellung von Glück ist geschlechtsspezifisch verschieden. Vielleicht ist es nur ein Klischee, dass Fernsehen, Essen und Sex bei einer Vielzahl von Männern, wenn nicht gerade Grundlage, zumindest aber ein wichtiger Aspekt eines glücklichen männlichen Lebens zu sein scheinen. Dies würde sich mit meinen Befragungen und Beobachtungen decken. Aber auf der männlichen Pole-Position steht: seine Ruhe! Die braucht er, danach sehnt er sich, geschwächt durch die täglichen Kämpfe im Arbeitsleben. Er braucht Schlaf, seine Siesta und immer wieder Ruhe. Er braucht sie vor und nach dem Kampf, vor und nach der Vereinigung mit dem anderen Geschlecht. Wenn ihm seine Ruhe fehlt (und er dazu noch hungrig ist), kann er unerträglich werden. Eine männliche Vorstellung von Glück ist darüber hinaus die Abwesenheit von Diskussionen und Streitereien im eigenen Heim. Um der verbalen Austragung von Konflikten aus dem Weg zu gehen, sind viele Männer Langarbeiter und Nestflüchter. Dass sich dabei die häusliche Situation nur noch verschlechtert, spielt keine Rolle. Streit und mögliche Konflikte jagen Männer aus dem Haus! Von der Pole-Position gestartet will Mann als Nächstes – Sieger sein! Auf dem Treppchen ganz oben stehen! Und falls es ihm nicht vergönnt ist, das persönlich zu erleben, so genügt dieses Gefühl auch aus der zweiten Hand, wenn er seine geliebte Sportschau sieht. Es geht dabei weniger um die Sportart, hierbei identifizieren sie sich eher mit ihren männlichen Stellvertretersiegern. Darum ist Frauenfußball für Männer so gut wie kein Thema. Also nicht mal im Sport brauchen Männer uns wirklich, um glücklich zu sein. Frauen stehen zwar auf ihrer Liste ganz oben, Beziehungen jedoch unter ferner liefen. Diese Erkenntnis ist hart, aber liebe Frauen, das ist die männliche Realität!

Glück bedeutet unter anderem auch, einfach mal über seine Zeit selbst zu bestimmen und im Zweifelsfall auch mal nichts zu tun. Keine Planung, keine Verabredung, die Zeit kommen und gehen zu lassen und von Moment zu Moment zu entscheiden, ob oder was jetzt ansteht. Glück bedeutet auch, mal etwas »Sinnloses« zu tun. Etwas, das kein Geld einbringt, nicht unbedingt einen wirtschaftlichen Nutzen hat. Vielleicht einfach nur unterwegs mal anzuhalten, sich in ein Straßencafê zu setzen und dabei den flanierenden Menschen zuzusehen. Glück bedeutet für mich unter anderem, genau diese kleinen Momente zu genießen, Prinzipien zu brechen, sich trotz Diät ein Eis zu kaufen. Und vor allem – dem anderen seine Version von Glück zu lassen. Diese ist nämlich höchst individuell. Den anderen zu seinem Glück zu zwingen ist nicht nur anmaßend, sondern unmöglich!

Romantische Vorstellungen

Im Gegensatz zu Männern verknüpfen Frauen ihr eigenes Glück meist mit einer partnerschaftlichen Beziehung. Diese sollte rein theoretisch auch möglichst harmonisch verlaufen, ohne Streit und große Auseinandersetzung. Wobei Frauen Diskussionen weniger meiden als Männer, selbst wenn sie ihnen verbal unterlegen sein sollten. Nach meinen Beobachtungen und Befragungen wünschen sich Frauen von Männern vor allem mehr Aufmerksamkeit. Wobei sie darunter meistens etwas anderes versteht als er. Seine »Aufmerksamkeit« kann er dadurch zeigen, dass er ihr in den Mantel hilft, ihr Blumen mitbringt, das Auto wäscht, sie von unterwegs aus anruft. Was sie konkret unter dem Begriff »Aufmerksamkeit« versteht, weiß sie oft selbst nicht so genau. Frauen äußern ihre Wünsche häufig nicht sehr präzise und hinterlassen beim Mann nur eine nebulöse Vorstellung. Er weiß schlicht und einfach nicht, was sie meint!

Frau wünscht sich darüber hinaus, dass er zuhört und nicht alles besser weiß. Vorsicht, Männer! Auch hier lauert wieder eine Falle! Hören Sie ihr zu, ohne ein Wort zu sagen, dann ist ihr das genauso wenig recht, als wenn Sie Ihren Kommentar abgeben und Ihren Beitrag zur Lösung des Problems zu leisten versuchen. Frauen hassen es (Männer übrigens auch), wenn der andere mal wieder alles besser weiß! Laut meiner Umfrage wünschen sich Frauen, dass Männer ihnen mehr Achtung entgegenbringen, mehr Einfühlsamkeit zeigen und ihre Gefühle respektieren. Mit Worten? »Ja, mein Schatz, du hast es wirklich schwer«, oder wie? Wie soll das im Leben aussehen? Woran erkennen Sie, dass Ihr Mann seine Achtung und seine Einfühlsamkeit zeigt? Wenn Sie das selbst nicht wissen, woher soll er dann das Richtige sagen oder tun?

Jetzt wird es präziser: Frau wünscht sich, dass sich Männer selbst weniger wichtig nehmen und nicht immer die Besten sein wollen. Der tägliche Wettbewerb »Wer wird Erster?« geht uns mächtig auf den Keks! Aber welche Frau möchte schon gern mit einem Verlierer zusammen sein? Macht nicht Erfolg auch attraktiv? Waren unsere »Vorfahrinnen« nicht auch mächtig stolz auf ihre Männer, wenn sie einen Hirsch erlegt und diesen nach Hause gebracht hatten? Und jetzt wird es ganz konkret: Frau wünscht sich, dass Männer im Haushalt helfen, ihren Kram selbst wegräumen und weniger schnarchen. Bis auf den letzten Punkt wären diese Wünsche doch realisierbar! Wie man sieht, könnte es für Männer so leicht sein, uns Frauen glücklich zu machen!

Ob sie das wirklich schaffen könnten? Ich glaube ja. Aber erst in dem Moment, in dem Frau weiß, was sie will. Erst, wenn sie sich auch allein wohl fühlen kann, sich mit sich selbst im Einklang befindet und ihre Glückseligkeit nicht mehr nur von einem Mann abhängig macht, der in ihren Augen richtig »funktioniert«. Genau in dem Moment, in dem sie auch ohne Mann glücklich sein kann!

Glückliche Voraussetzungen

Bevor wir uns auf die Suche nach dem großen Glück machen, fangen wir erst einmal klein an. Langfristig macht uns nur das glücklich, was uns selbst guttut. Ein kurzfristiger Kick wie eine durchzechte Nacht rächt sich an unserer Gesundheit und wir büßen dafür den ganzen nächsten Tag! Hier stimmt die Glücksbilanz nicht! Um sich vor sich selbst zu schützen, sollte sich ein jeder zuvor fragen: Was tut mir in meinem Leben gut? Was brauche ich wirklich zum Glücklichsein? Was stärkt mich auf lange Sicht? Einige »Glücksfaktoren« im Leben lassen sich durchaus verallgemeinern: Dem Menschen geht es gut, wenn gewisse Grundbedürfnisse erfüllt sind. Dazu gehört ein Dach über dem Kopf, genügend Schlaf und ausreichend Nahrung. Die Erfüllung dieser scheinbar banalen Bedürfnisse ist enorm wichtig! Verhandeln Sie mal mit einem müden oder hungrigen Geschäftspartner! Ihn sollten Sie erst einmal »anfüttern«.

Der Mensch reagiert wie jedes Tier auf die Reize von Lust und Unlust. Er hält sich lieber dort auf, wo es ihm gefällt, sucht eher Situationen, die einen Lustgewinn versprechen, und meidet Situationen, die mit Unlust, Stress und Streit verbunden sind. Sollte zu Hause schon wieder eine partnerschaftliche Diskussion warten, die ein Mann meistens hasst, so wird er lieber im Büro bleiben. Situationen, die negative Gefühle wie Scham und ein schlechtes Gewissen versprechen, meiden wir! Entsprechend sollten wir bei anderen nicht gerade diese negativen Gefühle erzeugen. Wir gehen doch auch ungern zum Zahnarzt, weil der uns weh tut. Oder auch, weil wir ein schlechtes Gewissen haben, lange nicht dort gewesen zu sein. Der Zahnarzt tut gut daran, das schlechte Gewissen nicht noch durch ein »Sie hätten mal früher kommen sollen« zu verstärken. Das weiß der Patient selbst, und der Zahnarzt sollte ihn nicht durch diesen Satz noch vergraulen. Keiner mag es, wenn er bloßgestellt wird. In der Öffentlichkeit kritisiert zu werden ist genauso peinlich wie Streitereien von Paaren vor Freunden. Hier wird das Selbstwertgefühl verletzt. Altmodisch könnte man auch sagen: Man verliert seine Ehre. Männer sind in diesem Punkt noch empfindlicher als Frauen und haben hier ihre eigenen Spielregeln. Schon das Bezweifeln seiner Angaben, eine dumme Frage wie »Hast du das auch richtig verstanden, das kann doch nicht sein!« kann in ihm das Gefühl hervorrufen, bloßgestellt zu werden.

Dem Menschen geht es gut, wenn er Achtung erfährt und sein Körper im Einklang mit Geist und Seele ist. Darum sollte man jeden Tag etwas Gutes für den Körper, beispielsweise durch Sport, Bewegung in der Natur, gute Ernährung, tun. Aber auch der Geist darf nicht zu kurz kommen! Vergiften Sie ihn nicht mit Fernsehmüll und negativem Klatsch. Auch die Seele braucht Nahrung durch positiven Input wie gute Gespräche, schöne Bücher, Musik oder die Natur. Jeder, der auf seine Intuition hört, findet sehr schnell für sich heraus, wann und wo es ihm gut geht und er sich stark fühlt! Diese Situationen sollte man suchen, und diejenigen, in denen es uns schlecht geht, meiden beziehungsweise verändern. Das Gefühl von Zufriedenheit und Glück hängt nicht zuletzt von der psychischen Stärke ab, die wir unter anderem aus unserer Herkunft, unseren Beziehungen und unseren Zielen gewinnen. Allein die Beantwortung dieser drei Fragen bringt Klarheit und somit auch Stabilität ins eigene Leben:

1. Woher komme ich? (Herkunft)
2. Wohin gehöre ich? (Zugehörigkeit und Beziehungen)
3. Wohin gehe ich? Was ist mein Weg? (Ziele und Visionen)

Woher komme ich eigentlich?

Die erste Frage bezieht sich auf die eigene Herkunft. Egal, wie schlecht oder gut das Verhältnis zu den eigenen Eltern ist – es ist wichtig, sie zu kennen und sich seiner Wurzeln bewusst zu sein. Wer diese nicht kennt, tut sich selbst schwer, eigene zu schlagen! Während manche Menschen lange Zeit bei den Eltern wohnen und eher aus dem Nest geworfen werden müssen, sind andere freiwillige »Nestflüchter«. Aus irgendeinem Grund treibt es sie geradezu weg aus ihrer Herkunftsfamilie. Sie gehen früh ihren eigenen Weg und brechen manchmal ganz mit ihrer Familie. Nun muss man nicht unbedingt mit seiner Verwandtschaft in trauter Harmonie leben, aber es führt kein Weg daran vorbei, diese zumindest zu akzeptieren. Sie ist ein Teil von mir. Wenn ich meine Herkunft nicht akzeptiere, dann lehne ich einen großen Teil von mir selbst ab. Gerade diejenigen, die mit der Familie brechen, investieren über ihre Ablehnung jede Menge Gedanken und somit Energie in ihre Familie. Freunde kann man sich aussuchen, hört man ständig, die Familie aber nicht. Das ist richtig! Man wird sie aber nicht los. An sie ist man im Positiven wie auch im Negativen gebunden! Also könnte man sich doch gleich mit einer positiven Haltung diesem »Problem« nähern. Wie bei allen Problemen funktioniert auch hier die Akzeptanz. In dem Moment, in dem ich nicht mehr gegen etwas bin, nicht mehr dagegen arbeite, löst sich alles in Wohlgefallen auf!

Sich auf die eigenen Wurzeln zu besinnen heißt nicht unbedingt, in der Umgebung zu bleiben, in die man hineingeboren wurde. Die Nähe zur Familie ist keine Frage der räumlichen Distanz. Ob man will oder nicht, man ist immer halb Vater und halb Mutter, dessen sollte sich jeder bewusst sein. Und wenn man einen Elternteil ablehnt, so lehnt man auch die Hälfte von sich selbst ab! Wenn Sie sich in dieser

Hinsicht stärken wollen, sollten Sie genau hinschauen! Betrachten Sie das, was Ihnen nicht unbedingt gefällt! Denn es ist eine Tatsache, dass Elternbeziehungen die späteren Bindungen nachhaltig beeinflussen. Unverarbeitete Mutterbeziehungen der Männer spielen genauso in die Paarbeziehung hinein wie unverarbeitete Vaterbeziehungen der Frauen. Die Beziehung, die unsere Eltern uns vorgelebt haben, wird unsere eigene Partnerschaft prägen. Schon um eigene Fehler zu vermeiden, sollte man sich zumindest der eigenen Familie stellen und sich diese ansehen. Im Übrigen kann eine gute Beziehung zur Familie sehr unterstützend wirken. Wenn der Vater dem erwachsenen Sohn den Rücken stärkt, wirkt sich das auf dessen Leben stabilisierend aus. Ebenso die Unterstützung der Tochter durch die Mutter. Also sehen Sie das Positive in Ihrer Familie. Am Negativen können Sie sowieso nichts mehr ändern! Niemand von uns hatte eine rundum glückliche Kindheit! Aber jetzt sind wir »groß« genug, um für unser eigenes Glück zu sorgen!

Wohin gehöre ich?

Wer seine Herkunft nicht kennt, kann schlecht wissen, wo er hingehört. Das Wissen um die eigenen Wurzeln ist eine Verbindung zur eigenen Stärke, zum inneren Ich. Diese Stärke ist eine Voraussetzung für die Beziehungsfähigkeit eines jeden. Der Mensch wäre allzu gern Individualist, ist aber in Wirklichkeit ein Herdentier und wird von der tiefen

Sehnsucht getrieben, dazuzugehören, Teil eines Ganzen zu sein. Ob das eine Beziehung, ein Club, eine Gruppe, ein Verein oder im negativen Fall eine Sekte ist, ist oft zweitrangig. Allein fühlt er sich verloren und verlassen. Die Gruppe kann Beziehungs- oder Familienersatz sein, auf alle Fälle befriedigt sie das Bedürfnis des Menschen nach Zugehörigkeit! Diese Zugehörigkeit zu einer bestimmten Gruppe wird durch äußere Merkmale wie Uniformen bei den Pfadfindern oder eine bestimmte Kleidungsmarke bei den Jugendlichen nach außen hin repräsentiert und nach innen hin stabilisiert. Gleiche Kleidungsstile beispielsweise sollen zeigen, »wir gehören zusammen«. Dieser »Gruppenzwang« Jugendlicher, bestimmte Marken tragen zu müssen, verschwindet meist, wenn sich die Zugehörigkeit verändert. Wenn beispielsweise die erste feste Freundin oder der erste Freund die frühere Gruppe ersetzt. Ein Mensch braucht innerhalb einer Gruppe verbindliche Regeln und Hierarchien, die sich die Gruppe per Beschluss oder durch stille Übereinkünfte gibt. Jede Gruppe, die sich zufällig findet, wie beispielsweise beim gemeinsamen Skifahren, wird in irgendeiner Weise auch eine Hierarchie herausbilden. Diese wird meist erst im Gefahren- oder Konfliktfall deutlich. Einer führt, während die anderen sich unterordnen. Diese Unterordnung ist durchaus stärkend, weil sie entlastet, denn man weiß, dass man sich auf die anderen verlassen kann. Eine Gruppe schwächt den Menschen in dem Moment, wo sie mit Abhängigkeit und Druck arbeitet, was ein typisches Merkmal für Sektenstrukturen ist. Wer es noch rechtzeitig raus schaffen will, sollte hier seinem gesunden Fluchtinstinkt nachgeben! Nichts wie weg!

Auch eine Familie oder Partnerschaft ist zunächst nichts anderes als eine Kleingruppe beziehungsweise eine Zweiergruppe. Nichts ist für das Wohlbefinden innerhalb einer Beziehung abträglicher als die Ungewissheit, ob man nun dazugehört oder nicht. Ob man sich freiwillig ausschließt oder von der Gemeinschaft ausgeschlossen wird – in beiden Fällen wirkt es sich desorientierend und schwächend aus. Es gibt Partnerschaften, in denen jahrelang darüber diskutiert wird, ob sie nun eigentlich eine Beziehung haben oder keine. Wollen wir zusammenbleiben oder nicht? Solange diese Fragen nicht geklärt sind, bleibt die Beziehung unverbindlich, was auf Dauer, zumindest für einen der beiden Partner, schwer zu ertragen ist. Jeder braucht eine Person, die zu und hinter einem steht und sich auch vor den anderen zu einem bekennt. Dieser Wunsch dazuzugehören, steht unter anderem hinter dem meist weiblichen Bedürfnis, endlich zu heiraten. Und das, obwohl heutzutage jede dritte Ehe geschieden wird, und jeder weiß, dass diese Institution weder eine langfristige Sicherheit noch eine Garantie für das eigene Glück gibt!

Wohin führt mich mein Weg?

Die Sicherheit der Herkunftsfamilie im Rücken und das Gefühl von Zugehörigkeit durch eine gegenwärtige Beziehung reichen langfristig nicht aus, um glücklich zu sein. Zu Beginn einer Beziehung scheint das Glück perfekt zu sein. Aber es steht nur auf einem Teil des Fundaments – nämlich dem der Beziehung. Und dieser eine Teil trägt auf Dauer nicht! Jeder Mensch braucht zusätzlich zu den Perspektiven innerhalb einer Beziehung auch solche, die über diese hinausgehen. Perspektiven innerhalb einer Beziehung können die Gründung einer Familie und das Aufziehen der Kinder sein. Aber selbst die gemeinsame Kindererziehung ist ein zeitlich begrenztes Projekt. Oft enden bei Frauen die eigenen Visionen mit dem ersten Kind, das einfach so »dazwischen« kommt und Frau von ihrem zuvor eingeschlagenen Kurs abkommen lässt. Frauen verschwinden plötzlich in der Versenkung, geben ihren Namen bei der Heirat auf, so dass man sie nicht einmal mehr im Telefonbuch findet. Daran hat sich, trotz zunehmendem Bildungsniveau, wenig geändert. Zwar ist momentan über die Hälfte aller Studenten weiblich, aber in höheren Positionen sind sie kaum vertreten! Verschollen im Bermuda-Dreieck? Eine zentrale Voraussetzung für eine glückliche Beziehung ist aber, das eigene Glück, die eigenen Fähigkeiten, Talente und Träume nicht aus den Augen zu verlieren! Zumal es eine intellektuelle Anregung für eine Beziehung sein kann, wenn jeder seine Projekte verfolgt und diese in die Partnerschaft in Form von Anregungen und Gesprächsstoff wieder hineinfliegen! Also: Kurs halten und die eigenen Visionen nicht aus den Augen verlieren! Man kann ja zwischendurch mal eine Pause einlegen oder einen Umweg fahren, aber ganz vom

Kurs abzukommen hieße unter Umständen, das eigene Leben zu verpassen!

Wir müssen uns selbst verwirklichen

Das Leben in all seinen Bereichen inklusive der Beziehung zu entrümpeln bedeutet, sich von den Dingen, Problemen, alten Denkmustern, Verhaltensweisen, Vorstellungen zu befreien, die dem eigenen Glück im Wege stehen. Darum weg mit allem, was Sie schwächt und Ihnen nicht guttut! Sich selbst zu stärken sollte kein egozentrischer Akt auf Kosten anderer sein, sondern eine Basis für die eigene Zufriedenheit. Dieser innere Zustand wirkt sich nicht nur positiv auf die Umgebung aus, sondern entlastet auch den Partner! Denn die unzufriedene Hälfte einer Beziehung setzt den anderen unbewusst unter Druck oder erzeugt Schuldgefühle.

An der Frage, was mir guttut und was mir langfristig schadet, kommt niemand vorbei, der den Anspruch hat, ein glückliches und erfülltes Leben zu führen. Sich dann die Frage in Bezug auf die Beziehung zu stellen und alles zu »entsorgen«, was dem Glück abträglich ist, wäre der nächste Schritt. Eine Beziehung ist dann stark und stabil, wenn es allen Beteiligten gut geht, so dass jeder der Beteiligten ein gesundes Selbstwertgefühl entwickeln kann. Die Stärkungsmittel dazu sind unter anderem: Selbstverwirklichung, Vertrauen, Anerkennung und Liebe. Wer sich nicht selbst respektiert, kann dies auch nicht von anderen erwarten. Und sich selbst zu achten bedeutet auch, seine Fähigkeiten und Talente nicht brachliegen zu lassen. In diesem Sinne ist Selbstverwirklichung kein Egotrip, der von den anderen Opfer verlangt, sondern ein Weg, auf dem man respektvoll mit sich selbst und den anderen umgeht. Dazu gehört auch, dass jeder die Verantwortung für seinen Lebensweg allein trägt.

Selbstverwirklichung führt über den Weg der inneren Selbsterkenntnis und gesunden Selbsteinschätzung der eigenen Fähigkeiten. Zu wissen, wie man fühlt, wer man ist, was man kann und wie man selbst »tickt« ist hierbei von Vorteil. Ruhe und Meditation können ebenso wie Spaziergänge in der Natur oder künstlerische Tätigkeiten unterstützend wirken. Der Zugang zur eigenen Kreativität führt ebenso wie der zur eigenen Intuition nur über die Auseinandersetzung mit sich selbst. Wer sich selbst aus dem Weg geht und seine innere Stimme durch ständige Geräusche wie Musik und Fernsehen übertönt, wird kaum zu seinem inneren Kern finden. Hierbei kann eine erste Übung helfen – lernen Sie, mit sich selbst allein zu sein! Wer in der Lage ist, mit sich selbst zufrieden zu sein, einen Abend ganz für sich zu gestalten, kann zur inneren Mitte finden. Wenn das nicht auf Anhieb gelingt, kann man es »üben«. Die volle Präsenz im Hier und Jetzt, das Gefühl, sich im eigenen Körper zu Hause zu fühlen, kann mithilfe von Meditation gelingen. Der erste Schritt kann auch eine kleine, tägliche Verabredung mit sich selbst sein. Einfach nur jeden Tag zehn Minuten allein zu genießen – lesen Sie, genießen Sie die Aussicht oder tun Sie mal gar nichts. Denn der Weg zur Fülle, zur eigenen Inspiration und Intuition führt über die Leere im Außen und die Ruhe im Innern.

Einsamkeit ist oft mit einem negativen Gefühl, nämlich der Angst vor dem Alleinsein, verbunden. Aber wovor haben wir in diesem Moment Angst? Vor uns selbst!? Für mich persönlich liegt in dieser Fähigkeit, allein zu sein, ohne sich einsam zu fühlen, die ich erst sehr spät für mich entdeckt habe, der Schlüssel zum inneren Glück. Dann braucht man keinen Partner, der die unerträgliche Leere überdeckt. Dann missbraucht man keinen anderen Menschen mehr, der einem eigentlich nur Gesellschaft leisten soll, weil man sich allein einsam fühlt. Wer diese Fähigkeit erlernt hat, wird sein Glück nicht mehr von anderen abhängig machen!

Wir brauchen das Vertrauen anderer

In den Unternehmen ist längst bekannt, dass der Mensch nicht nur allein durch Geld zu motivieren ist. Einen wichtigen Motivationsschub erhält er durch das in ihn gesetzte Vertrauen. Dem anderen zu vertrauen, dass er sich um den Versand der Waren kümmert, ihm den Millionenetat für ein Projekt anzuvertrauen, ist ein Vertrauen auf Vorschuss. Der Mensch braucht dieses, um wiederum Vertrauen in den anderen setzen zu können. Auf eine Beziehung übertragen bedeutet dies, dem Partner zu vertrauen, was ständige Kontrolle ausschließt! Das heißt, dass wir nicht eifersüchtig über ihn wachen, ihn nicht jede Stunde anrufen, um ihn zu fragen, was er macht und wo er ist. Misstrauen ist absolut kontraproduktiv! Wenn ich dem anderen auf einem Gebiet nicht vertraue, signalisiere ich ihm unbewusst, dass mir auf diesem Gebiet ebenfalls nicht »über den Weg zu trauen« ist.

Vertrauen ehrt, es zeigt Respekt und Wertschätzung für die Person und ihre Leistung. Wenn ich jemandem Vertrauen schenke, übertrage ich ihm Verantwortung. Menschen mit Kontrollzwang misstrauen sich selbst und den Fähigkeiten anderer und wundern sich dann, wenn ihr »Vertrauen« missbraucht wird. Kann etwas missbraucht werden, das nie vorhanden war? Dem Ehemann zu vertrauen, dass er mit dem Haushalt und den Kindern auch mal ein Wochenende allein klarkommt, ist eine einfache Übung, die für viele Frauen jedoch undenkbar ist. Warum soll ich die Fähigkeiten, die ich selbst habe, nicht auch anderen zutrauen? Der Mensch wächst innerlich durch das Vertrauen, das in ihn gesetzt wird. Er gewinnt an Größe und Stärke! Und wenn mal was danebengeht, ist das auch nur allzu menschlich und kein Grund, an ihm zu zweifeln.

Wir brauchen zwischenmenschliche Beziehungen

Der Begriff »Beziehung« ist zunächst etwas vollkommen Abstraktes. Er wird zum Leben erweckt durch die Interaktionen von zwei oder mehreren Menschen, die, auf welche

Weise auch immer, miteinander verbunden sind. Berufliche zwischenmenschliche Beziehungen kann man sich im Gegensatz zu den partnerschaftlichen nicht aussuchen. Letztere basieren, zumindest anfangs, auf Freiwilligkeit. Durch wirtschaftliche oder/und emotionale Abhängigkeiten können durchaus Zwänge entstehen, die sich nicht immer positiv auf eine Partnerschaft auswirken. Derartig ungesunde Beziehungen sind ebenso belastend für alle Beteiligten wie solche, die völlig geleugnet oder verleugnet werden. Die Aussage »eigentlich haben wir gar keine richtige Beziehung« lässt heutzutage, im Zeitalter zunehmender Unverbindlichkeiten, zumindest für einen die Option offen, jederzeit zu gehen. Dies kann für den anderen eine völlig unzumutbare Situation darstellen! Wenn sich derjenige, den man liebt und mit dem man schon die besten Jahre seines eigenen Lebens verbracht hat, immer noch nicht für einen entscheiden kann, sollte man selbst schnell aktiv werden. Denn hier vergeudet man wertvolle Zeit, jede Menge Energie und verschleudert seine Liebe.

Eine liebevolle Verbindung zweier Menschen sollte vor allem das Ziel haben, dass es beiden gut geht. Sie sollte beide Partner stärken. Doch das genaue Gegenteil ist leider an der Tagesordnung! Wie viele Menschen schwächen sich gegenseitig und machen sich das Leben schwer! Die alltäglichen Missachtungen und gegenseitigen Demütigungen sind für manche schon so normal, dass keinem mehr klar zu sein scheint, dass sie jeden Tag ein kleines bisschen mehr an der Beziehung »sägen«. Irgendwann fällt der Baum um und jeder wundert sich! Eine gesunde Beziehung sollte das Leben beider bereichern und nicht noch zusätzlich belasten! Wie ein lebendiges Wesen braucht auch sie Pflege und Luft zum Atmen, Distanz wie auch Nähe. Zu viel Nähe kann aber bei manchen Menschen einen Fluchtreflex auslösen! Wer sich eingesperrt fühlt, wird versuchen, wegzulaufen. Daher ist die Ehe nicht für jeden die ideale Lebensform, denn für manchen ist Nähe nur dann zu ertragen, wenn sie möglichst nicht mit Verpflichtungen verbunden ist. Wer dagegen verstanden hat, dass der Mensch an sich (je nach Typ mehr oder weniger ausgeprägt, wie ich im Folgenden noch beschreiben werde) ganz persönliche Freiräume braucht, der hat etwas Wesentliches begriffen! Selbst jedes Tier braucht sein eigenes Revier, das es auch gegen Eindringlinge verteidigt. Wir nennen das »Intimsphäre«, und wo diese beginnt und endet, ist individuell verschieden. Männer seien gewarnt: Die weibliche Handtasche ist ein solches Sperrgebiet, also rückt niemals ohne ausdrückliche Erlaubnis in ihr Inneres vor!

Wenn die Bilanz von »Geben und Nehmen« ausgeglichen ist, wirkt sich das positiv auf die Beziehung aus. Kennen auch Sie Menschen, die gern Geschenke machen, sich aber ungeheuer zieren, wenn sie selbst etwas geschenkt bekommen? Manche können sich über Geschenke nicht freuen, da sie Angst haben, sich bedanken zu müssen! Wer vom anderen etwas annimmt, verliert die Kontrolle und ist erst einmal der Schwächere, fühlt sich abhängig. Und das verträgt nicht jeder. Dass man manche Geschenke schlecht annehmen kann, mag an deren Größe liegen. Denn ein Geschenk, das zu groß für mich ist, das ich in dieser Größe niemals zurückgeben kann, schafft ein Ungleichgewicht. Wenn ein Partner jahrelang für die Berufsausbildung des anderen aufkommt, während dieser keine Gelegenheit hat, sich irgendwann zu revanchieren, fühlt er sich abhängig wie ein Kind und nicht anerkannt. Er sollte die Möglichkeit bekommen, seine »Schulden« zu begleichen. Ansonsten kann dieses Ungleichgewicht auf Dauer eine große Belastung für die Beziehung werden.

Beziehungen sind nicht dazu da, dass man das Recht hat, vom anderen irgendetwas zu fordern! Ich habe kein Recht, über sein Konto oder über seine Zeit zu verfügen! Seltsamerweise kommt vom anderen dann am meisten, wenn man alle Forderungen aufgegeben hat! Dann kann er freiwillig geben. Ein Lernziel in Beziehungen sollte es im Übrigen auch sein, froh über das zu sein, was man bekommt und dieses wertschätzen. Wer ständig darüber mäkelt, was er nicht hat, höhlt seine Beziehung auf Dauer völlig aus!

Wir brauchen Anerkennung

Jeder Mensch braucht Achtung und Anerkennung. Die Anerkennung der eigenen Leistung durch andere, die Prämie für einen Vertragsabschluss, die gute Zensur für die Diplomarbeit, der Applaus nach einem gelungenen Vortrag, ein kleines Lob, ein Kompliment erzeugen positive Gefühle von

Stolz in uns und stärken das Selbstwertgefühl. Negative Gefühle wie Wut und Scham entstehen hingegen, wenn wir kritisiert, runtergeputzt und abgewertet werden. Wenn der Partner am Abend provokativ fragt, was man denn den ganzen Tag im Haus getan hätte, fühlt sich jede Frau geschwächt, klein und nutzlos.

Jede Tätigkeit hat einen Wert – einen gesellschaftlichen, individuellen und wirtschaftlichen. Hausarbeit rangiert sowohl finanziell als auch ideell ganz unten! Auf unterstem Niveau befindet sich aber vor allem derjenige, der anderer Leute Arbeit missachtet, unterschätzt und ihnen die Anerkennung verweigert. Mit welchem Recht bewertet er seine Tätigkeit höher als die seiner Ehefrau, die nicht nur für die Kinder, sondern auch noch für ihn sorgt? Tatsache ist, dass gerade in Bereichen, in denen die gesellschaftliche Akzeptanz nicht gegeben ist, finanziell sowieso keine da ist und nicht einmal die kleinste Anerkennung zu erwarten ist, Frust und Depression entstehen können. In Haus und Garten werden Tätigkeiten verrichtet, die »unsichtbar« sind. Wer sieht schon den Dreck, der nicht mehr da ist oder nimmt wahr, dass Unkraut gejätet wurde? Schmutz und Unkraut wachsen von selbst, wenn man nichts macht. In beiden Bereichen wird man nie fertig und hat in seltenen Fällen ein Erfolgserlebnis. Selbst das Kochen als kreative Tätigkeit im Haus führt zum Frust, denn das Essen ist schneller verschlungen als es gekocht wurde. Im Nu ist das Werk »vernichtet«! Stellen Sie sich vor, Sie würden ein Bild malen, das Sie gleich darauf verbrennen. Wer zu Hause keine Anerkennung bekommt, holt sie sich woanders. Vielleicht in Form eines Seitensprungs? Gerade nicht geachtete und nicht wertgeschätzte Partner sind besonders anfällig für Streicheleinheiten von außen. Wenn plötzlich jemand etwas Nettes sagt, die Arbeit schätzt und Dinge sieht, die der Partner noch nie beachtet hat, ist Mann oder Frau leichte Beute!

Hat man das Gefühl, im Haushalt oder im Beruf zu wenig Anerkennung zu bekommen, sollte man sich eine Tätigkeit suchen, die einen persönlich ausfüllt. In dem Moment, wo etwas Spaß macht, ist man weniger vom Lob anderer abhängig als in den Bereichen, in denen man sich selbst schlecht motivieren kann. Anderen den Respekt für ihre Person oder ihre Leistung zu zollen, bedeutet nicht mehr, als ihnen von Zeit zu Zeit ein wirklich nett gemeintes Wort zu schenken. Vor einer Kritik oder einem Verbesserungsvorschlag zunächst einmal das Bestehende zu würdigen und erst dann konstruktiv Kritik zu üben, erzeugt mehr Akzeptanz. Die einfachste Art und Weise, die Arbeit eines anderen wertzuschätzen, ist ein einfaches »Danke«. Dieses kleine Wort ist eine Art Schmiermittel einer jeden zwischenmenschlichen Begegnung und kostet nichts! Man kann es täglich großzügig verschenken und ehrlich ausgesprochen nimmt es selbst der Toilettenmann an, wenn man gerade mal kein Kleingeld parat hat.

Wir brauchen Liebe

Liebe ist ein Gefühl, das sich der eigenen Kontrolle entzieht. Schlimmer noch: man läuft Gefahr, die Kontrolle über sich selbst zu verlieren. Liebe verändert: Plötzlich wird man weich, die Stimme wird höher, die Gesichtszüge freundlicher. Wer liebt, hat jedoch auch Angst! Angst, den anderen zu verlieren, indem er uns wieder verlässt. Aus diesem Grund misstrauen wir der Liebe und zerstören sie oft selbst! Aus Angst verhalten wir uns so, dass der andere uns hassen oder zumindest verlassen muss. Wir verhalten uns dem anderen und uns selbst gegenüber zerstörerisch! Wir gehen oft mit dem oder den Menschen, die wir am meisten lieben, grob fahrlässig um! Liebe ist wie eine zarte Pflanze, auf der man nicht herumtrampeln darf. Liebe kann zäh sein wie Bambus, aber auch dieser kann brechen, wenn man ihn zu sehr beansprucht oder grausamen Tests aussetzt. Eine Person zu lieben und von dieser zurückgeliebt zu werden ist unendlich wertvoll und so selten wie eine totale Sonnenfinsternis. Wobei wir so tun, als handle es sich bei diesem seltenen Schauspiel um einen banalen Sonnenuntergang: Täglich garantiert und deshalb keiner Rede wert.

Liebe beinhaltet aber alles, sie ist die universelle Kraft. Die Liebe zwischen Mann und Frau ist nur ein Aspekt davon. Liebe kommt nicht von außen, sie kommt aus unserem Innern und ist bereits da. Sie ist nicht nur ein Gefühl, sondern eine innere Einstellung den Dingen, der Arbeit und den Menschen gegenüber. Liebe lässt sich weder beweisen noch an Bedingungen knüpfen. Sie ist bedingungslos, sie ist einfach nur da. Wer bedingungslos liebt, setzt sich der Gefahr aus, nicht zurückgeliebt zu werden. Wenn ich jedoch die Wahl zwischen lieben oder geliebt zu werden hätte, würde ich mich für Ersteres entscheiden. Von jemandem geliebt zu werden, ohne dass man selbst etwas für diesen Menschen empfindet, fühlt sich eher peinlich bis unangenehm an. Vielleicht würde man ja gern etwas empfinden, immerhin ist er ganz nett, aber es ist kein Gefühl da. Fast fühlt man sich schuldig. Wohingegen das Gefühl zu lieben immer ein großartiges ist. Selbst auf die Gefahr hin, nicht dieselbe Reaktion hervorzurufen, spürt man sich in diesem Gefühl voll und ganz. Es gibt Fälle, da zieht sich die einseitige und nicht erwiderte Liebe über mehrere Jahre hin. Die Gefühle fahren Achterbahn, die Hoffnung schwankt zwischen aussichtslos und aussichtsreich. Kurz: Es ist anstrengend und frustrierend. Dass die Liebe vom anderen nicht erwidert wird, ist vielleicht ein Kommunikationsproblem. Vielleicht weiß er nicht um die Gefühle? Deutet er Gesten, Handlungen oder sogar Worte falsch? Hier kann Klarheit helfen! Machen Sie ihm oder ihr unmissverständlich deutlich, was Sie fühlen.

Wir brauchen Leidenschaft

Was ich mir wünsche, muss auch ich geben können. Wer sich Liebe wünscht, muss eine Vorleistung erbringen. Anders funktioniert es nicht. Wer geliebt werden will, muss zunächst damit beginnen, anderen gegenüber liebevoller zu sein. Ich könnte beispielsweise aber auch damit anfangen, meine Arbeit mit mehr »Hingabe« und Leidenschaft zu erledigen. Denn das, was ich gern und somit liebevoll mache, zieht auch auf anderem Gebiet Liebe an. Wichtig ist hierbei, wie man etwas macht und nicht so sehr, was man macht! Sie werden eine andere Ausstrahlung haben, wenn Sie selbst ganz bei der Sache sind. Erst wenn Sie das innere Feuer oder zumindest den Funken in sich selbst entzündet haben, kann dieser auch auf andere überspringen. Nichts anderes ist Motivation! Nur wenn ich selbst von einem Thema begeistert bin, kann ich andere begeistern! Meine Leidenschaft kann sich dann übertragen. Bewundernswert finde ich Menschen, die mit Leidenschaft dienen, wie beispielsweise ein Kellner, dem es wirklich Spaß macht, seine Gäste zufrieden zu stellen. Menschen, die sich nicht von der schlechten Laune anderer irritieren lassen und es immer wieder schaffen, beim anderen den Schalter zu finden, so dass sie zu ihrer besten Form auflaufen! Das sind wahre Führungsqualitäten. Führung hat auch zu tun mit »Verführung«. Und wer die Leidenschaft nicht wecken kann, wird auch seine Verführungskünste wieder einpacken können! Also warum nicht gleich mit Leidenschaft leben, lieben und arbeiten? Und das Gesetz der Resonanz garantiert Ihnen, dass das, was Sie ausstrahlen, auch wieder zu Ihnen zurückkommt.

Yin und Yang – Gegenpole ziehen sich an

Leben ist Ganzheit und das Glück hat immer zwei Seiten! Woher wüssten Sie, was Freude bedeutet, wenn Sie das Leid nicht kennen würden? Wie könnte man das gute Gefühl des Erfolgs genießen, ohne zu wissen, was Misserfolg ist? Wie gut schmeckt uns das Essen, wenn wir richtig hungrig sind! Um das Glück im Leben schätzen zu können, müssen wir dem Unglück begegnet sein! Oft wird uns erst in der Krise bewusst, was eine Beziehung bedeutet. Oft brauchen wir diese schmerzhafte Erkenntnis, um unseren Partner wertzuschätzen. Wenn man sich tagtäglich sieht, verflüchtigt sich das Gefühl der Sehnsucht. Sich nach dem anderen zu sehnen, ihm wirklich nahe zu sein setzt voraus, dass er nicht bei uns ist. Kommt er zurück, schätzen wir seine Nähe viel mehr! Nähe und Distanz sind zwei Seiten der gleichen Medaille, genauso wie Wärme und Kälte, Leere oder Fülle, Gut und Böse. Was wäre das Leben ohne Krankheiten und Leid? Beides lässt Menschen zusammenrücken, und nur durch diese Erfahrung können wir die Freude und das Glück auch wieder schätzen. Das eine gibt es nicht ohne das andere. Dies ist eine Gesetzmäßigkeit, die die chinesische Philosophie mit Yin und Yang erklärt.

Der magischen Anziehung bei gleichzeitiger unerklärlicher Abstoßung zwischen Mann und Frau liegen die polaren Kräfte von Yin und Yang zugrunde. Der typische Macho kann die aktive, aggressive männliche Kraft Yang am ehesten illustrieren. Erst wenn man ihn näher kennen lernt, stößt Frau auf seinen weichen weiblichen Yin-Kern. Das süße weiche, passive Weibchen gilt als Inbegriff des Yin. Erst nach längerem Hinsehen wird sie vielleicht ihre Krallen ausfahren und somit auch ihren Yang-Kern offenbaren. Wir leben nicht nur auf der Geschlechterebene in dieser Polarität. Da die Yin-Energie eine sammelnde, ruhige Kraft ist, strebt sie nach innen und beinhaltet auch zwischenmenschliche Nähe. Das weibliche »Klammern« ist Yin, also nichts weiter als eine Sehnsucht nach Verbindung und Intimität – meist jedoch mit gegenteiliger Wirkung: Denn je näher sie ihm auf die Pelle rückt, desto weiter flieht er von ihr! Typisch Yang. Es tendiert von sich aus weg, nach außen. Ideal wäre es, wenn sich in der Beziehung beide Bewegungen rhythmisch abwechseln würden. Es kann nicht nur kuschelige Nähe geben, die andere Seite der Münze ist partnerschaftliche Distanz. Nur wenn man die Trennung kennt, freut man sich wieder auf Nähe. Wer den anderen zu nah und zu eng bindet, wird ihn in die Flucht treiben. In diesem Spiel von »kommst du mir zu nahe, muss ich gehen« sind die Rollen austauschbar. Eine Frau in einen wenn auch goldenen Käfig zu sperren mag zeitweise gelingen, aber sie wird, wenn auch nicht räumlich, dann innerlich »emigrieren«. An ihm zu »kletten« oder ihn einzusperren löst seinen Fluchtreflex aus, und sei es nur, dass er sich ins Büro oder an seinen Schreibtisch zurückzieht.

Zum Glück sind wir nicht alle gleich

Die Gesetzmäßigkeiten von Yin und Yang bieten eine Betrachtungsweise der beiden in uns lebenden energetischen Pole und der Pendelbewegungen, die daraus folgen. Wie sagt ein altes Sprichwort so treffend: »Gegensätze ziehen sich an.« Dass dieses Gesetz der Polarität von Yin und Yang nicht alle Grautöne abdeckt, sondern eher in der Schwarzweißmalerei stecken bleibt, wird schnell deutlich. Ansonsten wären ja alle Frauen mehr oder weniger gleich und von allen Männern leicht einzuschätzen. Aber so einfach verhält es sich nicht! Der Versuch, den Menschen zu kategorisieren und in Schubladen zu stecken ist so alt wie die Menschheit. Um nicht in den »typisch« männlichen und weiblichen Klischees stecken zu bleiben und um einen tieferen Einblick in die Unterschiede der menschlichen Psyche zu erlangen, finde ich persönlich das System von Fritz Riemann, das er in seinem Buch *Die Grundformen der Angst Eine tiefenpsychologische Studie* beschreibt, auch für psychologische Laien sehr brauchbar. Es ist hilfreich im Umgang miteinander, ob Partner oder Kunde, und lässt menschliche Verhaltensweisen in einem neuen Licht erscheinen. Ich verstehe dieses System als Bereichung im tagtäglichen Miteinander, und es ist auch für jeden interessant, der nicht therapeutisch tätig ist.

Um menschliche Unterschiede sinnvoll einschätzen und mit ihnen in Beziehungen produktiv umgehen zu können, stelle ich im Folgenden meine Interpretation der vier

Grundtypen menschlichen Handelns vor. Diese sind unabhängig vom Geschlecht zu sehen. Es ist eben nicht nur typisch Mann, dass er alles sammelt, und typisch Frau, dass sie alles wegwirft, es kann auch umgekehrt sein. Allerdings kann man innerhalb einer Beziehung davon ausgehen, dass der eine sammelt und der andere wegwirft. Dass sich zwei Sammler und Horter in einer Beziehung treffen, ist relativ selten, auch hier ziehen sich die Gegensatzpaare an. Dieses System macht deutlich, warum man immer wieder den gleichen Typus Partner anzuziehen scheint. Daher ist eine Trennung auch in den wenigsten Fällen sinnvoll, denn der nächste Partner wird genau wieder in diese Lücke stoßen!

Typus 1: Der Unabhängige

Menschen mit selbstsicherer bis charismatischer Ausstrahlung, die im täglichen Leben alles zu meistern scheinen und großen Wert auf ihre Unabhängigkeit legen, gehören zu diesem Typus. Engagiert im Beruf renovieren sie auch noch abends ihre Wohnung. Bietet man ihnen Hilfe an, dann wird sie, wenn überhaupt, erst nach langem Hin und Her angenommen. Schließlich sind sie ja selbst in der Lage, ein Loch in die Wand zu bohren und schwere Lasten zu schleppen. Selbst kurz vor dem Ertrinken glauben sie immer noch, sich selbst aus dem Wasser ziehen zu können. Lieber retten sie andere! Dieser Typus Frau will unter keinen Umständen, vor allem nicht finanziell, von einem Mann abhängig sein. Falls sich dieses nicht vermeiden lässt, so hat sie daran schwer zu knabbern.

Den entsprechenden Männertypus kennt man aus der Werbung – der schweigsame, einsame Cowboy, der allein reitet und am Lagerfeuer schläft und sich nur auf sich selbst verlässt. Denn die Welt ist voller Feinde! Gerade das macht ihn attraktiv für Frauen, die diesen »einsamen Wolf« davon überzeugen wollen, dass die Welt doch gut und nur die Zweisamkeit schöner als die Einsamkeit ist. Für viele Frauen ist diese Sorte von Mann eine echte Herausforderung! Doch sie haben die Rechnung ohne den Wirt gemacht, denn keiner fühlt sich so schnell eingeengt wie dieser Typus. Hochzeitsglocken aus weiter Ferne erzeugen bei ihm Fluchtreflexe. Also falls Frau sich in eines dieser Exemplare verliebt, kann man ihr nur raten, entweder ganz von ihm abzulassen oder ihm eine ganz, ganz lange Leine zu lassen! Er braucht seine Wochenenden mit Kumpels, das Motorradfahren, und er will auch mal für sich ungestört sein. Auch ist er wunderbar in der Lage, sich seine Klamotten selbst zu kaufen. In den alltäglichen Dingen ist er so gut wie autark. Da er weiß, was er will, ist dieser Typ der geborene Chef und für die Selbstständigkeit wie geschaffen.

Der weibliche Typus wünscht sich, genauso wie jede andere Frau, nichts sehnlicher als eine feste Beziehung. Aber nur theoretisch. Wehe, er meint es ernst! Vor den Traualtar tritt sie in ihren schnellen Schuhen, damit sie zur Not wieder ausreißen kann. Männer, die ihr zu Füßen liegen, verlieren spätestens in dieser Position ihre Attraktivität. Dieser Typus Frau ist am glücklichsten, wenn das Objekt ihrer Begierde nicht zu haben ist. Denn wenn sie es haben könnte, wäre ja Schluss mit der Unabhängigkeit. Und diese braucht sie, obwohl sie eine Illusion ist! Zweifellos haben wir es hier mit einem mutigen Exemplar zu tun, das auf Sicherheit wenig Wert legt. Versorgt sein, sich auf den anderen verlassen zu können – diese Bedürfnisse sind ihr fremd. Selbst in einer festen Beziehung fühlt sie sich unsicher wie im Erdbebengebiet, ihre scharfe Beobachtungsgabe funktioniert wie ein Seismograph und nimmt jede kleinste Schwingung wahr.

Männern, die sich von derartigen Frauen angezogen fühlen (meist gehören diese zu den beiden nachfolgenden Typen 2 und 3), kann man nur raten: Lasst die Finger von ihr oder gebt ihr ihren Freiraum! Engt sie nicht allzu sehr ein! Fragt sie nicht ständig, was sie macht. Sie braucht ihre freien Abende und ihre Geheimnisse, die im Übrigen meist gar nicht so spektakulär sind. Nur das Gefühl, nicht alles preisgeben zu müssen, kann sie langfristig binden. Wenn ihr diesen Typus von Frau einsperrt, flieht sie. Falls ihr euch von ihr etwas zurückzieht, folgt sie euch willig. Ihr seid sie aber auf alle Fälle dann los, wenn sie sich verlassen, betrogen oder belogen fühlt. Denn diese Situationen kennt sie aus frühester Kindheit. Immerhin musste sie auf irgendeinem Gebiet ohne Unterstützung zurechtkommen oder sie fühlte sich allein gelassen und überfordert. Manchmal provoziert sie Auseinandersetzungen, treibt den anderen zur Weißglut und fordert viel. Vielleicht, um seine Liebe zu testen oder sagen zu können: »Siehst du, ich wusste es ja. Du liebst mich nicht wirklich.« Dann fühlt sie sich wieder in ihrem Vorurteil bestätigt, dass die Liebe eine trügerische Illusion ist.

Typus 2: Der Angepasste

Charmant durch seine stille, fast schüchterne Art fühlen sich diejenigen Frauen zu ihm hingezogen, die mit archäologischem Interesse in seinen Untiefen nach Substanz suchen. »Der hat so eine unglaubliche Tiefe« drückt eher aus, dass Frau sucht und sucht und eigentlich nicht an ihn rankommt. Dieses »Geheimnisvolle« wird durch sein schweigsames Wesen noch geschürt. Zudem überzeugt er Frauen dadurch, dass er ein guter Zuhörer ist, mitfühlend und aufmerksam. Er ist der ideale männliche Freund, ein Bild von einem Schwiegersohn, nett, freundlich und hilfsbereit. Gerade weil er durch seine langweilige Art auch Sicherheit und Verlässlichkeit ausstrahlt, ist er ein gefragter Typ. Eher ein Antiheld, den man erst auf den zweiten Blick wahrnimmt, trägt er eine tiefe Melancholie in sich, die in Depressionen umschlagen kann.

Unabhängigkeit scheint ihm nicht wichtig zu sein. Durch sein anhängliches Wesen, das manchmal zur Unterwürfigkeit tendiert, kann er seine Umwelt nerven. Denn Widerspruch sucht man bei ihm oft vergebens. Er wird sich gern der Gruppe unterordnen und auch, ohne initiativ geworden zu sein, einen netten Abend verbringen können. Eigene Entscheidungen gehören nicht unbedingt zu seinen Stärken. Beim Einkaufen nimmt er gern den Rat seiner Partnerin in Anspruch, oder er schaut sich nur um und geht. Anscheinend hat er schon als Kind gelernt, dass er alles bekommt, wenn er sich nur anpasst. Dieses Muster scheint auch im Erwachsenenleben noch zu funktionieren. Er hält still, weil er nichts mehr fürchtet als das Ende einer Beziehung! Harmonie ist ihm heilig, und er erträgt keinen Streit. Diesen findet er selbst bei anderen unerträglich! Verlässt ihn seine Partnerin, ist er emotional am Ende!

Auch der weibliche Typus macht sich aus der Angst heraus, verlassen zu werden, oft zum gutmütigen Trottel. Ihre Wünsche setzt sie daher selten bis nie gegen die Wünsche des Partners durch, denn die Angst, dann nicht mehr geliebt zu werden, sitzt tief. Geliebt zu werden und so zu funktionieren, wie es die anderen gern hätten, ist für sie eins. Aus diesen Grund handelt sie oft in vorauseilendem Gehorsam, entscheidet die Dinge so, um es den anderen recht zu machen. Sie gibt ihrem Mann jahrelang das obere Teil des Brötchens, weil sie denkt, dass er das lieber hat. Und muss irgendwann feststellen, dass er lieber das untere gehabt hätte. Aus »Liebe« würde dieser Typus alles Mögliche tun. Beziehungskrisen, Streitereien nimmt er auf seine Kappe, fühlt sich verantwortlich für jede Art von Missklang in der Beziehung. Streitereien und Diskussionen werden um jeden Preis vermieden, weil sie zu Spannungen führen. Dies kann eine Beziehung auf Dauer ganz schön langweilig werden lassen. Oft drückt sie durch ihre Körperhaltung die Botschaft »Du darfst mich nicht verlassen« aus, was ihre Ausstrahlung mindert. Hinzu kommt, dass sie sich als Opfer der äußeren Umstände sieht und nicht selbst die Verantwortung für ihre Unzufriedenheit übernimmt. Sie will es allen recht machen, kann ganz schlecht »Nein« sagen und hat aus diesem Grund vielleicht sogar einen Beruf ergriffen, den sich ihre Eltern für sie gewünscht haben. Auf diese Weise lebt sie an ihren eigenen Fähigkeiten vorbei!

Da das eigene Glück vom Partner abzuhängen scheint, wird dieser auf einen Sockel gestellt. Seine Zuneigung versucht sie sich durch ihre Dienste und Unterwürfigkeit zu sichern. Eifersucht ist ihr ständiger emotionaler Begleiter. Zwar scheint sie nach außen hin selbstlos und friedfertig, aber innerlich ist sie unglücklich und neigt aufgrund ihrer Verlustängste durchaus zu versteckten Aggressionen. Diese richten sich oft gegen sie selbst in Form von selbstzerstörerischen Aktivitäten oder sichtbar durch Autoaggressionskrankheiten. Dieser Typus muss, um sich in einer Beziehung sicher zu fühlen, die Gewissheit haben, dass er nicht verlassen wird, egal, wie er sich benimmt!

Typus 3: Der Statische

Auf diesen Typen kann man sich in allen Lebenslagen hundertprozentig verlassen. Er ist da, wann immer man ihn braucht, und man findet ihn auch nach Jahren wahrscheinlich noch am selben Ort. Diese Berechenbarkeit schätzen seine Freunde. Ein Umzug in eine andere Stadt wäre für diese Sorte von Mensch ein Horror! Er verträgt Veränderung nur ganz schwer und zieht das immer selbe Ferienhaus wechselnden Abenteuerreisen vor. Falls er überhaupt verreist! Diejenigen Urlaubsgäste, die für ihre jahrelange Treue mit dem goldenen Urlaubsabzeichen im Skiort geehrt werden, gehören meist zum Typus 3. Logisch, dass er wie die autistische Hauptperson Raymond im Film »Rain man« (gespielt von Dustin Hoffman) klare Abläufe und Rituale liebt. Das Leben muss berechenbar sein, ansonsten bricht sein Weltbild zusammen. Bloß keine (oder nicht mehr als eine) Überraschung. Er braucht einen Moment, um sich an neue Situationen zu gewöhnen und mag seine alte Umgebung, seine alten Pullover und sein altes Auto. Schon ein Neukauf ist eine halbe Lebenskrise! Er hängt an den alten Dingen und kann schnell zum Sammler oder Horter werden. Altes scheint ihm verlässlicher als Neues. Lieber nimmt er eine alte, schlechte Beziehung in Kauf als sie für etwas Neues, vielleicht auch Besseres, zu riskieren. Lieber harrt er in einer bekannten Situation aus, als dass er etwas wagt!

Er ist zahlendes und aktives Mitglied im Sportstudio, denn wenn er sich zu etwas verpflichtet hat, steht er dazu. Nicht nur sportlich bevorzugt er klare Regeln und Absprachen. Diesen unterwirft er sich gern. Er tendiert zu Dogmen, obwohl er vielleicht vergessen hat, warum er eigentlich Veganer geworden ist. Aber einen guten Grund wird er schon irgendwann gehabt haben! Er ist wenig aufgeschlossen allem Neuen gegenüber, er wird auch selten neue Marken ausprobieren, sondern bleibt lieber einer treu. Denn diese zu wechseln wäre zu viel Veränderung! Und Veränderung macht ihm Angst! In einer unsicheren Welt sucht er die Sicherheit im Materiellen. Bloß keine Experimente! Er geht lieber auf Nummer sicher! Baut sich einen Rauchmelder ein und fährt noch mal zurück, um sicherzugehen, dass er den Herd auch abgeschaltet hat. Das kann schon ganz schön zwanghaft werden. Er selbst nimmt diese Zwänge gar nicht als solche wahr, sondern denkt, ein jeder handelt so wie er! Wobei ihn manche Zwänge, wie beispielsweise sein »Putzzwang«, durchaus beliebt machen. Seine Wohnung ist entweder penibel aufgeräumt oder absolut chaotisch.

Sicherheit ist ihm der höchste Wert, wobei er übersieht, dass es sie im Leben nicht gibt. Also richtet er sich sein Leben in einem Raster von »Scheinsicherheiten« in Form von Vorschriften, Regeln und Abmachungen ein. Jedem Wandel steht er derartig skeptisch gegenüber, dass für manche ein Lachen schon zur Bedrohung wird, weil es gewohnte Abläufe durchbricht. Mit der Angst vor Veränderungen geht die Angst vor Entscheidungen einher. Eine Entscheidung für etwas ist auch immer eine gegen etwas anderes. Mit ihm einkaufen zu gehen kann sehr anstrengend sein.

Vor allem der weibliche Typus widerspricht, wenn überhaupt, nur heimlich. Eher lästert sie hinter dem Rücken anderer, als dass sie ihre Kritik offen kundtut. Das kann auch daran liegen, dass dieser Typus es außerordentlich schwer hat, überhaupt seinen eigenen Standpunkt zu finden, geschweige denn herauszufinden, wer er eigentlich ist!

Typus 4: Der Dramatische

Dieser Typus »kleiner Prinz« oder »kleine Prinzessin« hält sich für etwas ganz Besonderes. Alle anderen sind keine wirkliche Konkurrenz, und die Frage, ob jemand besser ist, stellt sich schon gar nicht. Frauen mit einem außergewöhnlichen Selbstbewusstsein gehören zu diesem Typus, der von seiner unmittelbaren Umgebung häufig als arrogant empfunden wird. Aber sie oder er steht zu seiner Schönheit, zu seinem Erfolg, seiner Intelligenz oder anderen Fähigkeiten. Dabei schwingt ein Tick Überheblichkeit oder sogar Selbstüberschätzung mit. Gefährliche Sportarten oder schnelle Autos sind genau sein Ding, da sie neben einer Portion Mut auch noch jede Menge Verwegenheit erfordern. Was er tut, tut er für sich. Dennoch genießt er die Bewunderung anderer und steht gern im Rampenlicht. Schauspieler oder Menschen, die in der Öffentlichkeit auftreten, gehören oft zu diesem Typus. Das einzig Konstante in diesem Leben ist die Veränderung, nichts ist schlimmer als Beständigkeit. Ein Haus zu bauen ist schon fast zu viel an Verpflichtung. Sie lieben ihre Unabhängigkeit vielleicht auch so, dass sie häufig den Ort und ihre Partner wechseln.

Mit ihrer extravaganten und charmanten Art sind sie, vor allem bei den oben genannten »Langweilern«, gern gesehen. Ihre Flexibilität und Anpassungsfähigkeit macht sie gerade für Berufe brauchbar, in denen sie viel reisen und sich schnell auf neue Situationen und Menschen einstellen müssen. Ihre einzige Angst gilt der Langeweile und Monotonie. Im Urlaub ziehen sie Kontinente vor, auf denen am besten noch keiner vor ihnen war. Das männliche Klischee dieses Typus ist der feurige südländische Macho, der sich für den Größten hält und tatsächlich auch ein guter Liebhaber ist. Und das weniger, weil er ihr Lust und Vergnügen bereiten möchte, sondern vielmehr aus dem Grund, sich selbst zu bestätigen. Ihr Selbstbewusstsein ist stärker ausgeprägt als ihre Fähigkeit zur Selbstkritik. Aufgrund ihrer großen Wandlungsfähigkeit kann die Suche nach der eigentlichen Identität etwas länger dauern. Bei fehlender Tiefe kann sich daraus eine Lebenslüge aufbauen, die im Extremfall in einer Sucht oder Krankheit endet.

Und wie schätzen Sie sich ein?

Haben Sie Ihren Typus gefunden? Oder treffen die Merkmale nicht ganz auf Sie zu? Dann ist es gut so, denn wir sind alle Mischtypen. Im idealen Fall tragen wir alle vier Typen ausgeglichen in uns. Allerdings tendiert jeder von uns jedoch mehr zu einem oder zu zwei Typen. Aufgrund von Störungen, Ängsten und Konflikten in der frühen Kindheit sind meist zwei Typen besonders stark in uns ausgeprägt. Es besteht eine Tendenz, dass sich in einer Person gern der unabhängige Typus 1 mit dem dramatischen Typus 4 trifft. Zweifellos eine unterhaltsame und spannende extrovertierte Persönlichkeit. Und dies zieht dann eher den Mischtypus bestehend aus dem angepassten Typus 2 und dem statischen Typus 3 an. Zu welchem Typus tendiert Ihr Partner? In den allerseltensten Fällen ziehen sich innerhalb einer Partnerschaft gleiche Typen an. Also wenn Sie sich wundern, warum Sie immer an die ruhigen, langweiligen Typen geraten, dann haben Sie jetzt vielleicht eher eine Erklärung dafür. Denn auch hier funktionieren die Gesetze der Anziehung von plus und minus, Gleiches gesellt sich nicht gern zu Gleichem! Interessant sind diese vier Typen auch, um zu verstehen, dass Menschen nicht über ihren eigenen Schatten springen können! Wer zwanghaft ist, wird niemals locker mit Geld umgehen! Wer dramatisch gepolt ist, wird kaum Sicherheit ausstrahlen. Der einzige Weg, Dinge zu verändern, führt über die Selbsterkenntnis! Und hierbei kann dieses System nach Riemann wertvolle Dienste leisten.

Ihre »Glücksbilanz«:

- Wann, wo und mit wem waren Sie das letzte Mal so richtig glücklich oder auch nur zufrieden?
- Was oder wer stärkt und unterstützt Sie und hilft Ihnen?
- Was oder wer tut Ihnen richtig gut?
- Wer oder was schwächt Sie, zieht Sie runter oder untergräbt Ihre Absichten?
- Wer oder was tut Ihnen überhaupt nicht gut?
- Wie zufrieden sind Sie in Ihren eigenen vier Wänden?
- Wo ist Ihr Lieblingsplatz?
- Wo fühlen Sie sich überhaupt nicht wohl?
- Was macht Sie wirklich glücklich?

Zusammengefasst:

- Jeder ist für sein Glück selbst verantwortlich und hat seine eigene Definition von Glück.

- Glück existiert nicht außerhalb, es ist in uns! Es ist eine innere Haltung sich selbst und seiner Mitwelt gegenüber.
- Glück wird oft mit einem Kick verwechselt. Ein Kick jedoch kann sich schnell abnutzen und verlangt nach immer stärkeren Reizen.
- Im Gegensatz zu Männern verknüpfen Frauen ihr eigenes Glück meist mit einer partnerschaftlichen Beziehung.
- Das Gefühl von Zufriedenheit und Glück hängt nicht zuletzt von der psychischen Stärke ab, die wir unter anderem aus unserer Herkunft, unseren Beziehungen und Zielen gewinnen.
- Kein Mensch mag es, wenn er bloßgestellt oder seine Aussagen angezweifelt werden.
- Wer ein glückliches und erfülltes Leben führen will, sollte wissen, was ihm guttut und was ihm langfristig schadet.
- Jeder Mensch braucht zusätzlich zu den Perspektiven innerhalb einer Beziehung auch solche, die über die Beziehung hinausgehen.
- Sich selbst zu stärken ist kein egozentrischer Akt auf Kosten anderer, sondern eine Basis für die eigene Zufriedenheit.
- Weg mit allem, was Sie schwächt und Ihnen nicht guttut!
- Eine gesunde Beziehung sollte das Leben beider Partner bereichern und nicht noch zusätzlich belasten.
- Eine Beziehung ist dann stark und stabil, wenn es allen Beteiligten gut geht, so dass jeder ein gesundes Selbstwertgefühl entwickeln kann.

- Das Selbstwertgefühl führt über den Weg der inneren Selbsterkenntnis und gesunden Selbsteinschätzung.
- Wer sich Liebe wünscht, muss Vorleistung erbringen.
- Glück bedeutet auch, täglich etwas »Sinnloses« zu tun und die kleinen Momente zu genießen.
- Leben, lieben und arbeiten Sie mit Leidenschaft!
- Es ist nicht so wichtig, was man tut, sondern wie man es tut!
- Liebe ist eine innere Einstellung.

3. Konfliktpotenziale im Alltag

Wodurch wird Ihre Beziehung im Alltag am meisten belastet? Welches sind die größten Reibungspunkte? Was stört Sie persönlich am meisten? Worauf könnten Sie gut und gern verzichten?

Das Leben, angefangen von der Bedienung einer Parkuhr bis zum Programmieren eines CD-Players, wird trotz neuer Erfindungen und arbeitstechnischer Entlastungen zunehmend komplizierter und aufwändiger. Unser Alltag ist vollgestopft mit Terminen, Verpflichtungen, Aktivitäten und selbst in unserer freien Zeit machen wir uns noch künstlichen Stress. Diese Tendenz scheint sich auch in unseren Beziehungen fortzusetzen! Zwischendurch reicht's wirklich! Nach dem beruflichen Stress und den alltäglichen Problemen freut man sich auf einen ruhigen Abend. Aber es kommt anders: Irgendeine Kleinigkeit oder etwas Unvorhergesehenes tritt dazwischen, sie hat vergessen, die Kinder abzuholen, er hat nicht mehr an die Einladung gedacht und schon wieder ist man mitten in einer Diskussion. Ein Wort gibt das andere, Vorwürfe folgen, Missverständnisse türmen sich auf, so dass man ganz schnell einen handfesten

Krach im Haus hat und der Abend gelaufen ist! Wobei die Gründe austauschbar sind. Auch wer warum damit angefangen hat und was das Fass zum Überlaufen gebracht hat, lässt sich nicht mehr rekonstruieren und bringt auch nichts!

Manche Paare scheinen wie auf einem Schlachtfeld zusammenzuleben, liefern sich tägliche Grabenkämpfe und Waffenstillstand herrscht nur im Schlaf. Die anderen dümpeln in trauter Langeweile jahrelang komatös nebeneinander her und halten diesen Zustand für Harmonie. Manche trennen sich, anscheinend weil sie sich »auseinandergelebt« oder »weiterentwickelt« haben, oder weil sie zur nächsten Beziehung »zappen«. Das trifft auf Sie alles nicht zu? Ihre Beziehung ist in bester Ordnung? Dann haben Sie entweder unverschämtes Glück oder eine selektive Wahrnehmung. Ich will keine schlafenden Hunde wecken, aber manche Beziehungen können von heute auf morgen scheitern. Die Geschichte, dass der andere vom Zigarettenholen nicht mehr zurückkehrt, passiert zum Glück nicht häufig, aber in abgewandelter Form findet sie alltäglich statt. Der Verlassene steht unter Schock, kann es nicht glauben, da er überhaupt nichts ahnte, für ihn war bis dahin alles in bester Ordnung! Was aber offensichtlich nicht der Fall war!

Warum aber ist das Leben an der Seite eines geliebten Menschen nur so schwer? Was macht es so kompliziert? Wie kann man den alltäglichen Rangeleien begegnen oder sie am besten ganz vermeiden? Was genau ist es, was partnerschaftliche Beziehungen so belastet? Wer hier eine Patentlösung zu bieten hat, hätte den Nobelpreis verdient!

Womit viele Beziehungen langfristig kämpfen, ist ziemlich banal: An erster Stelle stehen hier das ganz alltägliche Miteinander und tagtägliche Reibereien. Angefangen im Badezimmer bei der Zahnpastatube über die Kindererziehung bis hin zu intellektuellen Diskussionen über die Anlagemöglichkeiten des gemeinsamen Vermögens. Und da ein richtiges Kennenlernen erst dann stattfinden kann, wenn Mann und Frau zusammenwohnen, stellt sich hier die erste Belastungsprobe einer wirklichen Liebe. Was man sich anfangs so schön ausgemalt hat, kann im Alltag zum Horrorszenario werden. Hinzu kommt die »mitgebrachte Ladung Stress« aus dem Vorleben und der berufliche Alltag. Das Ganze kann sich zu einem mittelgroßen Drama aus Vorwürfen, Kritik und Genörgel auswachsen. Auch Zeit spielt eine Rolle, denn mit den Jahren verändert sich der andere meist auf seltsame Weise. Fand man anfangs seine Tischmanieren noch »putzig« und sein Verhalten »außergewöhnlich«, kann es vorkommen, dass man ihn heutzutage schon am Frühstückstisch zusammen mit dem Ei am liebsten köpfen würde. Hat er sich wirklich so verändert oder hat man sich selbst in ihm komplett getäuscht? Ist man einer Fata Morgana gefolgt? Oder hat man sich selbst etwas vorgemacht?

Der Faktor »Zeit« ist nicht zu unterschätzen. Nach der Wolke-sieben-Phase der Verliebtheit tritt die Beziehung nach spätestens drei Jahren in die Phase der Realität ein. Jetzt sieht man zu, wie Seifenblasen bestehend aus »meine Liebe wird ihn verändern« zerplatzen und der andere sein wahres

Gesicht zeigt. Die alltäglichen Differenzen haben ihre Ursache oft in unrealistischen bis hin zu vollkommen verqueren Vorstellungen und überzogenen Erwartungen. Zu Beginn sehen wir den Partner nicht, wie er wirklich ist, sondern wie er sein könnte. Damit machen wir uns das Leben schwer. Anstatt gleich richtig hinzuschauen, sich zu fragen: »Was will ich und bekomme ich das von ihm oder kann ich das gemeinsam mit ihm realisieren?«, verlieren sich gerade Frauen gern in Tagträumereien. Oder wir werfen ihm vor, dass er uns in den ganzen Jahren etwas vorgemacht hätte. Dabei sind wir Meisterinnen in der Disziplin, uns selbst etwas vorzugaukeln.

Aber wie wollen wir unsere Mitmenschen wirklich wahrnehmen und einschätzen können, wenn es schon bei der Selbstwahrnehmung scheitert? Wer bin ich denn eigentlich? Was will ich? Wenn man das selbst wüsste und leben würde, konsequent mit allen guten und weniger guten Seiten, dann wäre man ein »einschätzbarer« Partner. Wenn man seine eigenen Ziele je nach Saison verändert oder sie denen des Partners angleicht, ist man auch für den anderen schlecht greifbar. Der größte Hemmschuh für deren Verwirklichung ist deshalb hier auch nicht der andere, sondern man selbst! Aber wie viel leichter ist es, an ihm herumzuschrauben, ihn reparieren und verändern zu wollen! Ist er dann so, wie wir ihn haben wollten, gefällt er uns plötzlich nicht mehr!

Das Zusammenleben könnte so einfach sein, wenn es nicht eine Barriere gäbe – die Kommunikation. Wir reden aneinander vorbei, texten den anderen zu oder beschweren uns, dass er nicht zuhört. Mann und Frau scheinen in zwei vollkommen verschiedenen Sprachen miteinander zu reden. Auf die Frage hin, ob sie keine Probleme mit ihrem französischen Freund hatte, meinte Elke, 40 Jahre: »Es ist doch vollkommen egal, in welcher Sprache man sich nicht versteht.« Egal: Ob verbal oder nonverbal, der tägliche Umgang miteinander birgt jede Menge Konfliktpotenzial. Dabei wäre alles so leicht: Kleine Aufmerksamkeiten, wahres Interesse am Gegenüber, Schluss mit den Machtkämpfen, dem gegenseitigen Kleinmachen. Schluss mit den Vorwürfen, dem ewigen Beleidigtsein! Schluss mit dem Gedankenlesen und Spekulieren! Reden wir stattdessen mal miteinander und artikulieren wir klar, was wir wollen! Doch dazu muss man erst mal wissen, was man selbst will.

Wie sieht die Liste Ihres ganz persönlichen Beziehungsballastes aus? Sie dürfen die folgende gern noch ergänzen:

- alltäglicher Stress wie Haushalt, Kindererziehung, Aufgabenverteilung
- unterschiedliche Auffassungen zum Thema Hausarbeit
- tägliche Streitereien und Drama
- Verhaltensweisen des Partners
- Altlasten wie vorheriger Partner oder Eltern
- Eifersucht
- falsche Vorstellungen
- überzogene Erwartungen
- Unsicherheit
- den anderen verändern wollen

- unklare Selbstwahrnehmung
- fehlende Eigenverantwortung
- Kommunikationsprobleme
- ....

Weniger Alltagsstress

Sich das tagtägliche Chaos vor Augen zu führen, die Probleme bei Namen zu nennen, ist der erste Schritt aus dem Beziehungsdilemma. Fragt man Frauen nach dem größten Konfliktpotenzial ihrer Beziehung, so steht der tagtägliche Kleinkram wie Haushalt, Kinder und Finanzen an erster Stelle. Für Männer ist dieser Punkt oft kein Thema, denn wer damit nicht belastet ist, hat auch kaum ein Problem damit. Es ist eine Tatsache, dass die meisten Männer bequem sind. Sie lieben den Komfort, den Frau ihnen bietet zusammen mit der Sicherheit einer Partnerschaft. Die größte Quelle weiblicher Unzufriedenheit ist daher die, dass er sich zu Hause bedienen lässt und sie nicht genug unterstützt. Ausnahmen bestätigen auch hier die Regel. Macht es ihr anfänglich noch Spaß, für ihren Süßen die Geisha zu spielen und ihn mit Leckerbissen zu füttern, so nimmt ihre Unzufriedenheit im Laufe der Zeit zu. »So langsam könnte er doch auch mal mit zupacken!« Könnte er, wenn sie ihm das klipp und klar sagen würde. Tut sie aber nicht, stattdessen stellt sie gewisse Dienste, wie beispielsweise das Bügeln, einfach ein. Er ist daraufhin irritiert. Dass bestimmte Leistungen ausbleiben, kann er nicht einordnen. Sie findet, er müsse von sich aus sehen, was zu tun ist und sich mit einbringen. Hier haben wir ein typisches Kommunikationsproblem. Nie wurde darüber geredet, was wer wann macht und schon führt es zu subtilen Unzufriedenheiten, die sich tief in eine Beziehung eingraben.

Stattdessen: Klare Ansagen

Frauen drücken sich häufig nicht konkret genug aus und reden um den heißen Brei herum. »Es wäre schön, wenn mir ab und zu mal einer helfen würde.« Was sagt dieser Satz schon aus? Klar wäre es schön, wenn sich alle Menschen auf dieser Welt lieben würden, es keine Kriege mehr gäbe, es nie mehr regnen würde, aber das sind Illusionen. Also sagen Sie ihm, was Sie denken und was Sie genau wollen: »Ich will, dass du den Müll runterbringst«. Bravo, schon einen Schritt weiter! Allerdings kann es jetzt passieren, dass in den nächsten zwei Wochen gar nichts passiert. Denn es fehlte noch eine Information: Wann genau? »Bitte bring innerhalb der nächsten halben Stunde den Müll runter« ist nicht nur eine klare deutliche Aussage, sondern auch ein überschaubarer Zeitrahmen. »Es könnte vielleicht einer mal den Tisch abräumen.« Tolle Aussage, der alle am Tisch zustimmen werden, ohne einen Finger zu krümmen. »Tobias, du räumst jetzt bitte den Tisch ab und stellst die Teller auch gleich in den Geschirrspüler«, klingt schon etwas präziser, aber es ist noch nicht genau genug: Wundern Sie sich nicht, wenn er die Gläser und das Besteck draußen stehen lässt!

Männer arbeiten anders

Hausarbeiten wie Putzen, Staubwischen, Wäsche waschen ist eine Arbeit, für die sich die wenigsten Männer begeistern lassen. Erstens scheint es unter ihrer Würde, zweitens sind sie schlecht erzogen, ihre Mütter haben ihnen schon immer den Dreck weggeputzt, und drittens ist es eine »unsichtbare« Arbeit ohne Erfolgserlebnis. Davon abgesehen sind manche Männer gar nicht in der Lage, Schmutz wahrzunehmen, weil er nur still rumliegt und sich nicht bewegt! (und wenn der Dreck so hoch liegt, dass sich etwas auf sechs Füßen bewegt, kommt auch die männliche Mithilfe bei der Hausarbeit zu spät). Vielleicht haben Sie eines der seltenen Exemplare, das wirklich Spaß an der Hausarbeit und am Putzen hat. Aber auch das hat seinen Preis! Denn »er fummelt in meiner Küche mehr herum als an mir«, beschwert sich seine Freundin.

Hausarbeiten, die von Männern übernommen werden, gewinnen an Bedeutung. Wenn ein Mann Kuchen backt, ist die Begeisterung groß. Wie toll er doch schmeckt, dieser viel zu trockene Apfelkuchen.

Nicht nur die Schwiegermütter brechen in Begeisterungsstürme aus. Wohlgemerkt: Es ist die einzige Sorte, die er backen kann. Ach, er bügelt seine Hemden selbst? Merkwürdig, dass sich Männer bei solchen Komplimenten nicht beschränkt vorkommen. Wenn mich jemand dafür loben würde, dass ich meine Schuhe zubinden kann, käme ich mir behindert und dämlich vor. Für Männer ist Arbeit ein Teil ihrer Selbstdarstellung! Kochen, Kuchen backen, Rasen mähen, das Ergebnis muss sichtbar sein und er will dann auch noch gelobt werden. Und da Frauen sich ungern entblöden, ihm wegen einer Runde Staubwischen einen Pokal zu überreichen, tun sie es lieber gleich selbst. Im Übrigen gilt die Regel: Je kleiner der Abstand zur Arbeit, desto weniger finden Männer diese attraktiv. Wenn schon, dann muss ein Werkzeug zwischen ihnen und dem Objekt sein. Daher schneiden sie gern Gemüse oder Fleisch klein und rühren auch in den Töpfen. Sie drehen mit einer entsprechenden Zange die Steaks auf dem Grill um, aber sie scheuen Arbeiten, bei denen sie mit der Hand am Dreck sind. Abwaschen oder einen Lappen in die Hand zu nehmen kommt für sie meistens nicht in Frage. Sie nähern sich Dreck nur mit langem Stiel oder möglichst vielen PS. Die Kehrwoche hat für Männer an Attraktivität enorm gewonnen, da sie gleichzeitig geleistet wird (Samstagvormittag), ihre Geschlechtsgenossen auch auf der Straße sind und sie sich gegenseitig mit ihren benzingetriebenen Staubwegblasern oder den Hochdruckwasserstrahlreinigern Konkurrenz machen. Nach dem Motto: Wer hat den größten und ist der Schnellste?

Stattdessen: Volle Dröhnung!

Männer sind laut. Wenn sie etwas tun, dann muss es Lärm machen. Sie telefonieren laut oder lassen das Radio laufen. Weil sie nicht überhört werden wollen, müssen sie sich ständig bemerkbar machen. Sie reden vor sich hin, stellen laute Fragen, stöhnen leise oder ihr Körper gibt Geräusche von sich. Sie klappern mit den Schlüsseln, machen Lärm beim Gehen. Ist es ganz still, fangen manche an zu pfeifen, als müssten sie sich selbst hören, um die Gewissheit zu haben, noch am Leben zu sein! Auch die Arbeit muss Lärm machen, ansonsten hat sie keinen Reiz. Männer brauchen Dezibel! Räumen sie schon mal den Geschirrspüler aus, hat Frau das Gefühl, auf einem Polterabend zu sein. Legen sie Handtücher zusammen, so werden sie vorher laut ausgeschüttelt. Daraus kann Frau jetzt ihre Konsequenzen ziehen: Wenn Sie wünschen, dass der Mann einen Teil der Arbeit übernimmt, so sollten Sie ihm ein lautes Gerät beschaffen, mit langem Stiel, das möglichst noch vibriert. Staubsaugen, Löcher bohren oder Rasen mähen sind also die idealen Beschäftigungen für ihn. Oder konstruieren Sie ihm einen Staublappen, der mit 1000 Umdrehungen pro Minute ein tiefes Brummgeräusch erzeugt und dabei noch vibriert, dann wird er liebend gern auch diese Arbeit übernehmen!

Soll ein Mann im Garten helfen, so überlassen Sie ihm am besten alle Arbeiten, die sich in einer Höhe von mehr als Körpergröße befinden. Bäume beschneiden, auf Leitern klettern, am Dach etwas reparieren, während Unkraut jäten und im Beet rummachen, also alles was mit »bücken« zu tun hat (fehlende Demut oder sexuell-panische Hintergründe?), für ihn gar nicht in Frage kommt! Auch im Garten bevorzugt er laute Geräte wie beispielsweise den Turbotrimmer, ein Gerät, das auf brutalste Weise Gras und alles andere köpft, was sich ihm in den Weg stellt.

Hoch spezialisiert oder niederkomplex?

Warum gibt es wohl so wenig Sekretäre? Weil diese Tätigkeit voraussetzt, dass man mehrere Abläufe zugleich überblickt, Telefonanrufe entgegennimmt, während man die Termine heraussucht und dabei noch in den Akten nachschaut. Nach dem Telefonat kann der Text an der Stelle weiterformuliert werden, an der er unterbrochen wurde. Die hier beschriebene Fähigkeit des »Multitaskings« fällt Frauen leichter als Männern. Wahrscheinlich genetisch eingebrannt aus glücklichen Urzeiten, in denen wir auf die Brut aufpassen, Beeren sammeln und noch nach wilden Tieren Ausschau halten mussten. Dieses Talent hat jedoch seine Tücken: Wer vieles gleichzeitig macht, läuft Gefahr, nichts davon richtig zu machen! Wenn man mit Männern konfliktfrei umgehen möchte, muss man wissen, dass sie das, was sie tun, mit voller Hingabe tun. Sei es Brot schneiden oder Zähneputzen. Also machen Sie nie den Fehler, ihn dann etwas zu fragen, wenn er gerade mit etwas anderem beschäftigt ist. Denken und Tun klappt nicht zugleich! In ihrer hoch spezialisierten Art werden sie in ihrer Tätigkeit völlig aufgehen und dabei nicht in der Lage sein, Ihnen zuzuhören. Als niederkomplexes System kann man von ihnen keine Multifunktionen erwarten. Sie würden ja auch nicht von einem Hammer erwarten, dass dieser beim Nagel einschlagen gleichzeitig das Bild an der Wand aufhängt.

Stattdessen: Was man tut, mit Freude tun!

Um der männlichen Emanzipation auf die Sprünge zu helfen, hilft eines nicht: Seine Wäsche so lange nicht zu waschen, bis er es selbst tun muss, weil er nichts mehr zum Anzuziehen hat. Wenn Sie ihm begreiflich machen wollen, dass er im Haushalt mithelfen soll, indem Sie bestimmte Tätigkeiten einstellen, so führt das nicht zum gewünschten Ergebnis! »Jetzt putze ich das Bad einfach mal nicht mehr, er wird schon sehen, wie das ist, im Dreck zu ersticken!« Da können Sie aber lange warten, das kann Jahre dauern! Mir ist kein solcher Fall bekannt. Männer haben im Allgemeinen eine größere Schmutztoleranz als Frauen. Bis er nach Wochen bemerkt, dass die Badewanne Streifen hat, hat sie zwischenzeitlich schon längst wieder den Lappen geschwungen, weil sie diesen Zustand nicht aushält!

Hier gibt es nur zwei Möglichkeiten: Entweder sagen Sie ihm, was Sie genau von ihm verlangen, oder tun Sie es selbst! Letzteres schließt auch ein, dass Sie entscheiden, wie viel Sie wann tun. Wer zwingt Sie denn dazu, jeden Tag Staub zu wischen? Ihr eigenes Programm von Sauberkeit! Also tun Sie es – aber mit Freude. Andernfalls sollten Sie es lassen! Wenn Sie ihm sein Bier bringen, dann nur, weil es Ihnen Spaß macht. Nur dann haben Sie auch ein gutes Gefühl dabei. Ansonsten Finger weg! Unzufrieden sind wir meistens nur, weil wir Dinge nicht gern tun. Und dennoch machen wir es, weil wir vielleicht dafür bezahlt werden oder weil wir denken, der andere würde sich darüber freuen. Falls er es überhaupt merkt!

Männer und Technik

Ich werde nie begreifen, warum Männer Haushaltsgeräte, die sie immerhin selbst entwickelt und konstruiert haben, nicht auch selbst bedienen können. Nicht genug damit – Männer brüsten sich auch noch ob ihrer Dämlichkeit! Er scheut Waschmaschinen (»Da geh ich nicht ran«) ebenso wie Geschirrspüler (»Davon verstehe ich nichts!«). Allein diese Äußerung würde uns Frauen beschämen. Männer fliegen in die Weiten des Alls und kapitulieren vor einem Küchengerät! Wo bleibt hier die Logik? Oder ist es mal wieder unter ihrer Würde, bestimmte Geräte zu bedienen? Die weiblichen eben: die Waschmaschine, den Geschirrspüler, das Bügeleisen, etc …

Das Bügeln ist mehr als nur das Glätten von Wäsche. Es ist Ausdruck der Machtverhältnisse innerhalb einer Beziehung. Und somit eine der Qualifikationen, die ein Mann heutzutage beherrschen muss, will er von Frauen unabhängig sein. Jedoch fühlen sich Frauen geschmeichelt und gebraucht, wenn er am Sonntagabend mit netter Stimme fragt: »Schatz, könntest du nicht ausnahmsweise mal mein Hemd bügeln. Ich habe Angst, dass ich mit dieser Naturseide nicht klarkomme. Du kannst das doch bestimmt besser.« Spätestens hier schnappt die Falle zu. Was Frau zu Beginn einer Beziehung noch ganz gern tut, wird im Laufe der Zeit zum Horror. Also sollten Sie nicht gern bügeln, dann schaffen Sie von Anfang an Klarheit! Seine Mutter tut es sicher weiterhin mit Begeisterung, außerdem gibt es Volkshochschulkurse zu diesem Thema beziehungsweise Wäschereien, die davon leben!

Die andere Möglichkeit wäre, ihn in ungebügelten Hemden rumlaufen zu lassen. Sie können dies aber nicht mit ansehen? Sie ertragen es nicht, dass er aussieht, als hätte er die Nacht neben einer Mülltonne verbracht? Ihr Problem. Frauen müssen lernen, sich nicht jedes Problem anderer zu eigen zu machen. Sie sehen doch sicher gut aus? Na also. Wenn sich Ihre Freunde über die ungebügelten Hemden Ihres Begleiters mokieren – sollen sie doch. Immerhin haben Sie sich nicht zum Sklaven machen lassen. Fragen Sie doch mal die männlichen Begleiter Ihrer Freundinnen, wer ihre Hemden gebügelt hat. Und was ist jetzt peinlicher? Ihre Freundinnen, die sich als Haushälterinnen missbrauchen lassen oder Ihr Egoismus, der sich weigert, fremder Leute Hemden zu bügeln? Reden Sie sich ruhig ein, dass Sie gern bügeln, weil es eine meditative Wirkung haben soll. Niemand wird Ihnen glauben. Wenn es eine so wertvolle Arbeit ist, warum macht Mann sie dann nicht selbst?

Ich habe es schon oft beobachtet: Wenn es in einer Beziehung kriselt, wird als allererste Leistung das Bügeln eingestellt. Selbst wenn Männer es bis dahin noch nicht mitgekriegt haben, dass in der Beziehung etwas nicht stimmt, sprechen ungebügelte Hemden ihre eigene Sprache! Damit entzieht sie ihm ihre Liebe und demonstriert ihre Macht. Frei nach dem Motto: »Ohne mich bist du nur ein zerknittertes Wesen.«

Stattdessen: Unsichtbare Arbeit wertschätzen

Es ist eine Tatsache, dass sich Männer mehr als Frauen an ihren Mitmenschen »messen« müssen. Aus diesem Grund werden auch im privaten Bereich oft »Rekorde« verlangt oder Maßstäbe angesetzt, die uns Frauen völlig fremd sind. Spielen Sie mal in einer Männerrunde Monopoly. Frauen spielen zum Spaß, Männer wollen gewinnen. Ebenso sieht es im Alltag aus: Ständig müssen sie einem beweisen, dass sie Rekorde brechen, besser und schneller sind und mehr arbeiten. Sie plustern ihre Arbeit auf, so dass man sich neben ihnen klein und mickrig vorkommt. Ständig haben sie zu viel zu tun und deshalb zu wenig Zeit, und sie gehen davon aus, dass sie eine Ausnahme sind. Hausfrauen gelten eh nix, denn dieser Job rangiert in der Werteskala ganz unten. Die eigene Arbeit mit der der Partnerin oder des Partners zu vergleichen heißt, Äpfel mit Birnen zu vergleichen. Sich selbst am anderen zu messen und diesen schlechter zu machen dient einzig und allein dem Zweck, das eigene mickrige Selbstwertgefühl aufzubauschen. Wer mit sich selbst im Reinen ist, kann dem anderen auch Leistungen zubilligen. Der braucht auch nicht neidisch auf dessen Lebensstil zu sein, denn er ist mit dem, was er macht, vollkommen zufrieden. Keine Frau, die den Job als Mutter und Hausfrau ausübt, verlangt tägliches Lob oder gar finanzielle Anerkennung, aber sie sollte Respekt erwarten können.

Weniger kostenlosen Service

Es ist heutzutage schon anstrengend genug, das eigene Leben auf die Reihe zu bekommen. Steuererklärungen müssen abgegeben, Rechnungen überwiesen werden. Dann erledigt man noch den Einkauf, muss zwischendurch noch mal rasch zum Arzt, kocht sich abends was zum Essen und hält soziale Kontakte wenigstens noch telefonisch aufrecht. Wer von uns hat hierbei nicht wirklich zu viel und wünscht sich manchmal einen »Service«, der uns einiges davon abnimmt. Diesen genießen die meisten Männer bereits. Sie brauchen ein Geburtstagsgeschenk für ihre Mutter: »Schatz, besorg doch mal bitte was.« Und Schatz besorgt es nicht nur, sondern denkt sich auch noch aus, was! Männer sind großartig im Delegieren. Dabei haben sie noch nicht einmal Angst davor, dass das alles nicht »richtig« erledigt wird. Sie verschanzen sich hinter einem Berg von Arbeit und geben von dort aus ihre Anweisungen. Angefangen von Botengängen wie Anzüge in die Reinigung zu bringen über Einkäufe (»Wenn du schon in der Stadt bis, dann besorg mir doch mal…«) bis hin zur Erledigung seiner Aufgaben. Zeitaufwändige Arbeiten werden getarnt (»Könntest du mir einen klitzekleinen Gefallen tun?«). Und wer möchte dem geliebten Partner denn etwas abschlagen? Das alles hat der andere meist mit einkalkuliert, denn in die meisten (Ge-)Fallen tappen diejenigen (meist Frauen), die von Natur aus schlecht nein sagen können.

Bilanzieren Sie doch mal! Zählen Sie doch mal spaßeshalber die Stunden zusammen und multiplizieren Sie diese mit einem Stundenlohn von Euro x. Wie viel Gehalt wäre das für Sie im Monat? Und das bieten Sie ihm alles kostenlos! Stimmt die Gegenrechnung? Tut er genau so viel für Sie? Falls ja, ist alles in Ordnung, falls nicht, sollten Sie sich überlegen, diese für ihn kostenlosen Arbeiten zu reduzieren! Lassen Sie die Hemden bügeln (überlassen Sie ihm die Verantwortung, wie diese zur Reinigung und wieder zurückkommen). Sagen Sie ganz klar, was Sie zu tun bereit sind und was nicht, damit das Ganze für alle kalkulierbar wird! Die Begründung? »Es ist mir zu viel, ich mache das ab heute nicht mehr.« Denn wer erledigt Ihren täglichen Kleinkram? Wer bringt die Hose zum Schneider, die Kinder zum Klavierunterricht, den Hund mal eben zum Tierarzt? Haben Sie nicht genug mit Ihren eigenen Erledigungen zu tun? Haben Sie das Gefühl, zu wenig Zeit für sich zu haben? Dann schauen Sie doch mal nach, wo Sie diese halbe Stunde täglich hernehmen können! Ich bin sicher, bei diesen ganzen kostenlosen Serviceleistungen lässt sich jede Menge Zeit einsparen, die Sie für Ihr berufliches oder persönliches Fortkommen nutzen könnten! Darum fragen Sie sich bei all Ihren Tätigkeiten:

- Tut mir diese Tätigkeit gut oder schwächt sie mich langfristig?
- Ist das überhaupt meine Aufgabe?
- Kann ich sie delegieren?

Verstehen Sie mich richtig: Ich will keinen dazu verleiten, jetzt gar nichts mehr zu tun. Das, was Sie mit gutem Gefühl und aus voller Überzeugung für den anderen tun, sollten Sie auch weiterhin machen. Aber dort, wo Ihre Unzufriedenheit wächst, Sie sich über Ihre Gutmütigkeit ärgern, wo Sie es mit Widerwillen und unter Protest machen – das sollten Sie sich genauer anschauen! Wer zwingt Sie dazu, Dinge zähneknirschend zu erledigen? Entweder tun Sie es mit Freude oder Sie lassen es ganz! Alles andere wirkt sich nur negativ auf Ihre Beziehung aus!

Stattdessen: Dienen statt Leistung

Durch die extremen Phasen der Emanzipation sind Frauen, was bestimmte Dienstleistungen betrifft, auf totale Abwehr getrimmt. Doch was spricht dagegen, ihm das Frühstück ans Bett zu bringen? Wenn es mir Spaß macht und ich mich dann auch wieder dazulegen kann? Ich koche gern für mich und auch für andere, decke den Tisch und verwöhne auch mal meinen Besuch. Für mich ist dies eine Selbstverständlichkeit, da ich es gut kann, gern und freiwillig mache. Dem anderen etwas Gutes zu tun scheint vollkommen aus der Mode gekommen zu sein! Das Wort »dienen« hat einen anrüchigen Beiklang von Sklavenhaltung oder Unterwerfung. Aber nur wirklich starke Persönlichkeiten können das. Man kann dann dienen, wenn einem dabei keine Zacke aus der Krone fällt, was ein entsprechendes Selbstbewusstsein voraussetzt. Dienen macht dann Spaß, wenn der andere es auch genießen kann, sich darüber wirklich freut und nicht kritisiert und rummeckert. Ein »Danke« darf vom anderen schon kommen. Die gleiche Gegenleistung jedoch (»Nächsten Sonntag machst du Frühstück.«) kann ich nicht voraussetzen. Es ist sinnlos, vom anderen etwas zu verlangen, was er nicht gut kann. Das schafft keine Freude! Was bringt es mir, wenn er gezwungenermaßen kocht und das dann auch noch schlecht? Dann sollte er mich doch lieber zum Essen einladen!

Schluss mit dem »Pampern«

Ob beruflich oder privat: Es gelingt Männern immer wieder, an den Mutterinstinkt der Frauen zu appellieren! Sie brauchen nur fluchend am Kopierer zu stehen und schon kommt eine Frau vorbei und fragt sie nach ihrem Problem. Schuld ist meistens das dämlich konstruierte Gerät, das sich nicht bedienen lässt. Achten Sie einmal auf diese Situationen: Stöhnend sitzt er vor einem Stapel Bücher, murmelt vielleicht noch, durchblättert aggressiv die Seiten und schon steht die Bibliothekarin da und fragt, ob sie helfen könnte. Genervt drückt er sämtliche Knöpfe der Kaffeemaschine und schon ist sie da, die gute Fee, und gießt ihm ungefragt einen Kaffee ein. Frauen scheinen schlecht gelaunte, genervte Männer nicht ertragen zu können, ohne dass der genetisch verankerte weibliche »Es-allen-schön-und-recht-machen-wollen«-Trieb zum Vorschein kommt. Warten Sie doch mal, bis er um Hilfe bittet. Das kann dauern! Das alte

Klischee, dass Männer lieber stundenlang durch die Gegend irren, ehe sie jemanden nach dem Weg fragen, trifft in vielen Fällen zu. Noch zutreffender ist die Beobachtung, dass Frauen Situationen, in denen es anderen scheinbar schlecht geht, nicht aushalten können! Anstatt dass sie sich mal raushalten, leuchtet ein Knopf auf: »Bitte Service!« und sie springen. Klar, dass man keinen Menschen verblutend am Boden liegen lassen sollte. Aber dass sie beim geringsten Schnupfen seinerseits schon das Schnupfenspray zückt, ist nicht normal! Sie packt ihn in Watte und liest ihm jeden Wunsch von den Augen ab, jedenfalls dann, wenn er schmollt, stöhnt oder flucht. Dann fühlen wir Frauen uns so unwohl in unserer Haut, als hätten wir sein Leid selbst verursacht! Also stopp! Lasst ihn machen! Er wird die Butter schon allein im Kühlschrank finden! Lassen Sie ihm Zeit, und vor allem rennen Sie nicht gleich hin, um ihm zu helfen! Er wird sich schon allein zurechtfinden, denn er ist schon groß! Falls Sie das schlecht aushalten können, probieren Sie doch mal Folgendes: Wenn er mal wieder sein rotes T-Shirt im Schrank nicht findet und nach Ihnen ruft, zählen Sie bis hundert, bevor Sie sich bewegen! Vielleicht hat sich das Problem bis dahin von selbst erledigt.

Das Krankenschwesternsyndrom wird von Männern der Umgebung wie Freunden und Kollegen oft dann angezapft, wenn es ihnen seelisch schlecht geht. Welche Frau tröstet nicht gern einen verlassenen Mann? Wer kann diesen traurigen Blick schon ertragen? Aber dann ist es passiert. Er erzählt ihr stundenlang von seiner Freundin, die ihn erbärmlich im Stich gelassen hat. Die Trösterin fühlt sich dann auch noch von seinem »mit dir kann man so gut reden« geschmeichelt. Ich bin mit einigen Männern freundschaftlich verbunden, die mich immer dann vernachlässigen, sobald sie frisch verliebt oder glücklich in ihrer Beziehung sind. Aber sobald sie mal wieder Probleme mit ihrer Frau haben, haben sie plötzlich wieder Zeit für mich. Sie schätzen meine Gegenwart und die »guten« Gespräche, die wir führen. Sprich: meine kostenlosen Therapiestunden. Mit denen ist jetzt übrigens Schluss! Mit meiner Warnung am Telefon, ab jetzt meine Therapie in Rechnung zu stellen (»Die ersten zehn Minuten sind umsonst«), habe ich bestimmt, aber humorvoll einen Riegel vorgeschoben. Meinem Freund Harald, der es immer noch nicht verstanden hat, habe ich die Telefonnummer einer befreundeten Therapeutin gegeben. Meine Freizeit ist mir für diese einseitige Dienstleistung zu schade. Eine Freundschaft muss beim Geben und Nehmen ausgeglichen sein, so dass sich beide Parteien hierbei wohl fühlen!

Stattdessen: Service von außen

»Nur weil ich eine Halbtagsstelle habe und er ganztags arbeitet, denkt er, ich müsste die Wohnung putzen.« Dabei übersieht er vollkommen, dass seine Freundin zusammen mit der Promotion, die sie schreibt, locker auf einen ganzen Tag Arbeit kommt. Oft wird unbezahlte Arbeit wie Fortbildung oder Studium vom Partner nicht als Arbeit angesehen und somit auch nicht ernst genommen! Um diese

Konflikte zu vermeiden, gibt es die Möglichkeit, Dienstleistungen von außen einzukaufen. Eine Putzfrau muss her, am besten eine, die auch noch die Hemden bügelt. Teilt man sich als Paar die Kosten des Haushalts, so sollte man sich auch das Honorar für die Putzfrau teilen! Falls die Haushaltsführung bis jetzt tatsächlich Anlass zum Streit geliefert hat, ist damit ein großes Konfliktpotenzial ausgeräumt! Falls sie keine Putzfrau will, sich aber immer über diesen Teil der Hausarbeit beschwert, kann man davon ausgehen, dass ihr Problem woanders liegt. Vielleicht will sie gar keine Hilfe, sondern legt eher Wert auf eine »Beschwerde«? Will er keine Putzfrau, weil er zu geizig ist oder weil er nicht möchte, dass die Partnerin noch mehr Zeit hat, die sie selbstbestimmt verbringen kann? Manche brauchen keine Hilfe, sondern fühlen sich in ihrer Unzufriedenheit viel wohler! Übrigens, falls Sie sich für eine Putzfrau entscheiden, nehmen Sie nicht Ihre Schwiegermutter oder seine Exfreundin (alles schon vorgekommen!), sondern möglichst »neutrale« Personen, die kein Interesse an Ihrer Intimsphäre haben und in keiner persönlichen Beziehung zu Ihnen stehen.

Jetzt sorge ich für meine Freiräume

»Ich habe keine Zeit für mich selbst!«, jammerte Mona, 28 Jahre, mitarbeitende Ehefrau in einem Handwerksbetrieb. Zugegeben, zwei kleine Kinder zu versorgen und dabei noch im Malerbetrieb des Mannes mitzuarbeiten ist Herausforderung genug. Aber wer sollte ihr die Zeit für sich selbst schenken? Die muss sie sich schon selbst nehmen! Und eine halbe Stunde täglich springt sicher raus, wenn sie dafür etwas anderes weglässt. Für das, was uns wirklich wichtig ist, finden wir auch Zeit! Und wer sich selbst wichtig ist, nimmt sie sich auch! Gönnen Sie sich doch mal eine halbe Stunde Auszeit! Ein Minimum an Zeit, von sagen wir zweimal täglich eine Viertelstunde, um einen Kaffee zu trinken oder ein Buch zu lesen, muss sich jeder selbst schaffen und mit Sinn füllen. Wenn dieser Sinn auch nur in einem Mittagsschläfchen liegt, tut man etwas für sich! Ohne einen täglichen Freiraum entstehen Aggressionen oder der Drang zur Flucht!

Fragen Sie sich jeden Tag: Was tue ich eigentlich? Putzen Sie eine halbe Stunde weniger! Delegieren Sie einen Teil Ihrer Hausarbeit an die Kinder! Geschirrspüler ausräumen, Bad putzen, Müll runterbringen, Fische füttern sind Arbeiten, die Sie entlasten und jedem Kind zuzumuten sind. Nicht nur den Mädchen, denn immerhin werden die Paschas von morgen von den Müttern von heute erzogen! Lassen Sie einen Teil der Arbeit ganz ausfallen, dass mal nicht abgestaubt wurde, wird niemand merken, wahrscheinlich stört es nur Sie! Den Sauberkeitsstandard im Haus setzen Sie ganz allein. Sie sind Gestalterin Ihres Hauses, Ihrer Beziehung, Ihres eigenen Lebens! Wenn das nicht wichtig genug ist!

Finger weg von seinem Job!

Frauen lieben erfolgreiche Männer und würden sich kaum von vornherein bewusst mit »Losern« einlassen. Aber wenn der Mann dann dabei ist, Karriere zu machen, in der Firma aufsteigt, sich sein eigenes Unternehmen aufbaut, beschweren sich die Frauen ganz schnell darüber, dass er jetzt nicht mehr abends um fünf zu Hause ist! »So habe ich mir unser Leben nicht vorgestellt! Er könnte als Chef doch um sechs nach Hause gehen! Und ich sitze da mit den Kindern!« Wobei er ihre Unzufriedenheit nicht versteht: »Immerhin mache ich gutes Geld, wir haben ein Haus und dann ist da noch die Firma. Ich bin schließlich auch für meine Mitarbeiter verantwortlich und kann nicht um sechs alles hinschmeißen!« Die Vorwürfe reduzieren sich von ihrer Seite aus auf mangelnde Zeit und Zuwendung und von seiner Seite aus auf zu wenig Verständnis für sein Unternehmen. Aber ist eine berufliche Karriere gleichzeitig immer ein Beziehungskiller? Für sich betrachtet haben beide Recht. Doch darum geht es nicht. War anfangs die Beziehung noch dadurch »ausgeglichen«, dass beide einen stressigen Job und wenig Zeit hatten, tritt plötzlich ein Ungleichgewicht ein: Die Wege der beiden scheinen sich zu teilen. Er geht den beruflichen Pfad und baut sein Unternehmen auf, während sie den familiären Pfad verfolgt und die Kinder großzieht. Von außen scheint alles harmonisch und gut gelungen, aber innen brodelt es.

Eine Lösung ist nicht in Sicht. Wenn Männer im Job stark

eingespannt sind, dann weil sie meist 150-prozentig ihre Arbeit tun. Abends kommen sie erschöpft nach Hause und verstehen die Unzufriedenheit ihrer Frau nicht. Die hatte immerhin einen »lockeren Tag« nur mit den Kindern und immerhin schuften sie nicht nur für sich selbst! Seine Frau ist unzufrieden, weil sie sich plötzlich in einer anderen sozialen und beruflichen Situation befindet. Hausfrau und Mutter zu sein ist vielleicht nicht gerade ihr Traumjob. Aber Fakt ist, es haben sich beide, aufgrund welcher Absprache auch immer, dafür entschieden, so zu leben und ihre Aufgaben in dieser Weise zu teilen. Warum also nicht das Beste draus machen? Sie merkt vielleicht erst Jahre später, wie angenehm sie sich ihr Leben an der Seite eines Sponsors, ohne eigene finanzielle Probleme, hätte machen können. Und er bemerkt erst mit 50, was er bezüglich seiner Ehe und der Entwicklung seiner Kinder versäumt hat.

Stattdessen: Beziehung ernst nehmen

Für die Frau reduzieren sich durch seine extensive berufliche Tätigkeit die Gemeinsamkeiten auf null! Sie hat sowieso mit ihrem mangelnden Selbstbewusstsein zu kämpfen. War sie früher im Beruf erfolgreich und anerkannt, ist sie jetzt erst einmal nur auf die Rolle von Hausfrau und Mutter festgelegt. Das sollten die Männer erst einmal zur Kenntnis und auch ernst nehmen. Alles, was die Frau von ihnen braucht, ist Aufmerksamkeit und das Gefühl, dass sie eine wichtige Rolle im Leben ihres Mannes spielt. Hat man früher die Probleme geteilt, so sind sie oft aufgrund anspruchsvoller Jobs schon gar nicht mehr zu kommunizieren.

Wenn man über die Kinder hinaus einer Beziehung eine langfristige Chance einräumen will, braucht sie gemeinsame Projekte wie Hobbys, Unternehmungen, Sport oder Ähnliches. Auch mindestens ein gemeinsamer Abend in der Woche, außerhalb des Hauses, der nur dem Paar gehört, stärkt das Zusammenleben. Es dürfte nicht allzu schwer sein, einen Babysitter zu einem festen Termin zu engagieren! Das gemeinsame Projekt kann ein Tanzkurs sein, ein Volkshochschulkurs genauso wie ein Theater- oder Opernabend. Aber nehmen Sie diesen Termin genauso pünktlich wahr wie eine geschäftliche Sitzung! Nehmen Sie Ihren Partner oder Ihre Partnerin so ernst wie den wichtigen Kunden! Denn wenn Sie diesen verlieren, haben Sie ein wirkliches Problem!

Stattdessen: Mehr Einfühlung

Männern wird oft vorgeworfen, dass sie keine »Einfühlung« in andere Personen besitzen, aber zunehmend beobachte ich dies auch bei Frauen. Sobald sie selbst nicht mehr berufstätig sind, fehlt ihnen das tatsächliche Verständnis dafür, was es bedeutet, eine Firma zu leiten oder auch nur einen Job einigermaßen erfolgreich zu machen! Der Stress ist groß, die Aufgaben werden immer komplexer, so dass man am Tag selten dran denkt, zu Hause anzurufen. Zumal Männer das, was sie machen, konzentriert tun. Im Büro vergessen sie zu leicht, welchem Stress ihre Frau daheim ausgesetzt ist. Wenn Frau ihn dann anruft, reagiert er meist nicht besonders erfreut, weil er gedanklich auf einem anderen Planeten weilt. Sie wiederum fühlt sich dann abgeschmettert und ungeliebt. Um sich diesen Frust zu ersparen, rate ich Ihnen, Ihren Mann tagsüber im Büro möglichst nicht zu stören. Rufen Sie nur in dringenden Fällen an, beispielsweise wenn das Haus in Flammen steht (wobei er dann auch nichts mehr ändern kann). Wenn Sie das Bedürfnis haben, von jemandem ein nettes Wort zu hören, dann sollten Sie mit einer Ihrer Freundinnen telefonieren. Betrachten Sie doch einmal die Vorteile, die Sie durch das engagierte Tun Ihres Mannes haben! Blockieren Sie ihn nicht, und machen Sie für sich das Beste draus! Sich selbst etwas Gutes zu tun heißt auch, ihm mit Einfühlung zu begegnen und keine falschen Schlüsse aus der Situation zu ziehen. Wird Abwesenheit von zu Hause als persönliche Beleidigung empfunden, fällt die Begrüßung abends entsprechend sarkastisch aus (»Schön, dass du auch schon kommst!«). Wer so nett empfangen wird, macht gern Überstunden!

Jetzt mache ich das Beste draus

Unzufrieden mit dem gemeinsamen Leben engagierter Männer sind nicht nur Hausfrauen, obwohl hier der Frust verständlich ist: Es fehlen Ansprechpartner und ein Eigenleben außer dem »hausgebundenen« Dasein. Auch selbstständige Frauen mit eigenen Firmen klagen über die mangelnden Zeit ihrer angestellt arbeitenden Partner. Männern fehlt in den meisten Fällen der Sinn für die Wichtigkeit ihrer sozialen Beziehungen. Sie sehen erst nach der überstandenen Midlife-Krise, wie wertvoll ihnen ihre Beziehungen sind oder auch waren. Aber da ist es für Frauen zu spät! Also schaffen Sie sich eine eigene Zukunft und vergeuden Sie Ihre Zeit nicht mit Jammern, sondern handeln Sie stattdessen! Solange Sie finanziell von Ihrem Partner unterstützt werden, können Sie sich doch in aller Ruhe Ihrer beruflichen Entwicklung widmen. Auch mit Kindern ist der Tag lang genug, um ihn noch mit sinnvollen Dingen zu füllen. Es geht hierbei nicht nur um Beschäftigungstherapie, sondern die Tätigkeit soll Sie glücklich machen und Ihrem Leben einen Sinn geben.

Eine Planung, die auf die eigene Zukunft ausgerichtet ist, erfordert Strategien der Umsetzung, wenn sie nicht Illusion bleiben soll. Nutzen Sie die Zeit, um Ihr berufliches Wissen auf dem neuesten Stand zu halten, um jederzeit wieder in Ihren Beruf zurückzukehren. Bleiben Sie in Kontakt mit Freunden und Kollegen aus der Zeit Ihrer Berufstätigkeit und verlieren Sie nicht den Anschluss an »draußen«. Männer brauchen oft Fakten, mit denen sie konfrontiert werden. Er wacht vielleicht aus seinem Karrierekoma auf, wenn Sie ihn vor vollendete Tatsachen stellen: »Ich habe mich für eine Ausbildung angemeldet. Diese dauert zwei Jahre, halbtags, und ich ziehe das durch!«

Wenn Sie Ihre Pläne zu früh Ihren Freunden, manchmal auch Partnern oder der Familie vorlegen, kann es sein, dass

Sie aus Neid oder Missgunst heraus gebremst und behindert werden. Planen Sie Ihr Leben und lassen Sie sich nichts ausreden! Suchen Sie sich Unterstützung und keine Bremser. Überlegen Sie sich deshalb vorher genau, mit wem Sie was bereden können. Falls die Möglichkeit zum Scheitern gegeben ist wie beispielsweise bei einer Prüfung, kann es sinnvoll sein, das Ganze heimlich durchzuziehen. Wie Erika, Malermeisterin, 32 Jahre, die ihren Motorradführerschein als Computerkurs getarnt hat und dann nach bestandener Prüfung ihren Mann damit überraschte. Blamagen sind allein besser zu ertragen als mit dem Kommentar anderer (»Ich wusste ja, dass das für dich zu schwierig ist.«).

Wenn Männer keine Zeit haben

Wenn Männer überhaupt kein Einsehen haben, zeitlich nicht an sie ranzukommen ist, sollte man versuchen, über ihre Sekretärin einen Termin zu vereinbaren. Falls sie weder für ihre Partnerin noch für sich selbst Zeit haben, dieser Zeitmangel sich auch über das Wochenende und das gesamte Jahr hinwegzieht, dann hilft nur eins: Zeigen Sie ihm die gelbe Karte! »So halte ich das nicht mehr aus! Ich brauche mindestens einen gemeinsamen Abend in der Woche nur mit dir!« Für manche Menschen ist die Ausrede »Ich habe keine Zeit« Ausdruck ihres defizitären Lebens. Das Gerechte an der Zeit ist, dass wir alle mit 24 Stunden täglich beschenkt wurden. Sie ist das einzige Gut, das auf dieser

Welt fair verteilt wurde! Nur die Fähigkeit, mit diesem Haus zu halten, ist unterschiedlich. Keine Zeit zu haben gilt als »cool«, gesellschaftlich anerkannt. Wer keine Zeit hat, ist ein wichtiger Mensch. Nur Arbeitslose haben Zeit. Ich selbst kenne das, gern verstecke ich mich hinter »keine Zeit«. Um ehrlich zu sein: Finde ich keine Zeit, dann hat eine Sache oder ein bestimmter Mensch im Moment keine Priorität. Umgekehrt weiß ich: Wer keine Zeit für mich hat, dem bin ich auch nicht wichtig. Das mag schmerzhaft sein, aber es ist eine Tatsache. Ich kann nur meine Konsequenzen daraus ziehen: Warum soll ich Jahre meiner kostbaren, Lebenszeit an einen Menschen verplempern, der anscheinend Wichtigeres zu tun hat, als einen Abend in der Woche mit mir zu verbringen?

Stattdessen: Beziehungen entschleunigen

Der hektischen Betriebsamkeit, auch von Beziehungen, entgegenzutreten heißt, ihnen einen Platz und einen zeitlichen Rahmen zur Verfügung zu stellen. Ist der zeitliche Rahmen eher begrenzt, sollte man diesen wenigstens sinnvoll und stressfrei nutzen. Im partnerschaftlichen Zusammenleben heißt das, die gemeinsamen, wertvollen Momente zu genießen und sie nicht noch durch Vorwürfe zu vergiften! Es ist nicht unbedingt eine Frage der Zeit, sondern auch der Qualität der verbrachten Zeit, die sich auf eine Beziehung auswirkt. Warum nicht eine halbe Stunde eher aufstehen und gemeinsam frühstücken? Aber dann bitte nicht den Morgen mit Problemen beginnen! Auch bei Morgenmuffeln kann allein die stille Präsenz des anderen Freude auslösen. Zusammen Kaffee zu trinken, sich die Zeitung zu teilen, die Stille zu genießen, ohne vom anderen zugequatscht zu werden, ist für mich schon ein harmonisches Frühstück. Und dabei keine Ansprüche an den anderen haben und mit ihm zusammen einfach den Moment genießen.

Der Abend beschließt den Tag und auch hier sind bestimmte Regeln angebracht: Nehmen Sie Ihre Probleme nicht mit ins Bett. Die sollten vor der Tür bleiben. Im Bett wird auch nicht mehr gestritten oder der morgige Tag geplant. Das kann man kurz davor noch im Wohnzimmer erledigen. Den Abend zu entschleunigen heißt auch, seinen Partner erst einmal eine halbe Stunde in Ruhe zu lassen, nachdem er nach Hause gekommen ist. Er braucht diese Zeit, um sich zu akklimatisieren! Also lassen Sie sie ihm. Überladen Sie ihn nicht sofort mit Ihren Themen des Tages und Ihren Erlebnissen. Falls er sich vor den Fernseher setzt, lassen Sie ihn eine halbe Stunde auf den Bildschirm starren, ehe Sie Kontakt mit ihm aufnehmen. Beziehen Sie seine »unfreundliche« Reaktion nicht auf sich. Wahrscheinlich ist ihm was auch immer über die Leber gelaufen und er braucht erst einmal seine Ruhe. Danach können Sie wieder vollen Einsatz von ihm verlangen. Übrigens, hungrige Männer tendieren zu Aggressionen und schlechter Laune! Daher erst füttern und dann ansprechen!

Stattdessen: Beziehungsträume aufgeben!

Jede Beziehung, wenn sie auch noch so chaotisch ist, steht für eine bestimmte Sehnsucht. Wie auch die Dinge Sehnsüchte bedienen: So kann man sich durch den Kauf einer neuen Jacke erhoffen, dass sich dadurch das Leben verändert! Mit einer robusten, gewachsten englischen Outdoorjacke kann man auch bei stürmischem Regen im Wald spazieren gehen. Nur tut die Jacke das nicht von allein! Ein Paar elegante dunkelrote Pumps, die mich zehn Zentimeter größer und meine Beine noch länger machen, die mich ungeheuer elegant wirken und zur Königin der Nacht werden lassen. Nur weiß ich leider noch nicht, zu welchem Anlass ich sie eigentlich tragen will. Ähnlich geht es uns mit einer Beziehung. Sie verspricht uns ein neues, anderes Leben. Ein Leben, von dem wir vielleicht noch gar nicht wussten, dass wir es leben wollen. Wer sich in einen arabischen Reiseleiter verliebt, träumt davon, mit diesem in einem immerwährenden orientalischen Traum zu leben. Die weibliche Fantasie ist schnell genug, sofort auch den Alltag mit einzubeziehen. Natürlich wären wir nicht nur die Frau eines Reiseleiters. Nein, wir würden Kontakte nach Deutschland knüpfen, seine Reisen hier vermarkten, ihn managen und so weiter!

In Anbetracht der Tatsache, dass jede dritte Ehe scheitert, wundert es nicht, dass neue »alte« Formen der Beziehung ausprobiert werden: Man heiratet einen Unbekannten, der datentechnisch und psychologisch zu einem passt. Eines haben diese Verbindungen anderen voraus: Die »Kompatibilität« ist vorher geprüft worden aufgrund von gleichen oder ähnlichen Prioritäten, Werten, Plänen und Vorstellungen der Einzelnen. Diejenigen, die sich auf diese Art von Partnersuche einlassen, haben sich zumindest Gedanken über ihre eigenen Wünsche und Vorstellungen bezüglich eines Partners und ihres gemeinschaftlichen Lebens gemacht. Wie erfolgreich diese Beziehungen sind, wird die Zeit zeigen. Im Übrigen sind diese von anderen »arrangierten« Ehen in den meisten Ländern dieser Erde immer noch weiter verbreitet als unser (wenig funktionierendes) Modell der »romantischen« Liebe.

Schluss mit dem täglichen Drama

Fragt man Männer, was sie am meisten an Frauen nervt, so steht auf Platz eins ihrer Hitliste die weibliche Nörgelei, das Kritisieren und ständige Dramatisieren. Kaum ein Mann, der nicht davon berichten kann. Kommt er spät nach Hause, nervt sie mit ihren Vorwürfen. Kommt er zu früh nach Hause, fragt sie ihn, ob er denn überhaupt noch arbeitet. Kommt er überhaupt nicht nach Hause, ist die Krise vorprogrammiert. Kümmert er sich um das Essen, nörgelt sie an der Art und Weise, wie er kocht. Kocht er nicht, gefällt ihr das auch nicht. Die Liste ist lang! Ruft er nicht an, dann liebt er sie nicht mehr. Ruft er sie tagsüber an, will er sie kontrollieren.

Viele Frauen scheinen eine völlig defizitäre Wahrnehmung zu haben. Sie scheinen ständig auf der Lauer nach

Verhaltensweisen zu liegen, die nicht so sind, wie sie sie gern hätten. Wobei ihr schon geholfen wäre, wenn sie selbst wüsste, wie man es ihr recht machen könnte! Plant er einen netten Abend und überrascht sie mit einem reservierten Tisch, dann handelt er über ihren Kopf hinweg! Plant er nichts, dann zeigt er keine Initiative. Das Konfliktpotenzial lauert überall und Mann kann ihr in den wenigsten Fällen gerecht werden. Warum selbst nette, intelligente und viel beschäftigte Frauen in ihren Beziehungen zu Zicken mutieren, weiß ich auch nicht zu erklären. Ich beobachte nur die wachsende Unzufriedenheit der Frauen mit ihren Männern. Sie nörgeln an ihrem Aussehen herum wie an ihrem Fahrstil und ihren Tischmanieren. Putzen sie ihre Männer runter, um sich selbst größer zu machen?!

Wenn ständig etwas schiefgeht im Leben, wenn Streitereien an der Tagesordnung sind oder finanzielle Probleme zum Alltag gehören, dann kann es sein, dass hier ein ungesunder »Kick« gelebt wird. Wenn dieser durch mangelnde Kontakte im Außen, wenig Erlebnisse und innere Armut vermisst wird, schafft sich der Mensch oft über sein eigenes Drama, über Streit und Nörgeleien diesen negativen »Reiz«. In der Partnerschaft äußert sich das in tagtäglichen Machtkämpfen, die man im beruflichen Alltag als »Mobbing« bezeichnen würde. Zur Machtausübung tendiert meistens derjenige, der seinen eigenen Wert nicht spürt. Charakteristisch für Mobbing ist ein Ungleichgewicht von Macht und Ohnmacht. Wobei beides nur zwei Seiten einer Münze sind, das eine geht nicht ohne das andere! Wer sich ohnmächtig fühlt, empfindet sich als machtloses Opfer. Aber haben nicht gerade die Opfer die meiste Macht über ihre Täter? »Du hast mich so verletzt«, spricht das Opfer und zieht sich verwundet zurück. Der »Täter« weiß oft gar nicht, womit, bleibt zurück mit seinem schlechten Gewissen und fühlt sich dabei genauso ohnmächtig wie der andere. Beide sind machtlos, beide beherrschen nach Jahren der Ehe die altvertrauten Heimzahlungsspielchen. »Du darfst nicht glücklich sein, weil du mich verletzt hast!«, ist nur die andere Seite der Medaille. Auf der anderen steht »Ich darf erst glücklich sein, wenn ich dich nicht mehr verletze«. In einer Beziehung weiß jeder ganz genau, wo er den anderen treffen kann. Beide wissen aber auch, dass sie aus einem Kampf gleichermaßen als Verlierer hervorgehen!

Das alltägliche Drama ist für viele Paare Teil der Inszenierung. Ohne geht es nicht, denn es würde etwas fehlen! Mit den Vorwürfen merken sie, dass sie noch ein gemeinsames Leben haben. Sie spüren sich dadurch, dass sie sich gegenseitig das Leben zur Hölle machen. Es stimmt: Männer nörgeln weniger, aber sie tun es auch. Vielleicht liegt es daran, dass sie schon gar nicht so intensiv jede Bewegung ihrer Partnerin beobachten? Dass sie einfach Wichtigeres zu tun haben? Nörgeleien, das ständige Kritisieren des anderen, kann auch eine Art Machtkampf darstellen: »Warum musst du immer zwei Milchtüten öffnen?« Diese Frage ist nicht nur rhetorisch gedacht, dahinter steckt der Vorwurf: Mach gefälligst nur eine Milchtüte auf! Dahinter wiederum lauert versteckte Aggression, die wiederum Macht ausdrückt. Hier hilft nur eins: stopp! Erkennen Sie, dass es nicht um Sie als Person geht. Sagen Sie dem Partner: »Bis hierher und nicht weiter! Dein Gezicke ist nicht mein Problem, es geht nicht um die Sache! Sieh zu, dass du mit dir selbst zufriedener wirst!« Klinken Sie sich aus und beziehen Sie ungerechte Kritik oder die schlechte Laune des anderen nicht auf sich selbst! Ziehen Sie Ihr gelbes Regenmäntelchen an und lassen Sie die Vorwürfe an sich abperlen. Das treibt den anderen zwar noch mehr auf die Palme, aber es ist ja nicht Ihre Palme, auf der er rumklettert.

Stattdessen: Mehr Lebendigkeit und gesunden Streit

Ständiges Drama ist Ausdruck der eigenen Unzufriedenheit mit sich selbst. Permanentes Genörgel kann auch Ausdruck einer langweiligen Beziehung sein. Um hier mehr »Pep« hineinzubringen, fängt ein Partner an, diese Leere und Langeweile durch Kritik und Vorwürfe zu beleben. Gerade bei bis dato »guten« und harmonischen Beziehungen setzt irgendwann ohne Vorankündigung von einer Seite völlige Unzufriedenheit ein! Falls diese nicht an einen wirklich schlüssigen Grund geknüpft ist, sondern als Mittel zum Zweck missbraucht zu werden scheint, kann man davon ausgehen, dass die Beziehung an Langeweile krankt. Oft wird Harmonie mit Langeweile verwechselt. Beides kann für eine Beziehung absolut tödlich sein! Nehmen Sie Nörgeleien ernst und betrachten Sie Ihre Beziehung: Wo ist sie festgefahren, vielleicht zu harmonisch? Wo ist sie schon so in Ritualen erstarrt, dass keine Neuerung mehr möglich ist? Der Partner reagiert vielleicht nur unbewusst mit Kritik oder schlechter Laune, weil er selbst nicht weiß, was ihm nicht oder nicht mehr gefällt! Auch hier hilft nur: reden! Was kann man ändern, wie kann man gemeinsam mehr Leben in die festgefahrene Beziehung bringen?

Die meisten von uns sind absolut harmoniesüchtig! Oder halten Sie es aus, wenn sich Freunde miteinander streiten? Sind Sie nicht unangenehm berührt, wenn sich andere in Ihrer Gegenwart zoffen? Manche Paare haben keine Skrupel oder sie brauchen sogar das Publikum, um vor ihm ihre intimsten Konflikte auszutragen. »Der Kerl macht mich noch mal wahnsinnig! Er isst doch wie ein Schwein! Sieh dir das mal an! Wie findest du denn das?« Und dann soll man als Außenstehender noch seinen Kommentar abgeben! Vorsicht Falle! Egal, was man hier sagt – es ist von vornherein schon verkehrt! Manche Menschen streiten sich in der Öffentlichkeit, vielleicht nicht absichtlich, um den anderen zu erniedrigen. Der Beschuldigte verliert auf diese Weise in der Öffentlichkeit sein Gesicht und der Dritte, der unfreiwillige »Schiedsrichter«, ist unangenehm berührt. Er kommt doch in Gewissenskonflikte, weil er sich gar nicht für einen der beiden entscheiden will! Also halten Sie Ihre Streitereien aus der Öffentlichkeit raus! Sie sind intim und beschämen andere!

Eine gesund gelebte Streitkultur ist einer unlebendigen Beziehung vorzuziehen. Dies heißt, dass es um Themen geht und nicht um Streiterei als Sport! Es geht nicht darum, Probleme unter den Teppich zu kehren, um nach außen hin die völlige Harmonie zu demonstrieren, sondern um eine gesund ausgetragene Auseinandersetzung unter vier Augen. Weder die Kinder noch die Freunde der Eltern sollten damit belästigt werden. Brauchen Sie einen Schiedsrichter oder jemanden, der zwischen Ihnen beiden vermittelt, dann suchen Sie sich einen professionellen Therapeuten. Freunde sind hier total überfordert und sollten auch nicht zu solchen Schlichtereien missbraucht werden!

Weg mit Problemen, die keine sind

Streiten lohnt sich nur, wenn man aus unterschiedlichen Auffassungen heraus zu einer wirklichen Einigung oder zu einem gemeinsamen Konsens kommen möchte. Bestimmte Probleme jedoch eignen sich überhaupt nicht als Streitobjekte. Darunter fallen so genannte »hausgemachte« Probleme. Für sie ist es vielleicht ein Problem, dass er nicht über seine Gefühle redet, für ihn stellt sich dies nicht als Problem dar! Worüber also streiten? Für ihn ist es ein Problem, dass sie zu viele Schuhe besitzt, für sie stellt es kein Problem dar! Solange diese Schuhe in ihrem Schrank verstaut sind, und nicht sein Revier betreten, dürfte ihn das gar nicht interessieren. Hierbei handelt es sich um ein Problem, das er sich künstlich geschaffen hat, weil er in ihr Revier vorgedrungen ist.

Manche Menschen haben zu jeder Lösung ein Problem und brauchen dieses, um sich zu beschäftigen! Geschlechtsspezifisch ist hierbei, dass Frauen über mehr Fantasie und Neugier verfügen und diese gepaart mit einem Helfertrieb sie dazu veranlassen, ungefragt anderer Leute Probleme zu lösen. »Was tust du denn mit deinen beiden Hunden, wenn du verreist?« Ich beruhigte meine Tante, indem ich ihr versicherte, dass dies allein mein Problem sei, welches ich sehr wohl auch allein lösen kann. Und zwar in dem Moment, wo es zu einem Problem wird. Solange ich nicht vorhabe, zu verreisen, ist es keins. Sie sollten keine Zeit und Energie mit Problemen verschwenden, die noch gar keine sind!

»Wenn seine Eltern kommen, weiß ich gar nicht, wo ich sie unterbringen soll. Und was soll ich den ganzen Tag mit ihnen unternehmen?« Auch diese Probleme sind vorweggenommen, die Eltern haben lediglich am Telefon angedeutet, dass sie irgendwann einmal zu Besuch kommen möchten. Also ist es noch Zeit, sich darüber Gedanken zu machen. Das Problem ist noch im »Mückenstadium«, aber sie macht schon einen Elefanten daraus. Eine weibliche Spezialität! Erst wenn die Eltern wirklich ihren Besuch ansagen, erst wenn sie Tickets gekauft haben und Sie die Ankunftszeiten wissen, brauchen Sie sich diese Gedanken machen! Also ab in den Eisschrank mit diesen sinnlosen Überlegungen! Lassen Sie ein Problem, das Sie eh nicht ändern können, dicht an sich rankommen und werden Sie dann aktiv! Und außerdem sind es seine Eltern, also ist es zunächst sein Problem!

Sich Gedanken um die gesundheitlichen und beruflichen Probleme des Partners zu machen, ist genauso anmaßend. Hat er Sie um Hilfe gebeten? Nein? Aber ich höre Sie schon sagen: Ich liebe ihn doch, da kann es mir doch nicht egal sein, wie es ihm geht! Nein, sicher nicht. Aber wenn er sich falsch ernährt, mit seiner Gesundheit schlecht umspringt, dann ist das, so hart es klingt, sein eigenes Problem. Sie können ihm Hilfe anbieten, aber er muss selbst entscheiden, ob er diese annimmt. Was soll man tun, wenn ein Partner zu viel trinkt? Kann man sein Problem lösen? Sicher nicht, es ist und bleibt seins! Man kann höchstens Unterstützung anbieten, wenn er etwas dagegen unternehmen will. Aber er ist alt genug, um zu wissen, woher er Hilfe bekommt, falls er sie braucht. Diese Art der Grenzüberschreitung, sich ungefragt der Probleme anderer anzunehmen, ist ein gewaltiges Konfliktpotenzial in einer Beziehung. Hätten Sie es gern, wenn sich Ihr Partner in Ihren Beruf einmischt, indem er heimlich mit Ihrem Chef redet? Sicherlich nicht! Grenzen des anderen zu verletzen heißt auch, sich in seine Probleme einzumischen, die für ihn vielleicht gar keine darstellen und die Ihnen vor allem nicht gehören! Jeder hat das Recht auf seine eigenen Probleme, also lassen Sie Ihre Finger davon!

Partner, die ihre Probleme gern vom anderen gelöst haben wollen (»Wenn du mich lieben würdest…«), werden in den meisten Fällen vom anderen enttäuscht werden. Löst der andere das Problem, so fühlen Sie sich klein und hilflos (»Warum habe ich das nicht allein geschafft?«). Löst es der andere nicht, sind sie auch enttäuscht. Probleme sind Gesprächsthemen und als solche nicht zu unterschätzen. Löst man es, ist das Thema und somit die Gemeinsamkeit weg.

Oft will Frau nur darüber reden und strebt keine Lösung an. Wirklich lösungsorientierte Menschen macht dieses Gequatsche auf Dauer mürbe. Schieben Sie dem ganzen einen Riegel vor, setzen Sie dem anderen Grenzen: »Über dieses Problem rede ich jetzt noch fünf Minuten, und dann ist für heute Schluss!«

Im Allgemeinen braucht der Mensch keine Problemlösung, sondern einen Impuls. Dies kann ein Gespräch, vielleicht auch ein Buch oder ein Vortrag sein. Ein sehr wirkungsvoller Impuls ist das Loslassen! Denn Probleme gehen nur selten von allein. Man kann sie nur lösen oder loslassen. In dem Moment, in dem ich etwas loslasse, erledigt es sich meist von selbst! Übrigens, lassen Sie sich Zeit! Probleme laufen meist nicht weg! Sie lassen sich also morgen auch noch lösen!

Stattdessen: Finger weg von den Problemen anderer!

Jeder von uns hat mit seinem eigenen Leben genug zu tun. Sich um anderer Leute Probleme zu kümmern, Lösungen anzudenken und eventuell schon in die Wege zu leiten ist eine nicht akzeptable Grenzüberschreitung. Ihm bei Krankheit heimlich Vitamine ins Essen zu mischen grenzt an Körperverletzung. Wir tendieren dazu, alles zu problematisieren oder von vornherein als Problem zu betrachten. Ein kleiner Regenguss im Leben wird zur Überschwemmung hochstilisiert! Darum lohnt sich generell die Frage: Ist es vielleicht nur eine Lappalie, ein Pseudoproblem? Lässt es sich möglicherweise mit einem Handstreich, mit einem

Telefonat vom Tisch wedeln? War es die ganze Aufregung überhaupt wert?

Um sich vor anderer Leute Probleme zu hüten, sollte man sich als Nächstes fragen: Wem gehört das Problem überhaupt? Falls es nicht Ihres ist, haben Sie kein Recht, es zu behalten, also geben Sie es zurück! Falls es doch das Ihrige ist, gibt es zwei Möglichkeiten: Lösen Sie es oder behalten Sie es! Mit der Lösung ist das Problem beseitigt, lässt es sich nicht lösen, können Sie es nur behalten. Aber selbst da haben Sie noch die Wahl: Sie können das Problem wie ein kleines Kaninchen hegen und pflegen und füttern, dann wird es immer größer und dicker! Oder Sie beachten es schon gar nicht mehr, womit Sie es sozusagen aushungern und es von allein stirbt!

Nehmen wir ein Beispiel: Ihre neue Liebe ruft Sie nicht an! Natürlich ist es für Sie ein Problem, denn Sie denken ständig an ihn. Eine Lösung wäre, ihn anzurufen. Fürs Erste ist das Problem erledigt. Aber er ruft wieder nicht zurück. Sie machen sich Gedanken, wieso, weshalb, warum, Ihre Fantasie geht mit Ihnen durch. Möglicherweise hat er eine andere, weil Sie ihm nicht gefallen, er hat Ihre Telefonnummer verlegt und was der Gründe noch mehr sein können. Tatsache aber ist: Er ruft nicht an. Nicht mehr und auch nicht weniger. Konzentrieren Sie sich auf andere Dinge, lesen Sie ein Buch oder lenken Sie sich ab. Falls der Gedanke, das Problem »warum… nur… warum« wieder auftaucht, sprechen Sie zu sich: »Meine Liebe, er ruft nicht an. Und wenn du ihn nicht anrufen willst, kannst du das nicht ändern.« Im Übrigen, warum wollen Sie Ihre Gedanken und Telefongebühren an einen Menschen verschwenden, dem Sie offensichtlich so wenig bedeuten? Die Lösung ist hier: Ziehen Sie Ihre wertvolle Energie ab! Er ist es nicht wert! Wenn der Gedanke an ihn wieder auftaucht, sagen Sie sich: »Hallo, lieber Gedanke, da bist zu ja wieder, aber du solltest schleunigst wieder gehen.« Sie haben natürlich noch die Möglichkeit, dieses unlösbare Problem jahrelang mit sich rumzuschleppen, sich selbst mit dem Gedanken, warum dieser Mensch Ihre Liebe nicht erwidert, zu quälen und sich somit von den wirklich wichtigen Dingen im Leben fernzuhalten. Also lassen Sie ihn ziehen: Mit der fatalistischen Einstellung »Ich kann es eh nicht ändern« nehmen Sie Ihre Aufmerksamkeit weg und der Gedanke kann sich langsam in Luft auflösen!

Schluss mit der Unzufriedenheit

Manchmal beobachte ich mich selbst, wie ich gereizt und ruppiger auf andere Menschen reagiere als sonst. Vielleicht ist der Auslöser wirklich mein Gegenüber, das mich von der Seite anquatscht oder einen seltsamen Ton draufhat. Aber wenn ich mich dann weiter beobachte, merke ich schnell: »Moment mal, die anderen können nichts dafür, aus irgendeinem Grund bist du heute gereizt und mit dir selbst unzufrieden.« Der eigenen Gereiztheit auf die Schliche zu kommen ist insofern wichtig, weil sich ansonsten die schlechte

Laune verhärtet und ins Leben einschleichen kann. Oft sind die Gründe dafür banal und nahe liegend: Bei mir ist es meistens Schlafmangel gepaart mit Stress. Die Lösung ist einfach: Nur eine halbe Stunde Schlaf kann mich in einen anderen Menschen verwandeln. Bei vielen Männern ist es Überlastung oder einfach nur Hunger. Sollten es tiefer liegende Gründe sein wie Unzufriedenheit mit dem Job, dann wäre die nächste Frage, »wie« ich es ändern kann. Dies kann ein jeder nur selbst, von außen kann da keiner helfen! Sich selbst gegen gereizte und ungerechte Reaktionen anderer zu verteidigen verlangt Klarheit. Hier heißt es, sich abzugrenzen und rauszuhalten, die Bremse zu ziehen und dem anderen ein »Stopp!« zu signalisieren. »Für deine schlechte Laune kann ich nichts, also mach das mit dir oder demjenigen aus, der sie verursacht hat.«

Stattdessen: Beziehungen planen

An einer Partnerschaft sind zwei Menschen beteiligt, die unter Umständen ganz unterschiedliche Vorstellungen über die Prioritäten und Inhalte der Beziehung haben. Anfangs scheint alles klar – man versteht und liebt sich. Aber sobald die ersten dunklen Wolken auftauchen, merkt man, dass vielleicht das ein oder andere Missverständnis, die ein oder andere Meinungsverschiedenheit auf grundsätzlich unterschiedliche Standpunkte hindeuten. Bevor man zu zweit eine Reise plant, sollte man sich schon gemeinsam an einen Tisch setzen und sich Gedanken über das Reiseziel, die Reisedauer, Ablauf und Details machen. Auch unterschiedliche Vorstellungen können so aufeinander abgestimmt werden, um einen angenehmen gemeinsamen Urlaub zu haben. Viele Beziehungen ähneln mehr einer Fahrt ins Blaue. Diese kann auch ganz amüsant werden, allerdings darf man sich dann nicht wundern, wo man schließlich landet!

Prioritäten in einer Beziehung zu setzen bedeutet unter anderem, beizeiten über Fragen der Familienplanung zu sprechen. »Als ich schwanger wurde, stellte er mich vor die Entscheidung – entweder er oder das Kind. Wir haben früher nie darüber gesprochen, ob wir Kinder wollen oder nicht. Es war wie ein Tabuthema« (Iris, 36 Jahre). Ob Kinderfrage, Ortswechsel oder berufliche Zukunft: Falls er vorhat, ins Ausland zu gehen, sie aber hierbleiben will, sind Konflikte vorprogrammiert! Darum ist die Kommunikation hier schon die halbe Miete! Reden Sie zusammen über Ihre Zukunft, dann kann es immer noch kommen, wie es kommt, aber Verständigung ist die Grundlage von Verständnis. Beziehungen gemeinsam zu gestalten heißt, sich darüber Gedanken zu machen, welche Ziele man gemeinsam verfolgt. Wo wollen wir Ende des Jahres sein? Wo wollen wir in fünf Jahren stehen? Welche Prioritäten haben wir in unserem Leben? Sind es Kinder? Karriere? Erst meine, dann seine? Was kommt dann? Wer macht was? Welche Zuständigkeiten herrschen innerhalb der Beziehung? Woher nehmen wir uns die Hilfe, die wir brauchen?

Schluss mit der Eifersucht

»Er ist so eifersüchtig, dass er sich freinimmt, wenn Handwerker ins Haus kommen!«, erzählt eine frisch gebackene Ehefrau. So viel Misstrauen ist kein guter Start in eine vertrauensvolle Ehe. Eifersucht auf mögliche gleichgeschlechtliche Konkurrenz ist ein großer Störfaktor in Beziehungen. Hiervon sind Frauen wie Männer gleichermaßen betroffen. Was am Anfang einer Beziehung noch sehr schmeichelhaft empfunden und als aufrichtiges Interesse interpretiert wird, kann im Laufe der Zeit eher kontraproduktiv wirken! Eifersucht entspringt einer eigenen Unsicherheit: Ist mir dieser Mensch treu, ist mir seine Liebe sicher? Wer kann das schon garantieren! Eifersucht ist immer dann ein Thema, wenn der Eifersüchtige selbst leicht den Versuchungen des anderen Geschlechts erliegt. Er oder sie schließt sozusagen von sich auf andere!

Wer auf der beruflichen Ebene Angst vor Konkurrenz hat, lebt dies meist auf der privaten Ebene durch Eifersucht aus. In beiden Fällen herrscht ein Gefühl des »Zu-kurz-Kommens« und der Verlustangst. Wobei der Verlust oft genau vom Eifersüchtigen erst ausgelöst wird. Nach dem Motto: »Ich verhalte mich so und tue alles, dass du mich verlässt » sucht er über sein unmögliches Verhalten eine Bestätigung. Über kurz oder lang erhält er sie dann auch. Die Angst, verlassen zu werden oder sich der Konkurrenz zu stellen, kann auch so groß sein, dass der Eifersüchtige sich prophylaktisch vom anderen trennt, um eine Trennung seinerseits vorwegzunehmen. Eine paradoxe Situation!

Tatsache ist: Die emotionalen Schäden für eine Beziehung, die durch ungerechtfertigte Eifersucht und das damit einhergehende Misstrauen entstehen, sind größer als diejenigen durch tatsächlich gerechtfertigte Eifersucht! Wer von diesem Gefühl geplagt wird, das heißt krankhaft eifersüchtig ist, sollte etwas tun, um sein Selbstwertgefühl zu stärken! Denn in seinem tiefsten Innern glaubt er oder sie, dass er oder sie einander nicht verdient hätten. Das klitzekleine Ego flüstert ins Ohr: »Es kann nicht sein, dass ich geliebt werde.« Weder durch vorauseilenden Gehorsam noch durch verbale Beteuerungen lässt sich der wirklich Eifersüchtige überzeugen. Daher versuchen Sie es gar nicht erst. Machen Sie sein Problem nicht zu dem Ihrigen. Nicht Sie müssen ihm beweisen, dass Sie treu sind, sondern er muss selbst mit seiner Eifersucht klarkommen. Es ist also nicht Ihr Problem! Lassen Sie es ihm!

Stattdessen: »Altlasten« akzeptieren

Mitunter richtet sich die völlig verquere Eifersucht sogar auf die Vergangenheit des geliebten Menschen. Allein die Vorstellung, dass da jemand vorher war, kann schon Konflikte auslösen. Es ist aber eine Tatsache, dass jeder von uns eine bestimmte Vergangenheit hat, in der auch andere Partner eine Rolle spielten. Und wenn es bisher keine gab, dann gibt es Eltern, Verwandte oder Freunde, die geliebt werden, und dadurch zu einer Zielscheibe für Eifersucht werden.

Diese waren meist vor ihm da und sollten entsprechend gewürdigt werden. Jeder von uns hat eine Vergangenheit, und ehemalige Partner zählen dazu. Wer diese »Altlasten« schlechtmacht, macht sich selbst schlecht! Wenn ich Jahre meines Lebens mit einem scheinbaren »Idioten« verbracht habe, mache ich mich in den Augen anderer doch selbst zum »Idioten«. Die früheren Partner als Teil der abgeschlossenen Vergangenheit zu akzeptieren macht den Weg frei für eine neue Partnerschaft. Unverarbeitetes hingegen wirkt auch in neue Beziehungen hinein und behindert diese.

Stattdessen: Ganz nahe rankommen lassen

Leidet man selbst unter krankhafter Eifersucht, so muss man sich diesem Gefühl ergeben: »So ist es eben, jetzt plagt sie mich mal wieder.« Wenn ich dagegen ankämpfe, taucht sie immer wieder auf wie ein Gespenst, das keine Ruhe gibt. Auf eines kann ich mich ja verlassen: Sie ist immer da. Also kann ich auch warten, bis ich wirklich Grund dazu habe! Lassen Sie die Eifersucht ganz nah an sich rankommen, dann reicht es immer noch. Dass uns der andere eventuell einmal betrügen wird – dagegen gibt es keine Versicherung. Wir können uns in der Beziehung aber so viel Mühe geben, dass unser Partner keinen Grund hat, in die Arme eines anderen zu flüchten. Was immer er aber macht, wo auch immer er hingeht, die ständige Kontrolle können wir über ihn nicht ausüben. Reagieren Sie erst dann mit Eifersucht, wenn es wirklich nötig ist. Falls er mit einer anderen ausgeht oder dabei ist, aus der Beziehung auszubrechen, dann können wir das Gefühl immer noch auspacken! Aber bis es so weit ist, brauchen wir uns nicht damit zu belasten!

Typisch Mann – typisch Frau

Von der eigenen Vorstellung abweichende oder nicht verstandene Verhaltensweisen des Partners sind ein entscheidender Auslöser für Konflikte. Jeder von uns hat eine quasi eingebaute »Norm« aufgrund der eigenen Erfahrungen Alles, was neu hinzukommt, wird mit dem verglichen, was jeder von uns erlebt und gespeichert haben. Bei allen Unterschieden und Reibungsflächen dürfen wir aber eines nicht vergessen – dass jeder Mensch, so wie er ist, vollkommen in Ordnung ist! »Ich verstehe nicht, dass er nichts wegwerfen will. Um jedes alte Paar Schuhe muss ich kämpfen, er hält alles fest!« An manchen Tatsachen kommt Frau nicht vorbei! Männer sind von Natur aus Jäger, die ihre Beute verteidigen. Auch wenn diese tot ist oder in Form schmutziger Wäsche im Zimmer herumliegt! Vielleicht ist das der Grund, warum Männer eher »Horter« sind als Frauen? Dass Männer ihr Chaos selbst beseitigen, bedarf weiblicher »positiver Verstärkung«. Wie Maria, 37 Jahre, mit Erfolg ausgetestet hat: »Liebling, wenn du endlich dein Chaos aufgeräumt hast, dann darfst du mein Präsident sein und ich bin Monica Lewinsky.«

Die männliche Energie Yang strebt nach außen, sucht ihr Glück in der Ferne und nicht im Haus. Yang steht für Abenteuerlust oder diffuse Sehnsüchte, die weibliche Kraft Yin zieht ihn manchmal nach Hause zurück. Wir leben beides, mal mehr und mal weniger, denn wir leben in der Polarität von Yin und Yang, die untrennbar miteinander verbunden sind. Jede Frau hat einen kleinen Anteil Männlichkeit (heutzutage vielleicht auch einen größeren) in sich und jeder Mann einen weiblichen. Wenn Frauen ihre männliche und Männer ihre weibliche Seite annehmen, werden sie ganz. Männer sind dann nicht mehr von Frauen abhängig, weil sie alles haben und nichts mehr zu beweisen brauchen! Da wir alle in der Polarität von Yin und Yang leben, will er mal bleiben, mal zieht es ihn wieder hinaus. Einsperren hilft gar nichts, dann wird er wild und bricht aus! Was wäre der männliche Jäger ohne seine Beute? Jäger brauchen Beute, die sich verweigert, indem sie flieht. Nur so macht das Jagen Spaß! Und alles, was so leicht zu jagen ist wie ein verletztes Reh, verliert seinen Reiz. Die Beute muss sich bewegen, um vom Jägerauge überhaupt wahrgenommen zu werden. Sitzt sie still auf einem Stuhl in der Ecke, wird sie gar nicht registriert!

Ersatz für die Jagd sind schnelle und verfolgende Sportarten wie Formel-eins-Rennen, Überholmanöver auf der Autobahn, Konkurrenz- oder Boxkämpfe. Ob es uns nun gefällt oder nicht, wir können es nicht ändern – Männer brauchen auch heutzutage noch Waffen und ein Jagdrevier. Wenn sie zu Hause angekommen sind, übernimmt die Fernbedienung die Funktion des Gewehrs. Damit schießen sie sich durchs Fernsehprogramm, eliminieren alles, was sie nicht sehen wollen, halten drauf, drücken ab und fühlen sich mächtig! Jeder Schuss ein Treffer! Und wehe ein Gespräch stört sie beim Zielen! Männer widmen sich entweder dem Fernseher oder sie hören zu – beides können sie nicht gleichzeitig. Also lassen Sie ihm die »Waffe« für die erste halbe Stunde des Abends, bevor Sie sich mit ihm unterhalten.

Frauen »zappen« entsprechend durch Gesprächsthemen. Sie hüpfen von einem Punkt zum anderen und das so schnell, dass Mann nicht folgen kann. Frauen untereinander haben da keine Problem, aber Männer brauchen für den entsprechenden »Bildaufbau« in der rechten Gehirnhälfte etwas länger. Lassen Sie ihm Zeit oder überfordern Sie ihn am besten nicht. Servieren Sie ihm nur ein Thema oder einen Gesichtspunkt und gehen Sie langsam Punkt für Punkt vor.

Warum Männer nie Schuld haben

Auch Männer irren. Als der Kundendiensttechniker mithilfe einiger weniger Tropfen aus einem Fläschchen den Inhalt des Salzbehälters der Geschirrspülmaschine lila färbte, war klar: »Irgendeiner hat leider das Salz mit dem Reiniger verwechselt.« Das bedeutete, dass der Motor ausgebaut werden musste, was insgesamt 500 Mäuse gekostet hat. Zum Glück hat der Herr des Hauses das Salz nachgefüllt und jetzt regt er sich auf, dass die Hersteller das Salz nicht eindeutig farblich vom Reinigerpulver unterscheiden. Schuld war mal wieder ein anderer, wie immer, wenn etwas nicht funktioniert oder kaputtgeht.

Während Frauen die Schuld für technisches Versagen bei sich selbst suchen, sind Männer davon vollkommen frei! Für sie liegt der Fehler eindeutig beim Gerät, beim Hersteller, bei der Gebrauchsanleitungen. Auf geschäftlicher Ebene ist die Ausrede beliebt »Das war der Kollege« oder es war einfach ein Missverständnis. Sie winden sich wie die Aale aus unangenehmen Situationen heraus. Einen Fehler einzugestehen kommt Männern einem Gesichtsverlust gleich. Und immerhin ist das bei japanischen Männern durchaus ein guter Grund, um Harakiri zu begehen. Daraus kann Frau nur lernen. Ziehen Sie sich nicht jeden Schuh an, der rumsteht. Vielleicht ist an Ihrem Scheitern ja die Gebrauchsanleitung schuld, geschrieben, na, von wem schon? Von einem Mann natürlich. Machen Sie sich auch keine großen Gedanken, wenn der Kuchen mal nicht aufgeht. Es war Dr. Oetker, der das Backpulver gemischt hat!

Dabei könnten Männer mit nichts leichter bei Frauen punkten, als dass sie endlich mal zu ihren Fehlern stehen! Nichts ist netter als ein charmantes »Es tut mir Leid, mein Schatz« aus einem männlichen Mund zu hören oder ein simples »Es war mein Fehler«, ohne Wenn und Aber. Frauen respektieren Männer, die auch zu ihren Schwächen stehen. Aber Frauen platzen vor Wut, wenn besserwisserische Männer immer und immer wieder die gleichen Fehler machen, nur weil sie sich keinen Irrtum eingestehen können. Ein Grund, sich keine Schuld einzugestehen oder die Schuld bei anderen zu suchen, ist Scham. Es ist die Unfähigkeit, für sich selbst und das eigene Handeln Verantwortung zu übernehmen. Was übrigens nicht gerade für Reife spricht! Diese Menschen reagieren im Konfliktfall auf Schuldzuweisungen enorm abwehrend und machen dicht! Wenn Frauen ihren Männern einen Vorwurf machen, sie dadurch als »Schuldigen« hinstellen, brauchen sie sich nicht zu wundern, dass danach keinerlei Klärung oder auch nur ein vernünftiges Gespräch möglich ist. Die beste Möglichkeit, sich von den vorwurfsvollen Reden zu trennen ist, den anderen nicht mit seinen eigenen Sünden zu konfrontieren, indem man bei der »Ich-Aussage« bleibt: »Ich komme damit nicht klar, dass du mich nicht anrufst« ist konstruktiver als die Schuldzuweisung »Nie rufst du mich an!«.

Jetzt übernehme ich Verantwortung für mich selbst

Den anderen dazu zu bringen, Verantwortung für sein Verhalten zu übernehmen, funktioniert nur, wenn man mit gutem Beispiel vorangeht. »Das ist deins und das ist meins und einiges gehört uns gemeinsam« wäre eine Möglichkeit, ihm in einer Beziehung seine Verantwortung zu lassen, für das eigene Verhalten jedoch die volle Verantwortung zu übernehmen und sich bei Beziehungskonflikten keine Schuld zuweisen zu lassen. Konflikte betreffen beide, und jeder hat seinen Anteil daran! Auch wenn der andere fremdgeht, trägt er nicht die gesamte »Schuld«. Und wenn jeder bereit ist, seinen Teil der Verantwortung zu übernehmen, ist eine gemeinsame Ebene für ein Gespräch möglich.

Wenn man die Verantwortung übernehmen kann, kann man tun, was man will. (Innerhalb gewisser Regeln natürlich und ohne die Würde des anderen zu verletzen.) Mit den Konsequenzen, die das eigene Handeln auslöst, muss man allerdings leben können. Ich kann meinen Urlaub ohne meinen Partner planen, muss aber dann damit klarkommen, dass er auch ohne mich oder mit anderen zusammen wegfährt. Eigenverantwortlich zu handeln heißt auch, sich über gewisse Regeln hinwegzusetzen, um nach seinen eigenen zu leben. »Eine Frau lässt ihren Mann abends nicht allein zu Hause« ist vielleicht solch eine Regel, nach der unsere Mütter gelebt haben. Fragen Sie sich doch einfach mal: Nach welchen Regeln richte ich mich da eigentlich? Sind es meine, seine oder die der Gesellschaft? Sind es diese »Das tut man nicht«-Regeln aus der Mottenkiste der Kindheit? »Stell dich nicht in den Mittelpunkt«, »Sprich nur, wenn du gefragt wirst!« Oft schränken wir uns selbst ein, reagieren in vorauseilendem Gehorsam, ohne zu hinterfragen, wo unser Handeln seinen Ursprung hat.

Um anderen scheinbar zu gefallen, sind wir leise, angepasst und unauffällig. Das chinesische Sprichwort »Nicht ohne Regeln stehlen« zeigt, worum es hier geht: Die Verantwortung für das eigene Leben zu übernehmen bedeutet auch, Regeln zu übertreten und gut für sich zu sorgen. Darf ich denn laut lachen, wenn mir danach ist? Kann ich mit dem Mann meiner Freundin ins Kino gehen, ohne dass sie dabei ist? Solange ich mich gut dabei fühle, keinem anderen schade und die Verantwortung für mein Tun übernehme – warum nicht?

Männliche Abgrenzung

Es ist paradox, aber je näher Frauen den Männern kommen, desto mehr entfernen sich diese, sie weichen zurück und gehen auf Distanz. Distanziert und somit weniger verletzlich zu sein ist Teil ihres Selbstbildes, das des coolen, einsamen Helden! Rückt sie ihm dann noch näher, treibt sie ihn vollends in die Flucht. Weibliches Verhalten, soziale Kompetenz und andere Fähigkeiten lösen zwar Bewunderung aus, stellen aber für Männer kein Vorbild dar. Sie definieren sich über ein einfaches Muster: Männlich zu sein heißt, nicht weiblich zu sein. So einfach ist das! Frauen suchen die Nähe der Männer, indem sie sich beispielsweise ähnlich wie sie kleiden, mit ihnen auf den Sportplatz gehen oder Motorrad fahren. Männer rücken dann noch mehr ab, müssen sich noch mehr abgrenzen, also etwas ganz speziell Männliches tun. Das kann sich dann in seltsamen Ritualen ausdrücken, die die Zugehörigkeit zum Stamm der Männer festigen. Was ein Kollektivsuff allerdings bringt, werde ich wohl nie verstehen. In dem Moment, in dem diese so genannte Sportart »weiblich« würde, müssten sich Männer andere Bereiche suchen.

Wenn sich ihre Männlichkeit über das Gegenteil von weiblicher Kompetenz definiert, wird diese Spezies langfristig ins Hintertreffen geraten. Eine neuere Untersuchung zum Thema mangelnde Lesekompetenz von Jungen, die Sebastian Kraemer, ein Kinder- und Jugendpsychiater in London, durchgeführt hat, kam zu dem Ergebnis, dass Mädchen besser lesen. Als Grund wurde angenommen, dass Jungen Bücher wie Lernen überhaupt für »Mädchensachen« halten. Was noch nicht erklärt, warum sie sich diesem weiblichen »Gegner« nicht stellen wollen. Erleben sie sonst bessere Leistungen anderer eher als Herausforderung. Für die schlechteren Schulleistungen werden nicht etwa die Jungen selbst, sondern der hohe Anteil weiblicher Erzieherinnen und Lehrerinnen verantwortlich gemacht, die »Feminisierung des Lernens« also. Eine Logik, die von glatzköpfigen Männern an den Haaren herbeigezogen wurde und schwer nach »weiblicher Logik« klingt!

Stattdessen: Mysterium Mann

Belassen wir es einfach beim Geheimnis. Wir werden nie dahintersteigen, warum sie das tun, was sie tun. Aber wir werden auch niemals hinter das Geheimnis der Schwarzen Löcher kommen, niemals werden wir die Relativitätstheorie nachvollziehen können, also befassen wir uns besser nicht damit. Bestimmte Dinge sind Tatsachen, nicht mehr und nicht weniger. Lassen wir den Männern doch ihre Mysterien! Am Schönsten finde ich daran, dass sie selbst auch nie dahinterkommen werden. Kein Geheimnis ist, dass sie sich selbst durch unsere Liebe nicht verändern werden. Also das, was sich ihnen bei Beginn einer Partnerschaft bietet, ist quasi die Ouvertüre zur Oper. Nicht mehr, aber auch nicht weniger. Und wegen Ihnen wird kein Mann das gesamte Libretto umschreiben!

Männer brauchen Ruhe

Von der Jagd erschöpft haben Männer die beneidenswerte Gabe, sofort und überall auf der Stelle einschlafen zu können. Im Sitzen oder sogar im Stehen, erst recht beim Fernsehen, im Kino, vor oder nach dem Sex. Und wenn sie schlafen, machen sie natürlich wie bei fast jeder Aktivität – Geräusche! Eine der schönsten Erklärungen, warum Männer immer schnarchen müssen, entstammt dem Film »Männer« von Doris Dörrie: »Um Frauen vor den bösen Tieren zu schützen.« Da sich außer Silberfischchen oder Motten in den Wohnungen heutzutage keine bösen Tiere mehr aufhalten, gibt es allerdings keinen Grund, uns zu bewachen. Es mag ja in der ersten Zeit ganz nett sein, so ein Bärchen neben sich grummeln zu hören, aber über Monate oder Jahre hinweg wird er unerträglich. Auf Dauer helfen hier nur Ohropax oder getrennte Schlafzimmer. Männer schlafen sogar bei Freunden völlig ungeniert auf dem Sofa ein.

Selbst fühlt man sich peinlich berührt, wenn seine Augen langsam zufallen, sich zwischendrin leicht nach oben verdrehen, bevor der Kopf nach vorn fällt. Davon wird er dann wieder wach und schaut sich desorientiert um. Was machen wir dann? Entschuldigen unseren Liebsten, er hatte ja so einen anstrengenden Tag, eine anstrengende Woche. Selbst wenn er aufregenden weiblichen Besuch hat, haut ihn die Müdigkeit um, und das schon vorher. Zugegebenermaßen ist es seine Wohnung, in der er tun und lassen kann, was er will. Aber wenn er den Abend nicht übersteht und auf seinem Sofa in ihren Armen einschläft, ist das wenig schmeichelhaft. Hier hilft nur eins: Nichts wie weg! Nicht nur den Abend, sondern auch ihn sollte Frau aus ihrem Gedächtnis streichen, denn wenn er zu Beginn einer Beziehung schon einschläft, wird der weitere Verlauf sicher nicht prickelnder!

In der freien Wildbahn

In den Anfangszeiten einer Beziehung mag das schlampige Aussehen des Mannes von ihr als Herausforderung an ihren Bastel- und Veränderterieb gesehen werden. Mit ihm einkaufen gehen, ihn neu einkleiden, aus diesem Typ lässt sich was machen! Manche Frauen tendieren dazu, aus streunenden Straßenkötern Rassehunde machen zu wollen. Anfangs mag es klappen, aber irgendwann, spätestens wenn man zusammengezogen ist, ziehen sie wieder ihr Straßenköter-Outfit an und Frau steht hilflos daneben! »So hast du mich doch kennen gelernt, also wo ist das Problem.« Stimmt, schon am ersten Abend sah er aus, als hätte er unter der Brücke geschlafen, verwegen unrasiert, wild abgewrackt! Und jetzt ist er nur noch grauenhaft ungepflegt. Zugegebenermaßen ein Extrem – aber kein Einzelfall.

Aber auch die harmlosen »Geschmacksverirrungen« können sich im Laufe der Beziehung zu einem echten Störfaktor ausweiten. Darum Finger weg von Männern, die kleine Tierchen, Comicfiguren oder andere kindliche Motive auf Socken, Krawatten oder Unterhosen tragen. Dieser Typ will nicht erwachsen werden und wird immer ein Fall zum Pampern sein! Schauen Sie genau hin und betrachten Sie seine Unterhosen bei Tageslicht! Wenn Männer immer nur das eine wollten, würden sie sich vielleicht auch mit ihren Dessous etwas mehr Mühe geben. Es gibt sie natürlich auch, die Frauen, die verfärbte Unterhemden über ausgeleierten BHs tragen und dazu klein gemusterte Slips. Diese Spezies Frau ist meist in festen Händen und glaubt, nichts mehr für ihre Attraktivität tun zu müssen. Das männliche Pendant dazu sind die klein gemusterten Unterhosen auf beigem Grund mit braunen Rändern. Zum Abgewöhnen! Ebenso furchtbar finden die meisten Frauen Doppelripp mit seitlichem Eingriff. Es sei denn, Frau bevorzugt den rustikalen Typ!

Interessant ist auch, was er trägt, wenn er es sich zu Hause so richtig gemütlich macht. »Am Wochenende reiste er an, packte seine leberwurstgrauen ausgebeulten Jogginghosen aus und seine Birkenstöcker.« Kleidung verändert nicht nur das Aussehen, sondern auch das Benehmen. »Und kaum hatte er sich umgezogen, stand er vor mir und kratzte sich an seinem ›Familienschmuck‹.« Sie dürfen raten, wie lange diese Beziehung hielt. Um seine Bekleidungsgewohnheiten in seinem häuslichen Revier zu studieren, besuchen Sie ihn auf ein Wochenende in seinen eigenen vier Wänden: »Er kam nach Hause, zog sich die Hose aus und lief den ganzen Abend in Socken, Hausschuhen, Unterhose und T-Shirt herum. Auf meine Frage, ob es ihm so nicht kalt sei, antwortete er, dass er es sich immer so gemütlich mache.« Auch diese Beziehung war nicht von Dauer.

Wohl kaum ein anderes Thema hat Männer und Frauen in den Wohngemeinschaften so gespalten wie das Toilettenthema. Ob er im Stehen pinkelt, werden Sie erst erfahren, wenn er bei Ihnen eingezogen ist, und dann ist es eh zu spät. Um das Stehen geht es auch nicht, es geht um seine Treffsicherheit. Nicht umsonst hatte ein Pinkelbeckenhersteller (oder war es seine Frau?) die Idee, unter der Glasur der Porzellanbecken eine kleine Fliege aufzubringen. Dieses »Zielobjekt« halbierte in den öffentlichen Toiletten die Reinigungskosten immerhin. Menschen überhaupt und Männer im Besonderen brauchen eben »Ziele« im Leben.

Weitaus störender, da ständig präsent, ist das Benehmen. Wie er spricht, wie er isst, welche Geräusche er beim Trinken macht, wann er sich wo kratzt, ist Teil seiner Persönlichkeit, die auch kein Benimmkurs korrigieren kann. Vielleicht kann er lernen, Ihnen die Tür aufzuhalten oder in den Mantel zu helfen, Ihren Schirm aus dem Auto zu holen, wenn es angefangen hat, zu regnen. Aber seine Geschwindigkeit, mit der er isst, die Art und Weise, wie er dabei noch spricht, lässt sich kaum korrigieren! Auch nicht, dass er furchtbar laut telefoniert, anfängt zu pfeifen, sobald er wach ist. An diesen vermeintlichen Kleinigkeiten scheitern Ehen, also lassen Sie diese scheinbaren Nebensächlichkeiten gut auf sich wirken! Studieren Sie ihn in allen Lebenslagen und sagen Sie später nicht, keiner hätte Sie gewarnt! Männer sind besser als ihr Ruf. Dieser ist nur aufgrund falscher Anforderungen an diese Spezies verdorben. Wer würde denn einen Kojoten aufgrund seiner Tischmanieren beurteilen? Von ihm wird ja auch nicht erwartet, dass er mit Messer und Gabel isst!

Stattdessen: Wichtigeres tun

Nur weil Frauen bestimmte Verhaltensweisen nicht verstehen, werden sie sie nicht ausrotten können. Eher erschließt sich uns das Paarungsverhalten der Leguane. Also verplempern wir keine Energie, um dahinterzukommen, warum es so ist, damit wir sie davon abhalten können, dass es so ist! Es ist, wie es ist, sie sind, wie sie sind, und werden sich kaum verändern lassen! Also lassen Sie ihm seinen Freiraum, seinen Zug durch die Gemeinde, seinen eigenen Fernseher, sein Jagdrevier (das in den meisten Fällen zudem vollkommen harmlos ist) und kümmern Sie sich stattdessen um Wichtigeres! Lernen Sie Klöppeln, Aikido oder Altgriechisch, was immer noch sinnvoller ist, als sich Gedanken über ihn zu machen. Treffen Sie sich stattdessen mit Ihren Freundinnen oder züchten Sie Hunde! In jedem Falle ist das produktiver und amüsanter, als Ihre Energien in die Veränderung der männlichen Spezies zu investieren. Es wird nichts, aber auch überhaupt nichts dabei rauskommen!

Männer wohnen anders

Ohne hier wieder die alten Klischees bedienen zu wollen: Männer wohnen tatsächlich anders, beziehungsweise richten sich anders ein als Frauen. Aus Filmen kennt man die Junggesellenbuden oder Wohnungen von vorübergehend alleingelassenen Männern, die aussehen wie mittlere Müllhalden. Überall liegt Wäsche rum, die Mülltüten stapeln sich, neben dem Computer leere Pappschachteln vom Pizzaservice und dazwischen Bierdosen. Zweifellos eine mögliche und verbreitete Stilrichtung männlichen Wohnens, wie sie in keiner Lifestyle-Zeitschrift zu finden ist!

Wenn es um das Thema »Wohnen« geht, stellt sich zunächst die Frage, welche Bedeutung dies für ihn hat. Sitzt er nur auf seinen Möbeln? Oder was genau passiert da? Und so gesehen wohnen nicht nur Männer anders, sondern jeder von uns wohnt ganz verschieden. Fragen Sie sich doch selbst einmal, wozu brauche und gebrauche ich meine eigenen vier Wände? Was spielt sich dort ab? Schon sind wir beim Thema. Während der eine so gut wie nie kocht, sondern auswärts isst, ist der andere ein leidenschaftlicher Hobbykoch. Was man der Küche natürlich auch ansieht. Eine männliche Küche, in der der Mann auch kocht, zeichnet sich durch das Vorhandensein ausgezeichneten Werkzeugs aus. Denn hier kennen Männer keine Kompromisse. Jedenfalls nicht, solange sie allein kochen. Sobald sie dann mit einer Frau zusammenleben, übernimmt diese meist die Leitung in der Gestaltung, Ausstattung und Organisation des Hauses. Jedenfalls sagt sie, wo es langgeht. Ausnahmen bestätigen die Regel, aber nach meinen Erfahrungen ist dies auch in so genannten »emanzipierten« Beziehungen meist der Fall. Doch zurück zur Küche: Kein Mann, der gern kocht, würde seine Tomaten mit einem stumpfen, billigen Messer schneiden. Wie in der Werkstatt das Werkzeug ist ihm zunächst die Ausstattung wichtig. Es muss schon professionelles Niveau haben, wie eine handgeschmiedete und in Schichten verarbeitete Damaszenerstahlklinge, die in keinem japanischen Harakiriritual fehlen darf. Hätte ein Mann die Wahl, würde er seine Küchenmöbel ähnlich einer Profihotelküche in Edelstahlausführung wählen. Seit Männer das Kochen für sich entdeckt haben, haben Küchenwerkzeuge aus der Profiabteilung Einzug in normale Haushalte gehalten. Der Edelstahlschaumschläger ebenso wie der Austernhandschuh aus Kettengliedern zusammen mit dem Korkenzieher im Preisniveau eines Paars exklusiver Damenpumps.

Je männlicher ein Haushalt, desto mehr Volt und Watt. Die Aufrüstung ist männlich! Technische und elektronische Gerätschaften sind im männlichen Wohnen nicht nur Bestandteil des Raumes, sondern werden oft leider in den Mittelpunkt gestellt. Lebensstiluntersuchungen zeigen, dass vor allem junge Männer gern mit Technik leben und diese ausstellen. So hätten sie am liebsten eine Werkbank in ihrem

Zimmer. Dass das teure Fahrrad im Wohnzimmer oder wenigstens im Flur steht, stört sie nicht. Frauen würden den Fernseher oder HiFi-Geräte am liebsten in einen anderen Raum verbannen oder unsichtbar in einem Schrank verschwinden lassen. Für Männer ist es wichtig, dass diese »Spielzeuge« jederzeit zugänglich und sichtbar sind. Die Markenbeziehung ist hier auch eine stärkere als bei Frauen. Diese Geräte können als »Statusobjekte« auch Aufgaben der Repräsentation erfüllen. Frauen kommt es vor allem auf das Aussehen an, dass die Dinger funktionieren, setzen wir voraus. Während für Männer bei diesen oft »hässlichen« oder wenig ansprechenden Geräten oft nur die inneren Werte zählen. (Schön wäre es, wenn ihnen dies auch auf anderen Gebieten wichtig wäre!)

Männer sitzen anders! Sie ziehen einen Sessel dem Sofa vor. Am besten sollte es einer aus Leder sein. Männer lieben alles aus Leder – wie Lederjacken oder auch Schuhe. Sie bevorzugen es in der Einrichtung oder als Lederausstattung im Auto. Erinnert sie Leder an die erlegte Beute ihrer Vorfahren? Fühlt es sich animalisch an oder wie selbst geschossen? Wenn es denn ein Sofa sein muss, dann sollte dieses auch am liebsten aus Leder sein – möglichst in Schwarz. Aber die wenigsten Männer, die sich selbst ihre erste Wohnung einrichten, kaufen sich als Erstes ein Sofa. Übrigens das absolute Lieblingsmöbel einer Frau. Als ich mir mal in einem Möbelgeschäft ein Sofa angesehen habe, schlug mir der Verkäufer allen Ernstes vor, anstelle dessen doch lieber zwei Sessel zu kaufen. Zusätzlich zum Sofa, vielleicht.

Aber anstelle? Ein seltsamer Gedanke! Doch meine Beobachtungen (und auch wissenschaftliche Untersuchungen) zeigen, dass Männer sich am wohlsten in einem Sessel fühlen. Wenn sie von dort aus die Macht über ihre technischen Geräte in Form der Fernbedienung haben, so kommen sie vielleicht zwischendurch gern auf das Sofa und setzen sich neben ihre Frau. Wenn sie Pech hat, hat er das Sofa bereits ganz für sich okkupiert: Der Länge nach liegt er drauf, friedlich schlafend mit der Fernbedienung in der Hand.

Gemeinsam eine Wohnung einzurichten ist nicht nur ein Vergnügen, sondern ein wahrer Härtetest für die Beziehung. Dies ist umso schwieriger, je eigenständiger die Personen sind. Idealerweise hat jeder ein eigenes Zimmer mit gemeinsamem Schlaf- und Wohnzimmer. Dann könnte sich jeder austoben. Zeigt sich schon anfangs, dass er einen vollkommen abweichenden Einrichtungsgeschmack hat, so sollte das als ein »Zeichen« verstanden werden! Vielleicht sollte Frau sich überhaupt überlegen, mit ihm zusammenzuziehen?! Als Designerin mit einem Eiche-Rustikal-Typ unter einem Dach zu wohnen, mag anfangs einen Reiz haben, ist langfristig aber kaum ohne Kettensäge zu ertragen! Nicht dass ich ein oberflächlicher Typ bin, aber ich habe so meine Erfahrungen gesammelt und bestimmte davon kann ich mir in Zukunft ersparen. Also wenn die Frage auftaucht: »Zu dir oder zu mir«, dann ab zu ihm! Lassen Sie sich seine Wohnung nicht entgehen! Diese sagt wahrscheinlich mehr über ihn aus, als Sie im momentanen hormonellen Blindflug in der Lage sind zu erkennen. Also schauen Sie sich im Morgengrauen seine Wohnung an! Sie spiegelt ihn und spricht zu Ihnen! Hören Sie genau hin, was sie sagt! Wohnungen können nicht lügen!

Fragen Sie sich bei jedem Problem, das in Ihrem Leben auftaucht:

- Was ist das Problem? Wie äußert es sich?
- Ist es überhaupt ein Problem (vielleicht ist es schlichtweg eine Tatsache?)?
- Ist es *mein* Problem? (Oder gehört es einem anderen?)
- Lässt es sich lösen?
- Falls ja: wie?
- Welche Lösungen gibt es und welche davon ist die beste?
- Wie sieht der erste Schritt in Richtung Lösung aus?
- Falls nein: Dann kann ich nur meine innere Haltung und meine Einstellung ändern!

Übrigens:

- Probleme kann man nicht loswerden. Man kann sie nur lösen oder loslassen.
- In dem Moment, in dem ich etwas loslasse, erledigt es sich meist von selbst!
- Jeder hat das Recht auf seine eigenen Probleme, also Finger weg von denen anderer Menschen!

- Probleme laufen meist nicht weg! Sie lassen sich also morgen auch noch lösen!
- Ist ein neues Problem in Sicht? Auch bei Problemen gilt: Ein neues kann erst dann auftreten, wenn ein altes geht!

Zusammengefasst:

- Alltägliche Differenzen haben ihre Ursache oft in unrealistischen bis hin zu vollkommen verqueren Vorstellungen und überzogenen Erwartungen.
- Frauen leben und handeln oft problem- und nicht lösungsorientiert.
- Ein Probleme ist oft nur eine Tatsache, an der es nichts zu ändern gibt.
- Oft ist nicht der andere unsere größte Blockade, sondern wir selbst.
- Reden Sie mal miteinander, anstelle Gedanken zu lesen oder wild zu spekulieren!
- Streichen Sie das, was blockiert und nervt, so weit es geht aus Ihrem Leben!
- Delegieren Sie Aufgaben und verteilen Sie sie an alle Familienmitglieder!
- Weg mit dem, was aufhält, Geld kostet und Zeit frisst!
- Schaffen Sie sich täglich Freiräume, ansonsten entstehen Aggressionen oder der Drang zur Flucht!
- Ziehen Sie die Notbremse, wenn Ihnen die Arbeiten für

Ihren Partner zu viel werden! Wer nimmt Ihnen denn Ihre ab?

- Bevor Sie spuren, um anderen bei Kleinigkeiten zu helfen, zählen Sie bis hundert! Vielleicht hat sich das Problem bis dahin von selbst erledigt.
- Sie haben die Wahl: Das, was Sie tun, mit Freude zu tun, zu jammern oder es ganz zu lassen.
- Nehmen Sie Ihren Partner oder Ihre Partnerin so ernst wie einen wichtigen Kunden! Wenn Sie diesen verlieren, haben Sie ein wirkliches Problem!
- Suchen Sie sich Unterstützung und überlegen Sie sich genau, mit wem Sie was bereden können.
- Schaffen Sie sich eine eigene Zukunft, indem Sie mehr handeln und weniger jammern.
- Es ist nicht unbedingt eine Frage der Zeit, sondern auch der Qualität der verbrachten Zeit, die sich auf eine Beziehung auswirkt.
- Beziehen Sie ungerechte Kritik und die schlechte Laune anderer nicht auf sich selbst! Lassen Sie sie einfach an sich abperlen.
- Eine gesund gelebte Streitkultur ist besser als eine unlebendige, langweilige Beziehung.
- Suchen Sie nicht zu jeder Lösung das Problem!
- »Adoptieren« Sie nicht jedes Problem anderer!
- Trauen Sie dem anderen zu, dass er seine Probleme allein bewältigen kann.
- Männer sind anders. Und ob es uns gefällt oder nicht, sie werden genau so bleiben.

4. Weg mit dem Beziehungsballast

Wie sieht Ihr Idealbild einer harmonischen Beziehung aus? Und wie Ihre Realität? Was ist es genau, was Ihre Beziehung blockiert?

Blicken wir uns um, scheinen wir nur von glücklichen Paaren mit lachenden Kindern umgeben zu sein. Alle sitzen in trauter Harmonie um den Frühstückstisch herum. Die Kinder decken den Tisch, sie serviert ihm den Kaffee, der Hund liegt friedlich auf dem Teppich. Trauter Schein vom Glück daheim! Bilder aus der Werbung, die uns suggerieren wollen, dass wir uns zusammen mit dem beworbenen Produkt Glück und Harmonie ins Haus holen. Dass die Realität anders aussieht, hat sich herumgesprochen: Kaum mehr eine Familie nimmt gemeinsam eine Mahlzeit an einem Tisch ein. Und falls doch, wird die Atmosphäre bestimmt von Hektik und Stress. Den Kindern schmeckt nicht, was ihnen vorgesetzt wird, der Hund bettelt, der Vater ist schon lange weg und Mutter trinkt ihren Kaffee im Stehen. So viel zur heilen Welt einer harmonischen Familie. Doch die Macht der Bilder, jedenfalls der inneren Bilder, scheint stärker als die Realität. Obwohl diese jeder kennt, will keiner was davon hören. Der Traum von Harmonie, ob in einer Familie oder einer Partnerschaft, sitzt tief. Je unwahrscheinlicher er, statistisch gesehen, wird, desto mehr scheinen vor allem Frauen daran festzuhalten! In meinen Kursen nennen die meisten Teilnehmerinnen als Ziel in ihrem Leben nicht etwa beruflichen oder finanziellen Erfolg, sondern eine harmonische Beziehung oder intakte Familie. Der Stellenwert ist bei Frauen zumindest unumstritten, erst viel später kommt dann das eigene Glück beziehungsweise wird es mit dem Glück in einer Beziehung und dem des Partners verbunden.

Kein Wunder, dass dann alles in einer Beziehung, das nach Konflikten riecht oder disharmonisch ausschaut, als »abnormal« gilt und sofort verbessert werden soll. Und wenn es nicht gelingt, nur glückliche Gesichter in einer Familie zu haben, interpretiert Frau das als ganz persönliches Versagen! Nicht nur gesellschaftlich wird sie als »Gestalterin« der Beziehung angesehen. Geht es ihm nicht gut, macht sie etwas falsch, geht er fremd, dann ist sie irgendwie auch dran schuld! Lässt er sich scheiden, hat sie es nicht geschafft, ihn zu halten. Diese »Denke« hat Frau selbst auch vollkommen verinnerlicht, dem Ziel »Harmonie« müssen also Opfer gebracht werden. Und so werden im Namen dieses Ziels Kriege geführt. Selbst die größten Streitereien haben ja ein achtenswertes Ziel: das »harmonische« Miteinander. »Frieden schaffen ohne Waffen« mag zwar auf ihrem T-Shirt stehen, aber für ihren Beziehungsfrieden ist Frau bereit, zu kämpfen! Ein Kampf, um es vorwegzunehmen, der niemals gewonnen werden kann. Zurück lässt er mindestens zwei Verlierer und jede Menge Verletzte.

Hinzu kommt, dass Harmonie ein vollkommen diffuser Begriff ist. Wenn sie ihm mitteilt: »Aber ich will doch nur, dass wir beide in Harmonie (oder glücklich) miteinander leben«, sagt das noch gar nichts darüber aus, wie das konkret aussehen soll. Auch er ist dafür, zweifellos! Denn er versteht darunter vielleicht, dass er endlich seine Ruhe hat, nicht mehr diskutieren muss und Herr der Fernbedienung ist. Sie hingegen sieht sich und ihn abends Händchen haltend beim Italiener vor einem Glas Rotwein sitzen. Bevor man sich jetzt in den Begriff »Harmonie« vertieft, der in den meisten Beziehungen sowieso illusionär ist, sollte man sich zunächst mal davon verabschieden, ihn einfach loslassen! Er taugt nicht dazu, irgendetwas zu verbessern! Er baut nur Druck auf. Tatsache ist, dass es in den meisten Beziehungen alles andere als harmonisch zugeht! Das Bild von Friede, Freude, Eierkuchen gefällt mir in diesem Zusammenhang, da es drei Optionen offen lässt. Falls kein Friede herrscht, macht es vielleicht noch Freude, zusammen zu leben. Und falls diese auch fehlt, backt man sich abends mal zusammen Eierkuchen und Friede und Freude werden sich vielleicht als Gäste unverhofft dazugesellen. Nicht zu vergessen, dass ständige Harmonie fürchterlich öde sein und sogar destruktiv wirken kann! Denn ohne jede Spannung, ohne Diskussionen, ohne eine Meinungsverschiedenheit schläft jede Beziehung langsam, aber sicher ein!

Die Liebe ordnen

Alte Vorstellungen und Verhaltensmuster sind langlebig und kleben an einem wie Kleister. Kennen Sie das Gefühl, im Wald plötzlich durch Spinnweben zu laufen? Man versucht, sie noch mit den Händen abzuwehren, aber zu spät! Die Fäden haften an einem, man wedelt hilflos mit den Armen, versucht sie von sich abzuzupfen, aber sie sind so dünn, dass man sie nicht mal sehen kann! Unsere Muster und Verhaltensweisen sind oft seit frühester Kindheit eingeimpft und Teil unserer Persönlichkeit geworden. Wir übernehmen die Muster unserer Eltern à la »Eigenlob stinkt«, ohne uns darüber Gedanken zu machen, ob diese auch für uns funktionieren. Die Beziehung der Eltern prägt in großem Stil die eigenen späteren Partnerschaften. Medien und Bücher tun ihr Übriges dazu, und wer kann denn heute noch unterscheiden, ob das spezielle Verhalten, die eigenen Gedanken wirklich etwas Eigenes oder etwas »Fremdgesteuertes« sind?

Die Liebe entlasten heißt zunächst einmal, sich von seinen blockierenden Mustern und Gedanken frei zu machen. Ein inneres Space-Clearing ist angesagt! Und das kann, wie beim Entrümpeln zu Hause, jeder nur für sich, denn jeder muss hier seinen eigenen Ballast loswerden. »Wenn er endlich mal mit seinem ständigen Nörgeln aufhören würde ...« wäre zweifellos schön, aber man sollte vor allem hoffen, dass durch das »Entrümpeln« des eigenen Innenlebens ein positiver Impuls für die Beziehung folgt. Den ersten Schritt haben Sie bereits hinter sich: sich dessen bewusst zu werden und ja dazu zu sagen. »Ja, so ist es. Das ist mein innerer Müll. Diese Deponie gefällt mir nicht, ich möchte Schritt für Schritt mein Leben von diesem Mist befreien und mich für Neues, Positives öffnen.« Das Chaos in einer Beziehung spiegelt das eigene, innere Chaos. Denken Sie nicht auch ab und zu: »Eigentlich könnte unsere Beziehung so einfach sein?« Ja eigentlich, wenn nicht diese Störprogramme wären, wenn der andere sich anders verhalten würde. Überhaupt, wenn der andere nicht wäre! Ja, dann wäre das Problem wirklich gelöst, aber dann hätten wir es auch nicht mit einer Beziehung, sondern nur noch mit unserem eigenen mentalen Gerümpel zu tun! Aber schauen wir uns doch mal die Fakten an, die eine Beziehung so schwierig machen. Machen wir die Störenfriede doch mal sichtbar! Was nervt, was scheint die Harmonie zu blockieren? Worauf können Sie gut und gern verzichten?

Innere Ordnung in eine Beziehung zu bringen heißt, sich wie im eigenen Haus auch jedes Ding anzusehen und sich zu fragen: »Brauche ich dich wirklich?« Brauche ich meine immer wiederkehrenden Vorwürfe vielleicht? Brauche ich seine Eifersucht? Falls ja, wozu? Bringt sie mir tatsächlich was? Also behalte ich sie und weise ihr ihren richtigen Platz zu. Oder ich entlasse sie aus meinem Leben! Die inneren Muster zu durchschauen setzt eine »Innenschau« jedes Einzelnen voraus. Sich der eigenen mentalen Blockaden zu entledigen setzt zunächst nur voraus, dass man sie anschaut. »Aha, da bist du ja mal wieder« kann man zu diesem immer wiederkehrenden Selbstvorwurf sagen. »Schön, dass du da bist, aber jetzt darfst du auch gleich wieder gehen.« Das zur Kenntnis zu nehmen und aus der Distanz zu betrachten ist der erste Schritt, denn in dem Moment nimmt man sich selbst und seine »Macken« nicht so ernst, sondern betrachtet sie heiter und gelassen. Denn wogegen man verbissen kämpft, was man unbedingt loswerden will, klebt hartnäckig wie Teer an einem!

Also ab in die drei bunten Kisten!

Die inneren Räume auszumisten ist gar nicht so einfach, denn alte Vorstellungen, bequeme Gewohnheiten und überholte Konzepte müssen erst einmal als »Gerümpel« erkannt werden. »Mein Partner muss immer für mich da sein« kann beispielsweise ein überkommenes und blockierendes Denkmuster sein. Vielleicht verhält sich dieser Gedanke zunächst völlig ruhig, aber sobald der Partner aufgrund seiner beruflichen Verpflichtungen weniger Zeit für uns hat, kann aus diesem Muster ein ausgewachsenes Problem werden. Ohne dieses Muster könnte man seine Zeit selbst sinnvoll gestalten. Aber mit diesem Muster empfindet man nur noch Defizite und ist verärgert. Aber legen wir mal los! Packen wir unsere drei Kisten mit unserem mentalen Gerümpel und bringen wir Ordnung in unser Beziehungschaos! Sie brauchen nur einen Stift und jede Menge Schreibpapier oder Karteikarten sowie drei Schuhkartons oder andere Schachteln. Um das Ganze etwas wirkungsvoller zu gestalten, setzen wir Farben ein. Also besorgen Sie sich zum Einpacken der Kartons noch Geschenkpapier jeweils in den Farben Rot, Blau und Gelb oder drei Tuben Farbe und streichen Sie die Kartons jeweils damit an. Ein Karton in der Farbe Blau (wie blauer Müllsack), ein gelber (wie der Gelbe Sack des dualen Systems) und ein roter (wie ein Herz). Stöbern Sie mal alle Bereiche Ihres Lebens und Ihrer Beziehung durch! Fragen Sie sich: Was steht meinem Glück im Wege? Mit welchen Befürchtungen und Gedanken vergeude ich meine Zeit? Welche Probleme belasten mich? Wofür verschwende ich nutzlose Energie?

Blaue Kiste: Das kann wirklich weg!

Wenn Sie Ihr Haus entrümpeln, packen Sie in die Kiste Nr. 1 alles, was angeschlagen ist, die Tasse ohne Henkel oder das Altpapier und anderes kaputtes Zeug. Jetzt entrümpeln Sie »mental«: Nehmen Sie sich die größte Schachtel und markieren Sie sie außen mit einer »1«. Machen Sie sich zunächst mal eine »Einkaufsliste verkehrt herum«, eine Liste derjenigen Verhaltensweisen, Gedanken, Problem und so weiter, die Sie gern loswerden wollen! Ihnen fällt nichts ein? Dann fragen Sie mal Ihren Partner, was er gern an Ihrem Verhalten ändern würde. Das kann zum Beispiel Ihre Tendenz sein, alles zu dramatisieren. Aus kleinen Mücken-Problemen riesige Elefanten zu machen. Was nervt Sie an sich selbst? Welches Gefühl mögen Sie gar nicht? Schlechtes Gewissen, Opferrolle, Nörgelei? Schreiben Sie auf Ihren Zettel:

- Dieser Gedanke …
- dieses Verhalten …
- diese Einschätzung …
- dieses Vorurteil …

  blockiert mich und soll mein Leben nicht länger bestimmen!

Jede Blockade wie beispielsweise »Eifersucht« erhält einen Extrazettel. Wenn Sie diesen Zettel in den Karton packen, sprechen Sie laut: »Ich entscheide mich heute, dieses loszulassen.« Vergessen Sie auch nicht, den Müll, der Ihnen gar nicht gehört, in die Kiste Nr. 1 zu packen! Was würden Sie tun, wenn ständig irgendwer seinen Abfall über den Zaun in Ihren Vorgarten wirft? Sie können sich das nicht vorstellen? Aber in Ihrem inneren »Vorgarten« findet sich jede Menge Gerümpel, das andere dort bei Ihnen abladen, um sich selbst zu erleichtern! Probleme, die nicht die Ihren sind, mit denen Sie sich aber belasten. Aufgaben, die nicht zu den Ihrigen gehören, die Sie sich aber aufladen lassen. Kommt Ihnen das bekannt vor? Durchstöbern Sie Ihr Inneres nach diesen Dingen, die Ihnen gar nicht gehören, schreiben Sie jedes Einzelne auf einen Zettel und ab in die Kiste Nr. 1! Fragen Sie sich bei jedem Gedanken: Soll er mein weiteres Leben bestimmen? Falls nicht, dann fliegt auch er in diese Kiste!

Gelbe Kiste: Das behalte ich noch

Beim Entrümpeln ist dies die Flohmarktkiste. Die Dinge in ihr sollen aus Ihrem Haus, aber ein anderer kann sie vielleicht noch gebrauchen. Im mentalen Entrümpeln steht diese Kiste für diejenigen Muster, die ich zwar gern los wäre, von denen ich mich aber aus welchem Grund auch immer noch nicht trennen kann. Haben Sie vielleicht auch ein paar überflüssige Pfunde am Körper? Die können Sie nicht von heute auf morgen verlieren, die kommen in die Kiste Nr. 2. »Noch behalte ich euch, aber irgendwann brauche ich euch nicht mehr und ihr könnt gehen.« »Ich habe es schon öfter versucht, aber irgendwie kommt dieses Muster immer wieder zu mir zurück. Also brauche ich es wohl noch eine Weile. Irgendwann lasse ich es ziehen; bis dahin akzeptiere ich es, denn ich weiß, es dauert nicht mehr lange!« Was man mit Gewalt loswerden will, haftet oft ganz besonders fest an einem. Das Geheimnis dieser Kiste ist, dass die Dinge einen richtigen Platz bekommen. Man nimmt sie zur Kenntnis, behält sie noch eine Weile und sie dürfen von allein gehen. Versuchen Sie mal, Ihre Pfunde zu »bekämpfen«! Das funktioniert nicht! Sie nehmen höchstens noch an Gewicht zu.

Rote Kiste: Das sind die wertvollen Schätze

Diese Haltungen und Werte sind meine Schätze! Ich werde sie hüten wie meinen Augapfel! Sie stärken und unterstützen mich, daher gebe ich ihnen entsprechenden Raum in meinem Leben. Wertvolle Dinge und Menschen verdienen unsere Wertschätzung. Dass der Expartner oft noch wie ein

Gespenst in der neuen Beziehung »herumgeistert«, hängt oft damit zusammen, dass man ihn noch nicht wirklich losgelassen hat. Eine Trennung allein reicht dazu nicht, man muss die Zeit verabschieden, sich bei ihm im Stillen bedanken und ihn wertschätzen. Immerhin war man mal mit ihm zusammen und ob man will oder nicht, er wird immer Teil des eigenen Lebens bleiben! Menschen, die wir liebten, sind tief in uns verankert Der Spuk wird dann weniger, wenn wir ihnen eine echte Wertschätzung entgegenbringen. Sie gehören in die Schatztruhe!

Das, was wertvoll ist, bedarf der Pflege. Das können andere Menschen genauso sein wie die eigene Person. Sich selbst pflegen heißt, nett zu sich sein und sich nicht ständig mit harten Maßstäben messen. Eine Pflege der Beziehungen, die mir wichtig sind, ob zu Familienangehörigen oder Freunden, bedeutet, dass wir uns aktiv darum kümmern! Vielleicht schätzen wir aneinander ähnliche Einstellungen und Werte? Und dazu gehört auch Verlässlichkeit, auch wenn man sich nur einmal jährlich sieht! Hüten Sie das, was Ihnen wertvoll ist! Geben Sie Ihren Freunden, die Sie stärken und unterstützen, einen entsprechenden Raum in Ihrem Leben.

Jeder entrümpelt seinen Kram selbst

In Ihrem Haus sollten Sie nur diejenigen Dinge in den Sperrmüll tun, die Ihnen gehören, nur Ihre eigenen alten Klamotten in den Kleidersack stecken. Sich an den alten Schuhen des Ehemanns zu »vergreifen« scheint bei Frauen völlig normal, sie tun es einfach. Obwohl das ein Übergriff aufs Leben des anderen ist, der meines Erachtens keinem zusteht. Es würde Ihnen ja auch nicht gefallen, wenn Ihr Partner ungefragt einfach Ihren Schreibtisch ausmistet! Das Schöne am mentalen Entrümpeln ist, dass man wirklich nur seinen eigenen Kram entsorgen kann. Das, was mich am anderen stört (Siehe blaue Kiste Nr. 1), seine Kritik, sein Geiz, kann nur er selbst »transformieren«. Seine Eigenschaften können zwar Ihr Leben blockieren und beeinflussen, aber Sie können nichts daran ändern! Das Einzige, das Sie ändern können, ist Ihre eigene Haltung seinen »Macken« gegenüber. Falls Sie diese unerträglich finden und auch Ihre Haltung dazu nicht verändern können, gibt es nur die eine radikale Lösung – sich von ihm zu trennen! Ist die Macke nun doch nicht so schlimm? Also dann sehen Sie doch darüber hinweg, ignorieren Sie sie und wenden Sie sich den Blockaden zu, die Sie entrümpeln können!

Die alltäglichen Differenzen

Oft scheint es, als nähmen die Differenzen im Laufe einer Beziehung an Aktualität und Brisanz zu. Viele Paare lernen sich zu einer Zeit kennen, in der sie in einer ähnlichen Lebensphase und Umgebung sind: Sie gehen gemeinsam zur Schule, besuchen die Universität, sind Kollegen. Man verbindet das Private oft mit dem Beruf, lernt gemeinsam oder geht zusammen mit Freunden aus. Die Standpunkte, von denen aus man gemeinsam auf das Leben schaut, sind sehr ähnlich, was uns verbindet. Diese Basis gerät oft jäh ins Wanken, wenn nach dem Studium jeder seinen eigenen Job hat, oder sich die Wege, trotz gemeinsamer Beziehung, teilen. An diesen Weggabelungen wird es kritisch: Wenn sie zu Hause bleibt und er Karriere macht, betrachtet jeder sein Leben von seinem eigenen Standpunkt aus. Gemeinsame Projekte, die verbinden sollen, können aufgrund unterschiedlicher Blickwinkel zum Konfliktstoff werden. Kinder beispielsweise verbinden ein Paar, aber sie trennen es auch. Sie erwartet von ihm mehr Präsenz und Hilfe bei der Erziehung, zeitlich fällt das bei ihm aber direkt in sein Karrierehoch, und das kann für ihn 14 Stunden Arbeit am Tag bedeuten.

Unterschiedliche berufliche Standpunkt können ebenso zu unterschiedlichen Sichtweisen führen. Wenn sie selbstständig ist und zu Hause arbeitet, er aber einen geregelten Job mit geregelten Arbeitszeiten hat, führt das zu Differenzen. Er kommt abends nach Hause und will seine Ruhe, sie will nun endlich mal unter Leute, da sie den ganzen Tag zu Hause nichts anderes als ihren Schreibtisch gesehen hat. Diese Interessenkonflikte können sich erst im Laufe einer Beziehung durch unterschiedliche Persönlichkeitsentwicklungen ergeben. Was sich aber schon zu Beginn einer Partnerschaft erkennen lässt, ist möglicher späterer Beziehungs-»Sprengstoff« wie beispielsweise unterschiedliche politische Standpunkte (Zugehörigkeit zu Parteien), ein anderes Wertesystem (Anhänger der freien Liebe und offenen Beziehungen), andere Religionszugehörigkeit, auseinanderstrebende Zielvorstellungen, Einstellung zu Familie und Kindern (sie sollte wissen, dass er sterilisiert ist!).

Ein ähnlicher Lebensstil, vergleichbare soziale Herkunft und wenig Unterschiede in der Ausbildung, ähnliche Vorlieben für Musik und Kultur, Übereinstimmung in den grundlegenden Vorstellungen vom gemeinsamen Leben, schließen zwar spätere Konflikte nicht völlig aus, können jedoch den Stress im Alltag etwas reduzieren. »Mein Freund hatte jahrelang daran zu knabbern, dass ich Abitur hatte und er nur eine Lehre. Mir war das völlig egal, aber er fühlte sich mir gegenüber ständig minderwertig.« Was soll sie denn dagegen tun? Es auf alle Fälle nicht zu ihrem Problem machen! Langfristig jedoch kann man davon ausgehen, dass diese Differenzen in der Summe mit anderen Konflikten sich nicht gerade vorteilhaft auf die Beziehung auswirken. Ein »Bildungsgefälle« in die männliche Richtung ist meist problematisch. Nur Männer mit einem tief verankerten Selbstwertgefühl fühlen sich von Frauen mit höherer Formalqualifikation nicht bedroht. Für manch einen ist es anfangs reizvoll, eine Frau Doktor zu erobern, langfristig kann ihm dieses Ungleichgewicht jedoch Probleme machen. Wohlgemerkt ihm, nicht ihr!

Stattdessen: Unterschiede kultivieren

Unterschiede, die man nicht egalisieren kann, sollte man entweder zur Kenntnis nehmen, akzeptieren oder aber kultivieren. Die Entscheidung liegt bei jedem selbst. Es gibt durchaus auch glückliche Ehen, in denen beide Partner ein unterschiedliches Parteibuch besitzen. Sie machen ihre unterschiedlichen politischen Standpunkte nicht zum Problem, sondern betrachten die anregenden Diskussionen als Salz in der Suppe ihrer Beziehung. Wir gehen oft fälschlicherweise davon aus, dass nur die Gleichheit zum Glück führt, aber ist nicht gerade das Anderssein reizvoll und faszinierend? Gerade weil das andere Geschlecht geheimnisvoll und unverständlich ist, versuchen wir ein Leben lang, ihm auf die Schliche zu kommen. Wenn wir uns äußerlich aneinander angleichen, werden wir uns auf der Verständnisebene dadurch nicht näherkommen. Und selbst wenn – der Zauber wäre dann vorbei. Gerade weil wir einander so fremd sind, ziehen wir uns doch gegenseitig an.

Männern geht es ebenso. Sie beschweren sich zwar über die unberechenbare »weibliche Logik«, schätzen aber auf der anderen Seite das geheimnisvolle Wesen der Frau, ihre Tiefe, Wärme und Nähe. Mann und Frau suchen doch immer die Möglichkeit der Verschmelzung, und verschmelzen will man nicht mit dem, was man selbst schon mitbringt. Eigentlich wollen beide genau dasselbe: den anderen in seiner Wildheit und Einzigartigkeit! Es geht nicht darum, geschlechtsspezifische Unterschiede zu verwischen, sondern sie zu erhalten. Erhalten muss sich auch jeder seine eigenen

Freiheiten und ein gewisses Eigenleben. Dann hat er dem anderen etwas zu erzählen, dann können beide voneinander profitieren und ihr Leben gegenseitig bereichern!

Ich seh etwas, was du nicht siehst

Wenn sich zwei Personen zusammen denselben Film anschauen, sehen sie ihre eigene Vorstellung. Wenn mehrere Zeugen einen Unfall beobachten, hat die Polizei so viele unterschiedliche Aussagen zu den Details wie Zeugen. Wir alle sehen die gleiche Welt durch unterschiedliche Brillen, nehmen die Welt auf eigene Art und Weise wahr. Ein jeder verbindet das, was er anscheinend sieht, mit den Bildern in seinem Kopf, die er aufgrund seiner eigenen Erfahrung schon hat. Die objektive Wahrheit gibt es nicht! Jede Wahrnehmung ist individuell. Wir blenden das aus, was wir nicht hören wollen, verstärken das, was uns gerade in den Kram passt und interpretieren somit das Wahrgenommene auf unsere eigene Art!

Wenn man diese Tatsache im Umgang miteinander beachtet, ist die Beziehung schon mal um einen Konfliktpunkt ärmer! Ansonsten denkt jeder, er allein habe mit seiner Wahrnehmung Recht. »Hast du das nicht auch gesehen?« Vielleicht schon, aber anders interpretiert! So wie Sie die Welt sehen, so ist sie in Ihrem Kopf! So wie ein anderer die Welt sieht, existiert sie in dessen Kopf! Es ist also keine Frage von Recht oder Unrecht, eine objektive Wahrnehmung gibt es nämlich nicht! Hinzu kommt, das der eine eher ein visueller Typ ist, ein Augenmensch, der auf Details wie beispielsweise die Kleidung des Gegenübers besonders achtet. Der andere wiederum kann die Stimme und Stimmlagen unterscheiden, und hat es nicht so mit den Bildern. Es kann durchaus sein, dass Männer sich zwar die Telefonnummer ihres Gegenübers, aber nicht sein Gesicht merken können. Das liegt an ihrer eher einseitigen Nutzung der linken Gehirnhälfte. Frauen arbeiten eher mit der rechten, denken in Bildern und reagieren gefühlsmäßig, bevor sie rational abwägen.

Das eine ist weder besser noch schlechter als das andere, man muss nur wissen, dass die anderen nicht unbedingt so wahrnehmen wie wir selbst. Das, was man sieht, unterliegt gleich danach der Interpretation. Für den einen ist das Glas halb leer, für den anderen halb voll, und beide haben Recht! Nur dass der eine von Natur aus zu einer positiven Sichtweise tendiert und der andere eher zu einer defizitären. Ändern kann man das nicht, aber dieses Verständnis erleichtert den Umgang mit dem anderen. Obwohl man sich selbst vielleicht sogar zu den Optimisten zählt, denkt oder fühlt man sehr oft defizitär, aus einem Gefühl des Mangels. Kennen Sie Menschen, die immer das Gefühl haben, zu kurz zu kommen? Die niemals satt zu werden scheinen? Denen passiert es dann tatsächlich, dass sie von der Torte nichts mehr abbekommen. Diese Spezies versucht sich im Alltag dadurch zu schützen, dass sie sich Vorräte anlegt. Für den Fall aller Fälle horten sie selbst Dinge, die es jederzeit zu kaufen gibt. Verstärkend kommt hinzu, dass sie sich nur schwer von Altem trennen können. Sie haben tief in sich ein Gefühl des Mangels, ein emotionales Defizit, das sie aber nur selbst ausgleichen können. Ersatzbefriedigungen wie Essen, Rauchen, Trinken oder andere Süchte »stopfen« dieses innere Loch nur vorübergehend! Auch ein Partner ist hier überfordert, denn dieser wird dazu gebraucht, die eigene innere Leere durch seine Anwesenheit zu füllen. Hat er wenig Zeit, ist er selten da, ruft er mal nicht an, so entsteht schnell das Gefühl, einsam zu sein und alleingelassen zu werden! Keiner von uns kommt daran vorbei, sein eigenes Leben mit einem Sinn zu füllen und nicht den Partner dahingehend zu überfordern, diesen zu ersetzen. Ohne Beziehung sind diese »Abhängigen« oft hilflos, und bei einer Trennung fallen sie schnell in ein tiefes schwarzes Loch!

Schluss mit der Fehleinschätzung

Je nachdem, in welcher Umgebung sich ein Mensch bewegt, ob in der Familie oder im Geschäftsbereich, ist es möglich, dass sich der Mensch vollkommen anders verhält. Kennt man ihn beispielsweise als Arbeitskollegen, ist man beeindruckt von seiner einfühlsamen Art, mit Kollegen umzugehen, von seiner Entscheidungskraft und Zuverlässigkeit. Doch zwischen der beruflichen Sach- und der privaten Beziehungsebene können Abgründe klaffen! Im Privatleben kann sich statt Einfühlsamkeit Gleichgültigkeit zeigen. Im wahren Leben sind clevere Manager mit Überblick oft nicht in der Lage, im Schrank ihre eigenen Socken zu finden, und im Restaurant wissen sie nicht ohne die Hilfe ihrer Frau, was ihnen eigentlich schmeckt! Im Beruf stets zuverlässig, nerven sie ihre Familie mit ihrer Unpünktlichkeit. Von der Kleidung gar nicht erst zu reden! Auf Konferenzen sind sie der Inbegriff von Geschmack und Stil, während sie zu Hause zu Jogginghosen- und Schlappenträgern mutieren.

Also schließen Sie nie vom Geschäftlichen aufs Private! Urlaubsbekanntschaften sind auch für Überraschungen gut. Unter dem Einfluss der südlichen Sonne und feurigen Speisen entwickeln selbst kühle Bürohengste feuriges Temperament, das sie auf ihren heimischen Weiden sofort wieder verlieren. Also betrachten Sie Ihr Gegenüber unter normalen, alltäglichen Bedingungen und möglichst mit ethnologischer Distanz. Stellen Sie sich vor, Sie arbeiteten als Forscherin unter Primaten oder würden die Sitten und Gebräuche eines fremden, lange unentdeckten Stammes beobachten. Indem Sie von Ihrer Person einen Schritt zur Seite treten und den anderen aus der Distanz betrachten, können Sie bereits anfangs Eigentümlichkeiten bemerken, die eventuell weitere Investitionen zeitlicher und energetischer Art hinfällig machen!

Von wegen: Er ist ganz anders

Zwei kleine Mäusedamen treffen sich an der Bar. Sagt die eine zur anderen: »Du, ich habe einen neuen Freund!« Fragt die andere: »Toll! Hast du ein Foto von ihm?« Die verliebte Maus zeigt es ihr. »Das ist aber doch eine Fledermaus!« Enttäuscht antwortet sie: »Und zu mir hat er gesagt, er sei Pilot.« Liebe macht bekanntlich blind und manchmal auch blöd. Betriebsblind vor Liebe und voller Hoffnung, dass es diesmal der Richtige ist, täuscht Frau sich immer wieder selbst! Lügt sich selbst in die Tasche, geht der eigenen verzerrten Wahrnehmung auf den Leim und hält das noch für ihre Intuition. »Ich habe eben mal ein ganz besonderes Exemplar erwischt! Der ist ganz anders als alle anderen!« Wenn Frau das Glück hat, gute Freundinnen zu kennen, die wirklich noch den Überblick behalten, sollte man deren Urteilskraft ab und zu bemühen. »Er ist ganz anders, als er sich den Anschein gibt« ist ein oft ins Spiel gebrachtes Argument, wenn Außenstehenden irgendetwas faul vorkommt, wenn sein Verhalten in der Öffentlichkeit zu wünschen übrig lässt, wenn er schlecht mit Messer und Gabel klarkommt. Frisch verliebt und nicht ganz zurechnungsfähig, entschuldigt sie vor sich selbst und anderen sein Fehlverhalten, das sich natürlich durch seine anderen Qualitäten kompensieren lässt. »Wenn wir allein sind, ist er ganz anders.« Na ja, das mag in den ersten Monaten noch funktionieren, aber sucht man einen Menschen, mit dem man sich auch außerhalb der eigenen vier Wände zeigen möchte.

sollte das Außen mit dem Innen übereinstimmen. Es kommt ziemlich häufig vor, dass Männer in trauter Zweisamkeit supersensible, kuschelige Kerle sind, vor der Tür zu kaltschnäuzigen, coolen Typen mutieren, denen schon Händchenhalten zu viel ist. »Das ist ihm peinlich« ist nur eine billige Umschreibung dafür, dass er nicht zu einem steht. Und wenn das schon anfangs der Fall ist, dann ist es ihm nach Jahren immer noch am liebsten, dass Frau zwei Schritte hinter ihm geht oder sich nur auf sehr privater Ebene mit ihm trifft. »Er ist wirklich ganz anders« ist Sand, den sich Frauen selbst in die Augen streuen. Sein gespaltenes Verhalten in eine öffentliche und eine intime Persönlichkeit grenzt an Schizophrenie! Falls man mit einem solchen Menschen die Zukunft plant, der vor anderen, vor seinen Freunden, vor seiner Familie, nicht zu einem steht, sollte Frau sich das gut überlegen. Ich rate nur: Finger weg von dieser Fehlinvestition!

Von wegen: Meine Liebe wird ihn verändern

Manche Frauen sollten sich lieber einen Hund aus dem Tierheim holen, anstatt sich streunenden Männern zuzuwenden. Die Vorstellung, »Wenn man sich erst mal richtig um sie kümmert, sie füttert und pflegt, bekommen sie nicht nur ein seidig glänzendes Fell, sondern liegen einem vor Dankbarkeit ein Leben lang zu Füßen«, entstammt einer kitschigen Liebesschnulze. Aus derartigen »Rettungsfanta-

AOK	LKK	BKK	IKK	VdAK	AEV	Knappschaft

AOK Baden-Württemberg 61125

Name, Vorname des Versicherten

Scholze
Eileen
Eisenschmiede 1
73432 Aalen

geb. am 05.03.79

Kassen-Nr.	Versicherten-Nr.	Status
8018519	561296299	1000 1

Vertragsarzt-Nr.	VK gültig bis	Datum
618535912	09/09	03.03.08

Arbeitsunfähigkeits-bescheinigung

zur Vorlage beim Arbeitgeber

Der angegebenen Krankenkasse wird unverzüglich eine Bescheinigung über die Arbeitsunfähigkeit mit Angaben über die Diagnose sowie die voraussichtliche Dauer der Arbeitsunfähigkeit übersandt.

Bitte sofort dem Arbeitgeber vorlegen !

- [X] Erstbescheinigung
- [ ] Folgebescheinigung
- [ ] Arbeitsunfall, Arbeitsunfallfolgen, Berufskrankheit
- [ ] Dem Durchgangsarzt zugewiesen

Arbeitsunfähig seit: 03.03.08

Voraussichtlich arbeitsunfähig bis einschließlich: 07.03.08

Festgestellt am: 03.03.08

61 85359-12
Johannes Gantner
Facharzt für Allgemeinmedizin
Paradiesstr. 25
73525 Schwäbisch Gmünd

Tel. 07171/30048
FAX: 07171/30241

Vertragsarztstempel / Unterschrift des Arztes

Muster 1b (1. 1996)

sien« heraus entstehen tatsächlich Beziehungen zu Alkoholikern, gescheiterten Existenzen, chronischen Fremdgehern. Widrige Umstände, eine egoistische Ehefrau, eine schlimme Kindheit oder die ungerechte Gesellschaft haben diesen Menschen in einen Abgrund gestürzt, aus dem ihn allein ihre Liebe retten kann! Vielleicht träumt der Frauentyp, der sich von dieser Sorte Mann angezogen fühlt, davon, etwas Großes zu leisten. Warum nicht die Eigernordwand bezwingen oder über den Nordatlantik mit dem Paddelboot? Ein Kinderspiel im Vergleich zum vorgenommenen »Rettet die Männer«-Projekt.

Männliche Gebrechen betrachten Frauen als Herausforderung, die ihr Interesse anstachelt. Erwachsene und psychologisch ausgebildete Frauen nehmen die Arbeit auf sich, einen Alkoholiker trockenzulegen, der sie spätestens dann verlässt, wenn er wieder bei klarem Verstand ist. Wie kann man es sich erklären, dass Frauen sich mit Massenmördern im Gefängnis trauen lassen? Dies ist Dämlichkeit gepaart mit totaler Selbstüberschätzung! Sie entschuldigen sie, betrachten sie durch ihre tränengetrübten Augen und das lässt sie weich gezeichnet erscheinen. Die Liebe ist zweifellos eine große Macht, aber sie ist nicht das Mittel zum Zweck. »Mir zuliebe wird er mit dem Rauchen aufhören ..., weniger trinken, vorsichtiger fahren ... weniger klauen« – dies ist alles Illusion. Sie können Ihre Katze noch so sehr lieben, Ihnen zuliebe wird sie auch nicht das Fliegen lernen!

Würden Frauen diese Energie, die sie an ertrinkende oder sich selbst ertränkende Männer vergeuden, sinnvoll auf anderen Gebieten der Forschung einsetzen, gäbe es längst Wohnungen, die sich selbst reinigen würden und Impfstoffe gegen alle Krankheiten dieser Welt. Mit unendlicher Hingabe, bis an den Rand der eigenen Fähigkeiten werden chronische Lügner therapiert und Hypochonder aufopferungsvoll gepflegt. Keine Frage, dass man seinen Partner nicht in dem Moment verlässt, in dem er in persönliche oder gesundheitliche Probleme gerät. Aber hier geht es um die gezielt auf Behinderungen ausgerichtete Partnerwahl. Anstelle von »Vermögen kein Hindernis« stünde in diesen Partnerschaftsannoncen »Behinderung erwünscht«. Nicht nur traumatisierte Männer suchen bewusst Frauen mit einem Helfersyndrom und werden auch noch fündig! Wie sollte man sich sonst erklären, dass Frauen selbst auf Anzeigen mit Texten wie »Ungepflegt, chaotisch, schlecht aussehender Mann, 48, 163, ohne eigenes Vermögen sucht …« antworten? Hier lauert für manche die wahre Herausforderung. Hier sind sie vorerst stark, solange der andere ein Gebrechen hat, ist Frau in der überlegenen Position. Aber nicht lange! Kaum sind seine Wunden verheilt, ist er aufgepäppelt und gestärkt, geht er wieder seine eigenen Wege.

Von wegen: Er verändert mein Leben

»Ich könnte mir durchaus vorstellen, dass ich in zwei Jahren hier meine Zelte abbreche und nach Finnland ziehe«, eröffnete mir meine frisch verliebte Freundin Sabine. Selbstredend lernt sie schon Finnisch, denn was sie macht, macht sie richtig. Das rot gestrichene Haus am See hat sie schon bildlich vor Augen. Kleine Nebensächlichkeiten wie die noch bestehende Ehe ihres Finnen mit einer kranken Frau wird er bis dahin sicher geregelt haben. Dass sie hier ihre Karriere aufgeben müsste, um dort von null anzufangen, kann sie nicht schrecken. Ganz im Gegenteil, ihr Abenteuergeist wird dadurch noch angestachelt! Diese Verhaltensweisen gleichen eher Selbstmordkommandos als Abenteuerreisen. Denn die Frauen sind bereit, alles, aber auch alles aufs Spiel zu setzen. Dabei fühlen sie sich dann noch besonders mutig, und die Warnungen nahestehender Personen schlagen sie natürlich in den Wind!

Seltsamerweise stehen extreme räumliche Veränderungen im Leben einer Frau immer mit einem Mann in Verbindung. Wir sind verliebt in die Möglichkeiten, die uns ein Mann scheinbar bietet. Frau könnte sich ja auch von sich aus entscheiden, dass sie jetzt ans Kap der Guten Hoffnung zieht, um dort ein Hotel zu eröffnen. Aber das tun die allerwenigsten! Kaum trifft Frau einen Mann, nimmt er ihr die Entscheidung ab, was sie aus ihrem Leben machen kann. Und da es ihr selbst oft an eigenen Visionen oder am eigenen Mut zur Umsetzung fehlt, nimmt sie die Gelegenheit gern an! Dann muss sie sich schon keine Gedanken machen, ob es Afrika oder Helsinki ist! Auf den Pfaden der Liebe folgt Frau ihm überallhin, auch ins allerletzte Kuhdorf! Inzwischen dürfte, nicht zuletzt durch Berichte Betroffener, einer jeden Frau klar sein, was sie riskiert, wenn sie ihr Leben ihm zugunsten aufgibt. An der Information kann es nicht mangeln, es mangelt an Eigeninitiative. Anstatt sich selbst sein Leben so zu gestalten, dass Abenteuer mit inbegriffen sind, vertraut sie sich und ihr Leben einem Reiseleiter an, der sie in die Irre führen kann.

Stattdessen: Jetzt plane ich meine eigene Reise

Stellen Sie sich vor, Sie planen eine Reise. Sie können sich beispielsweise vier Wochen in Skandinavien von Ort zu Ort treiben lassen und jeden Tag aufs Neue entscheiden, was Sie sehen wollen. Am Ende Ihrer Reise dürfen Sie sich allerdings nicht beschweren, dass Sie die schönsten Plätze dieses Landes verpasst haben, weil diese nun mal nicht auf Ihrer Zufallstour lagen. Ähnlich kann die Reise Ihres Lebens aussehen. Vom Zufall getrieben landen Sie wo auch immer.

Es geht aber auch anders: Sie haben Ihr Ziel, finden es auf der Landkarte und beginnen mit der detaillierten Planung. Sie wählen Ihr Verkehrsmittel, beispielsweise ein Fahrrad, sie kaufen sich Kartenmaterial, schauen sich an, von wo aus Sie starten und wo Ihr Ziel liegt. Verschiedene Wege führen dorthin. Welchen werden Sie wählen? Wie ist Ihre Kondition? Fahren Sie allein oder in Begleitung? Behindern diese Menschen Ihre Tour oder bereichern sie Ihre Reise? Wie viel Zeit und Geld stehen Ihnen zur Verfügung? Welche Einschränkungen gibt es? Welche Etappenziele haben Sie? Womit belohnen Sie sich jeden Abend? Mit einem schönen Essen? Eine Übernachtung im Zelt oder im Viersternehotel? Und wie werden Sie sich fühlen, wenn Sie Ihr Ziel erreicht haben? Erschöpft, aber glücklich? Es ist erschreckend, dass die meisten Menschen ihren jährlichen Urlaub weitaus genauer planen als ihr gesamtes Leben! Man informiert sich umfassend über Wege, Reisemöglichkeiten und vor allem auch über das Reiseziel. Kauft sich Reiseführer und arbeitet die Tour aus! Während manche Menschen im Leben alles dem Zufall überlassen und sich dann aber bei der Reiseleitung beschweren, dass sie nicht am Ziel angekommen sind, welches sie nicht mal selbst kennen!

Schluss mit der Überschätzung

Männer besitzen die wunderbare Gabe, das, was sie tun, in ein strahlendes Licht zu tauchen. Fragt man sie beispielsweise, was sie beruflich machen, so erfährt man: »Ich manage den gesamten Salesbereich, koordiniere die Einkäufe und organisiere den Warenvertrieb. Die gesamten Kundenkontakte laufen über mich.« Ein Frau würde diesen Job so beschreiben: »Ich sitze bei Penny an der Kasse.« Männer nehmen sich selbst ungeheuer wichtig und bewerten das eigene Tun entsprechend. Selbst ihre Arbeitslosigkeit können sie anderen noch als Beginn einer Erfolgstournee verkaufen. Wären mehr Männer im Haus und in der Familie tätig, würden sie sich »Familymanager« nennen. Männer haben eine ungeheuer faszinierende Gabe, jede Kleinigkeit derart aufzublasen, dass aus einer Seifenblase ein Heißluftballon wird.

Untersuchungen zeigen, dass bereits in der Grundschule Jungen mehr Aufmerksamkeit seitens der Lehrer bekommen als Mädchen. Gerade wenn sie stören, wird ihnen mehr Zuwendung geschenkt. Falls sie mal etwas gut machen, bekommen sie ein Lob. In der Familie verhält es sich ähnlich. Mädchen müssen funktionieren und das möglichst gut und unauffällig. Jungen fordern mehr Zuwendung und bekommen sie auch. Meine Erfahrung mit männlichen Studenten zeigt, dass deren Aussagen und Präsentationen besser eingeschätzt werden als die ihrer Kommilitoninnen. Diese Fehleinschätzung erfolgt von ihnen selbst genauso wie von männlichen Lehrenden. Ihnen die Augen für den tatsächlichen Leistungsstand zu öffnen, war für mich als Dozentin schwierig. Männliche Studenten sind ziemlich kritikresistent und beharren stur auf ihrem geschönten Selbstbild. Im Berufsleben kann das zu fatalen Folgen führen! Wohingegen Studentinnen konstruktive Kritik eher als Anregung aufnehmen, diese umsetzen und dadurch ihre Leistung steigern können. Männer bleiben oft aufgrund ihrer mangelnden Lernfähigkeit auf einem Level stehen.

Allgemein wird das, was Männer sagen und wie sie es sagen, deutlich wichtiger beurteilt als dieselbe Aussage einer Frau. In Besprechungen passiert es oft, das bestimmte Sätze nicht wahrgenommen werden, wenn eine Frau sie äußert. Werden diese dann von einem Mann wiederholt, werden sie plötzlich wahrgenommen. »Ideenklau« fliegt daher in den seltensten Fällen auf. Der weibliche Einwand: »Das habe ich doch gerade schon geäußert!«, zählt nicht. Also glauben Sie nicht alles, was Männer Ihnen sagen! Weder geschäftlich noch privat! Hören Sie genau zu und haken Sie nach! Denn bei näherem Hinhören besitzt er gar keine Eigentumswohnung, sondern wohnt in der seines Onkels! Diese Tatsache erfuhr Martina, 32, erst nach der Hochzeit. Seine »Lüge« entschuldigte sie dann noch damit, dass sie vielleicht nicht richtig hingehört oder er sich nicht richtig ausgedrückt hätte! Männliche Fähigkeiten und Verdienste generell mit einer Prise Skepsis zu betrachten, kann nicht schaden. Schildert er sein Leben, so erscheint es in einem völlig anderen Licht. Aus seiner höheren Position innerhalb der Firma wird plötzlich ein Arbeiter im Hochregallager! Nichts gegen einen Lagerarbeiter, aber Finger weg von »Gabel-Hochstaplern«!

In dem Film »Thelma und Louise« setzen sich zwei Freundinnen übers Wochenende ab. Beim Packen meint die eine: »Nimm das Angelzeug deines Mannes mit!« Die andere entgegnet: »Aber ich kann doch gar nicht angeln!« »Ich auch nicht, aber wenn es dein Mann kann, kann es nicht so schwer sein!« Das Problem liegt nicht so sehr darin, dass wir Männer überschätzen, als dass wir uns selbst unterschätzen! In dem Moment, in dem jeder weiß, was er kann und was er gut kann und auch dazu steht, verändert sich die eigene Wahrnehmung und man muss nicht ständig nur nach den Leistungen anderer Ausschau halten.

Ich selbst habe mir während des Studiums keine großartigen Leistungen zugetraut. Meinen Studienfreund hingegen habe ich immer als begabten Architekten eingeschätzt.

Ich traf ihn Jahre nach dem Studium wieder und er zeigte mir seine Projekte. Ich war total enttäuscht über die Mittelmäßigkeit seiner Entwürfe! Er hatte aufgrund seiner Theorien und unserer Gespräche während des Studiums einen vollkommen anderen, kompetenten und kreativen Eindruck hinterlassen. Nicht, dass er sich selbst als genialen Architekten verkauft hätte, es war mein eigenes Bild in meinem eigenen Kopf, das ihn dazu machte. Die Überschätzung des anderen findet oft nur in unserem eigenen Inneren statt, also können wir es auch entsprechend verändern!

Stattdessen: Männer sind Luxus

Wenn wir Männer schon überschätzen, dann können wir das noch auf die Spitze treiben. Betrachten wir sie als einen Luxus, den wir uns leisten. Und wie jeder weiß, lieben Frauen Luxus! Gern nehmen wir dabei in Kauf, dass es natürlich etwas teurer als beispielsweise ein Cabrio ist und aufwändiger im Unterhalt. Oder wie ein Paar hochhackiger Sandaletten, die schön aussehen, aber nicht alltagstauglich sind. Zudem wissen wir selbst nicht so genau, was wir eigentlich an ihnen finden. Männer als Luxus zu betrachten, bringt etwas Spielerisches in Beziehungen. Für Luxus opfert Frau gern ihre Zeit, geht zum Friseur und zur Kosmetik. Warum sich nicht mal den Luxus erlauben und ihn zum Essen einladen? Teure Handtaschen werden eingecremt, gepflegt und getätschelt. Wenn Sie Ihren Partner so behandeln würden, hätte er bestimmt nichts dagegen! Nehmen Sie ihn wie einen Pashmina-Schal: kuschelig, teuer, und

Sie brauchen ihn nicht wirklich. Aber wollen Sie auf ihn verzichten?

Schluss mit überzogenen Erwartungen

Für manche Frauen sind Männer die Kirsche auf der Torte ihres Lebens, für andere die gesamte Sahnedekoration und für wieder andere die Torte selbst. Deshalb sind die Erwartungen an sie zwar unterschiedlich, aber dennoch in den meisten Fällen zu hoch! Grob gesagt erwartet eine Frau, dass der Mann ihr die Wünsche von den Augen abliest, die sie selbst nicht kennt! Er soll wissen, womit man ihr eine Freude machen kann. Er soll spüren, was sie gerade braucht. Damit stiehlt sie sich selbst aus der Verantwortung für ihr Leben: Denn Frau weiß oft nicht, was sie eigentlich will. Schokoladeneis oder lieber Erdbeere? Noch konkreter ausgedrückt: Viele Frauen wissen zwar nicht, was sie wollen, sie wissen nur, dass das, was sie von Männern bekommen, nicht das ist, was sie wollen! Demzufolge ist alles, was er tut, von vornherein zum Scheitern verurteilt und Enttäuschungen sind vorprogrammiert! »Ich würde doch aber alles für ihn tun!« Mag ja sein, aber wissen Sie, was er gern hätte? Wenn Sie nicht einmal wissen, ob Sie lieber Bananen oder Ananas wollen?

Den Partner zu überfordern heißt, zu viel von seiner »Intuition« bezüglich der eigenen Person zu erwarten (»Er muss doch wissen, was ich für Lieblingsblumen habe«).

Also sagen Sie ihm, was Sie sich wünschen, was Sie erwarten und fragen Sie ihn das Gleiche! Dann muss er sich nicht für Dinge bedanken, die ihm gar nicht gefallen und auch Sie brauchen sich nicht unnötig den Kopf zu zerbrechen! Und falls er es nicht weiß – dann hat er eben Pech! Sie können sich natürlich die nächsten Jahre damit beschäftigen, sich zu fragen, was der Kerl will und wie er am besten glücklich zu machen ist.

Das größte Missverständnis ist zweifellos, dass wir denken, unser Partner sei dazu da, uns glücklich zu machen. Also beginnen Sie doch mal bei sich selbst! Fragen Sie sich: Was will ich im Leben? Was will ich von Männern? Und machen Sie sich selbst zum Ausgangspunkt Ihrer Überlegungen. Erst wenn Sie wissen, was Sie im Detail vom Leben und von einer Beziehung erwarten, können Sie im zweiten Schritt sehen, ob sie das von einem Mann überhaupt bekommen können. Anerkennung? Fehlanzeige! Suchen Sie sich einen Job, der das bringt! Glück? Viel zu diffus! Werden Sie präziser! Einen Partner für Ihre Freizeit? Da können Sie auch Ihre Freundin nehmen und brauchen keinen Ehemann! Frau kommt an der Frage nicht vorbei: Was will ich eigentlich in meinem Leben? Wie will ich es gestalten? Als Zweites muss Frau sehen, dass der Mann zu diesem Leben passt. Im praktischen Leben gehen wir doch auch gezielt vor und kaufen uns nicht mal nur so zum Spaß eine Spülmaschine, um uns hinterher zu beschweren, dass man mit ihr kein Gemüse raspeln kann!

Stattdessen: In der Realität bleiben!

Männer interessiert dieses »wenn ...« recht wenig. Sie leben eher im Hier und Heute und reagieren auf Situationen und Probleme erst dann, wenn diese ganz nah an sie herangerückt sind. Wenn sie nicht vor der Tür, sondern im Zimmer stehen, dann ist es immer noch Zeit genug, sich damit auseinanderzusetzen! Derartig in der Realität verankert zu sein bedeutet auch, sich vor unnötigen und beunruhigenden Gedankengängen zu schützen. Mütter machen sich Sorgen um das Wohlbefinden ihrer Kinder, falls diese auch nur zehn Minuten zu spät nach Hause kommen. Allein diese zehn Minuten Wartezeit können die Hölle sein. Wenn man allerdings davon ausgeht, dass alles Energie ist und die Realität den Gedanken folgt, dann kann man durch seine angstvollen Gedanken auch schreckliche Ereignisse fördern! Betrachten Sie Ihre unnötigen Sorgen einmal unter diesem Aspekt! »Es ist bestimmt etwas Furchtbares passiert« kann ebendieses »furchtbare« Ereignis anziehen. Fragen Sie sich daher immer, wenn Ihre Fantasie die Realität überholt, »was eigentlich Fakt ist«. Bleiben Sie auf dem Boden der Tatsachen. Es ist noch nichts passiert! Er wurde nicht in einen Unfall verwickelt, sondern er kommt nur zu spät. Nicht mehr und nicht weniger. Also bleiben Sie ruhig, selbst wenn etwas passiert wäre, könnten Sie nichts mehr daran ändern!

Schluss mit der eierlegenden Wollmilchsau

Frauen suchen das Unmögliche. Sie wollen von Männern alles: Er sollte ihr treuer Begleiter, bester Freund, zärtlicher und gleichzeitig leidenschaftlicher Liebhaber sein, dabei praktisch veranlagt und spirituell bereits erleuchtet. Er sollte aussehen wie Keanu Reeves, ohne dabei eitel zu sein. Dabei natürlich intelligent, mindestens so schlau wie Frau selbst, vermögend und häuslich. Seine Hemden sollte er selbst bügeln können, kochen natürlich auch. Sensibel sollte er sie auf Händen tragen, ihr abends den Nacken massieren und ihre Wünsche erraten.

Seien wir doch endlich realistisch: Dieses Modell von Mann ist trotz Gentechnik noch in weiter Ferne. Und bis wir uns wieder selbst in die Tasche lügen, diesmal ein solches Traumexemplar gefunden zu haben, könnten wir arbeitsteilig vorgehen und somit Frust vorbeugen: Suchen wir uns doch einen für den Alltag, als Vater der Kinder mit entsprechendem Erbgut, fürs Vergnügen etwas Jüngeres, denn die Gleichaltrigen sind biologisch immer die älteren und uns körperlich nicht gewachsen, einen fürs Kino, denn der eigene schläft regelmäßig nach der Werbung ein. Der Mann des Lebens soll Retter aus den Not sein. Er soll dem eigenen Leben den Sinn geben, den man selbst nicht herstellen kann. Vom anderen überhaupt etwas zu erwarten beziehungsweise ihn als geliebten Menschen auf ein Podest zu stellen heißt, ihn total zu überfordern. Obwohl im Alltag längst emanzipiert sind wir Frauen immer noch auf ein klassisches Männerbild fixiert und weit entfernt von der Realität einer gleichberechtigten Paarbeziehung: Er sollte zwar überlegen sein, aber so, dass sie es nicht merkt. Oder umgekehrt: Sie sollte seine Probleme lösen, ohne dass sie sich über ihn stellt. Wer auch immer vom anderen erwartet, dass er die Defizite ausbügelt, die man selbst hat, und die eigenen unerledigten Lebensaufgaben übernimmt, der ist nicht reif für eine gleichwertige Partnerschaft.

Die weiblichen Fantasien vom männlichen Allround-Modell haben übrigens auch ein weibliches Pendant: Morgens die liebende Gattin, die ihn weckt und ihm Frühstück macht, die die Kinder zur Schule fährt, danach auf Pumps durchs Büro wackelt und nebenbei Karriere macht, auf dem Weg nach Hause noch schnell einkauft, ein leckeres Menü zaubert, und wenn die Kinder im Bett liegen, sich in die verführerische Geliebte verwandelt.

Stattdessen: Arbeitsteilig vorgehen

Sie fahren am besten, wenn Sie nicht zu viel von den Männern erwarten, dann können die Erwartungen nur übertroffen werden! Falsche Erwartungen führen eh nur zu Frust! Wenn Sie sich Ihr »Modell« genau ansehen würden, sich mit seiner Einzigartigkeit und seinen ganz speziellen Fähigkeiten richtig auseinandersetzen würden, hätten Sie bestimmt jede Menge Spaß mit ihm. Könnte es an Ihrer defizitären Wahrnehmung liegen, dass Ihnen immer nur das ins Auge springt, was nicht geboten wird? Und wer sagt denn, dass ein einziger Mensch alle Bereiche Ihres Lebens abdecken muss? »Wenn ich ein intellektuell hochtrabendes Gespräch führen will, habe ich meine Freundinnen, an meinem Mann schätze ich andere Qualitäten«, bringt es Nicole, 35 Jahre, auf den Punkt. Und schließlich gibt es Schlimmeres, als dass er kein Freund der italienischen Oper ist. Dorthin können Sie vielleicht mit Ihrem Exmann gehen. Für die Lappalien des Lebens wie Wohnung streichen oder Videorekorder programmieren gibt es Hilfsmittel, Werkzeuge oder Servicekräfte. Wozu brauchen Sie Ihren Partner wirklich? Was schätzen Sie an ihm besonders? Lenken Sie doch Ihre Aufmerksamkeit mal bewusst auf die Schätze, die er mitbringt und nicht die Lücken, die er sicherlich auch hat. Übrigens, haben Sie ihm heute schon etwas Nettes gesagt?

Schluss mit den wilden Spekulationen

Frauen sind Gehirnakrobatinnen und ihre Seile bestehen aus Spinnweben. Sie haben die wildesten Fantasien und können oft am Ende die Wirklichkeit nicht mehr von ihren Vorstellungen unterscheiden. Sie interpretieren anderer Menschen Gesten und Aussagen, lesen zwischen den Zeilen und unter den Zeilen und verstehen es vorzüglich, sich auf die Realität ihren eigenen Reim zu machen. Schenkt er ihr gelbe Rosen, dann schaut sie sie so lange an, bis sie vor ihren Augen rot erscheinen. Dabei sind und bleiben es gelbe Rosen, nicht mehr und nicht weniger. Schreibt er ihr eine

Kurzmitteilung, gilt das allein schon als Liebesbeweis. Kommt keine Antwort auf ihre, so sitzt er bestimmt gerade in einem Funkloch. Falls Männer wenig sagen, interpretieren sie deren Schweigen. Wie eine reinweiße Leinwand bietet gerade Stille eine große »Projektionsfläche« für die hirnrissigsten Schlussfolgerungen. »Er ist von seiner Ex so ungeheuer verletzt, damit hat er jetzt noch zu tun.« Schweigende Männer scheinen eine weibliche Sehnsucht nach geheimnisvoller Tiefe zu bedienen, die es zu entdecken gilt. Frau reimt sich dann zusammen, was er gerade denken oder fühlen könnte und hält ihre dadurch gewonnenen Erkenntnisse noch für einen Beweis ihrer Intuition.

Mit dem »Was wäre wenn…«-Konjunktiv können sich Frauen den halben Tag lang beschäftigen. Ganz praktische Überlegungen, wie der Kauf eines Bettes, werden unter spekulativen Gesichtspunkten betrachtet: »Wenn er schon ein Doppelbett hätte, wäre es sinnvoller, sich ein Einzelbett zu kaufen. Das könne man ja dann als Gästebett benutzen«, denkt sich Fanny, 32, noch nicht mal geschieden, aber gerade frisch ausgezogen. Ein neuer Kandidat mit dem eventuellen Doppelbett ist aber noch nicht einmal in Sichtweite. Ausgehend von einem banalen Ereignis, dass die neueste Eroberung beispielsweise nicht zurückruft, treibt ihre Fantasie zu Höchstleistungen an: Zuerst sitzt er sicher in einem wichtigen Meeting. Am nächsten Tag seines Nicht-Anrufs ist er bestimmt verreist und hat ihre Telefonnummer nicht griffbereit. Am dritten Tag liegt er mit zwei gebrochenen Händen im Krankenhaus, weil er von der Leiter gefallen ist und daher jetzt nicht wählen kann. Am vierten Tag seines nicht erfolgten Anrufes fasst sie sich ein Herz und ruft in seiner Firma an. Da weder er noch ein anderer der zwanzig Mitarbeiter ans Telefon geht, schließt sie daraus, dass ihm sicher etwas passiert ist und alle Kollegen gerade auf seiner Beerdigungsfeier sind. Irgendwann glaubt sie es dann tatsächlich, dass er zwei Meter unter der Erde liegt, es geht doch rein logisch betrachtet gar nicht anders! Sonst würde er doch anrufen! Kommt Ihnen das irgendwie bekannt vor? Männer können mit diesen verqueren Gedankengängen gar nichts anfangen, sie vergeuden ihre Zeit und Energie nicht mit Spekulationen. Höchstens an der Börse.

Stattdessen: Loslassen!

Doch kehren wir in die Realität zurück. Eine Tatsache ist entscheidend: Er hat nicht angerufen. Punkt. Und damit wäre der Gedankengang auch schon beendet. Frau fragt sich jetzt aber »warum«. Diese Frage führt, wie wir eben gesehen haben, in die Irre. Eine andere Frage wäre sinnvoller: Kann ich es ändern? Ja, ich könnte ihn anrufen. Wenn ich aber will, dass er anruft, kann ich gar nichts tun, außer die Tatsache zur Kenntnis zu nehmen und zur Tagesordnung überzugehen. Unterbrechen Sie diese blöden Kettenreaktionen, indem Sie sich selbst das »Stopp-Schild« zeigen. »Halt! Stopp! Mach was Sinnvolles! Jetzt im Moment kannst du an der Situation nichts ändern, also lass sie los!« Und wie von Geisterhand ruft er in den nächsten Tagen an! Das, was ich loslasse, kann mir folgen. Aber das, was ich jage, flieht vor mir! Das Loslassen kann eine magische Wirkung entfalten. Und sollte er dann immer noch nicht anrufen, hat er kein Interesse an Ihnen. Und dann hat er Sie sowieso nicht verdient! Glückwunsch, Sie haben noch mal Schwein gehabt!

Hände weg von Großbaustellen

Das Projekt »Mann« ist für die Frau eine tägliche Herausforderung der Optimierung. Aus ihm einen glücklicheren und besseren Menschen zu machen ist für manche Frau eine lebenslange Aufgabe und für manchen Mann ein Schicksal, dem er schlecht entkommt. Selbst im weisen Alter von 75 Jahren schreibt die Ehefrau ihm noch vor, dass er nicht im Wohnzimmer rauchen darf. Am liebsten würde sie ihm das Rauchen immer noch abgewöhnen. Wenn sie das dann geschafft hat, findet sie bestimmt etwas Neues, das ihr an ihm nicht passt. Frauen wie Männer nörgeln aneinander rum, werfen sich gegenseitig ihren Lebensstil vor und träumen von einem Zustand, in dem der andere so ist, wie sie ihn gern hätten. »Wenn er endlich früher nach Hause käme ... sich mehr Zeit für mich nehmen würde ... weniger arbeiten, weniger trinken würde.« Egal, die Gründe sind austauschbar. Der eine schleppt seinen Bierbauch durch die Gegend und treibt zu wenig Sport, der andere rennt dreimal wöchentlich ins Fitnessstudio und treibt zu viel Sport. Was Mann macht, macht er nicht richtig. »Zieh dich doch mal vernünftig an! Geh nicht so gebeugt! Friss nicht wie ein Schwein! Mach doch endlich mal den Mund auf, wenn man dich was fragt!« Oder auch: »Meinst du nicht, du bräuchtest mal wieder eine neue Hose? Meinst du nicht auch, du solltest etwas für deine Haltung tun? Liebling, hast du meine Frage nicht verstanden?« Mann hat das Gefühl, auf einer ständigen Baustelle zu leben!

Was wollen Frauen eigentlich von Männern? So gut wie nichts, außer, dass sie endlich zuhören können und reden lernen und uns verbal und nonverbal genauso verstehen, wie das unsere Freundinnen tun. Dass sie uns anrufen und sich nach unserem Wohlbefinden erkundigen. Dass sie ab und zu, Tag und Nacht, für uns da sind. Und weil sie nicht so funktionieren, wie wir Frauen es gern hätten, reparieren wir so lange an ihnen herum, bis gar nichts mehr so richtig funktioniert. Wir versuchen, ihn mit Druck, Liebe oder Liebesentzug, Schweigen und Reden, Beleidigtsein und Hingabe zu erziehen. Alles für die Katz! Sein Verhalten mag sich kurzfristig verändern, sein wahres Wesen sicher nicht. Also versuchen wir es wieder, diesmal mit anderen Mitteln. Mit einer goldenen Nervensäge bearbeiten wir ihn, und falls er dem nicht widerstehen kann und tatsächlich so wird, wie wir ihn gern hätten, lieben wir ihn nicht mehr, weil er sich ja so verändert hat. Eine paradoxe Situation.

Wie eine Archäologin gräbt Frau in seiner Vergangenheit und schließt daraus auf die Gegenwart. Fast jede Frau glaubt, über ausreichend psychologische Kenntnisse zu verfügen, um seine traumatische Kindheit, die ungelöste Mutterbeziehung, seine fehlende Identifikation mit der Vaterfigur, seine nicht gelebten Aggressionen verstehen und therapieren zu können. Sein Suchtproblem liegt ursächlich am fehlenden Verständnis seiner letzten Partnerin. Und natürlich hat Frau auch ein Mittel an der Hand – ihre Liebe! Sie wird ihn läutern, heilen und ganz machen. Sie löst sein Problem, bevor er überhaupt weiß, dass er eins hat!

Schluss mit den dilettantischen Therapieversuchen! Dafür gibt es schließlich ausgebildete Profis. Anstatt ihn zu nötigen, sich therapieren zu lassen, sollten man ihm zugestehen, dass er seine Probleme allein lösen kann! Er ist ja schließlich erwachsen und kann seinen Kram selbst regeln! Gerade bei Partnern mit gesundheitlichen Problemen, die sich nicht helfen lassen wollen, fällt es schwer, die einzig mögliche Haltung anzunehmen: »Das geht mich nichts an. Es ist sein Leben, auch wenn er es zerstört.« Wenn er sich dafür entscheidet, seine ungesunde Lebensweise nicht aufzugeben, muss Frau diese Entscheidung akzeptieren oder im Zweifelsfall gehen.

Anderer Leute Probleme zu lösen ist ja schließlich eine weibliche Spezialität. Und das am besten ungefragt! Mitgefühl zu zeigen und dem anderen mitzuteilen: »Das kann ich so gut verstehen« ist unter Freundinnen an der Tagesordnung. Männern zu signalisieren, dass man sie versteht, erzielt genau die gegenteilige Wirkung. Sie interpretieren das als Mitleidsgeste, fühlen sich unfähig, ihre Probleme zu lösen und gedemütigt. Noch schlimmer ist ein: »Das kenne ich, so ging es mir auch schon!« Was interessiert es ihn, dass sie auch schon mal einen Schnupfen hatte! Seiner ist damit nicht zu vergleichen, er ist viel schlimmer! Wenn es darum geht, wirklich professionelle Hilfe hinzuzuziehen, dann ist sie natürlich auch auf diesem Gebiet informiert. Sie kennt die Spezialisten und zur Not geht sie auch noch mit, denn eine gemeinsame Paartherapie hat bestimmt verbindenden Charakter. »Ich halte davon nichts, ich gehe nur mit, weil sie das so will und sich sonst von mir trennen würde«, beschreibt Norbert, 35, die wöchentliche Sitzung bei der Therapie. Er nimmt diese Stunden nicht ernst, weil er dazu mehr oder weniger »genötigt« wurde. Dazu ist er noch gekränkt, weil seine Partnerin ihm nicht zutraut, seine Probleme selbst zu lösen!

Stattdessen: Lasst die Männer, wie sie sind!

Männer sind anders. Nicht besser und auch nicht schlechter als Frauen, nur einfach anders. Ob es uns gefällt oder nicht, sie werden genauso bleiben. Männer kann man niemals ändern. Was wir heute noch als ganz witzig empfinden, stört uns morgen und stellt für uns eine totale Belastung dar. Wobei Frau ihm gar nichts vorwerfen kann, denn er hat ihr ja schließlich nichts vorgespielt. »Liebling, du wusstest doch, dass ich rauche, warum stört es dich erst jetzt?« Für viele Frauen ist ein Mann ein Baukasten und ihr Hobby besteht darin, ihn sich zusammenzuschrauben und an ihm herumzuschleifen, anstatt zu kapieren, dass sich dieses Modell nicht verändern lässt. Sie kaufen sich ja auch keinen Kombi, um ihm dann das Dach abzusägen, weil Sie ihn in ein Cabrio verwandeln wollen. Also Finger weg vom Schweißgerät! Sie verbrennen sich nur die Finger! Und dann beschweren Sie sich über Ihre Brandblasen und Narben. Anscheinend falsche Männer erziehen zu wollen, ist ebenso wenig lustvoll! Nimm ihn oder lass ihn, einen anderen Weg gibt es nicht. Frauen könnten sich viel Ärger ersparen, wenn sie die Männer so nehmen würden, wie sie sind, um das Beste aus der Situation zu machen. Also: Nehmen Sie die Männer weniger ernst und kümmern Sie sich lieber um Ihr persönliches Wohlbefinden!

Schluss mit den Enttäuschungen

Im Wort Enttäuschungen steckt das Wort »Täuschung«. Ich bin enttäuscht, weil ich mich in einer Person getäuscht habe. Ich dachte, er sei zuverlässig und treu. Er selbst hat das nie behauptet, aber da ich ihn so eingeschätzt habe und er meiner Einschätzung nicht gerecht wird, habe ich mich in ihm getäuscht und fühle mich enttäuscht. Enttäuschungen sind einfach ein Zeichen dafür, dass die eigene Wahrnehmung und Interpretation nicht der Realität entsprechen. Enttäuschungen gehören zum Leben wie schlechtes Wetter – man kann es nicht einfach abschaffen. »Nach einer großen Enttäuschung suche ich jetzt …«, so liest man oft in Partnerschaftsannoncen. Nicht gerade eine Anzeige, auf die ich antworten würde, da ich sicher bin, dass dieser Mensch auch von mir enttäuscht sein würde. Bestimmte

Menschen brauchen die Täuschung durch andere, um hinter ihre Selbsttäuschung zu kommen. Sicherlich besteht ein enger Zusammenhang, andere zu täuschen und selbst enttäuscht zu werden. Wer sich ständig von anderen enttäuscht fühlt, könnte sich selbst mal die Frage stellen: Was ist nicht echt an mir? Womit täusche ich andere?

»Er hat mich so enttäuscht« ist eine Aussage, die behauptet, dass der andere irgendetwas, vielleicht sogar vorsätzlich, gemacht hat. Dabei ist gerade der andere in dieser Situation vollkommen passiv, er tut etwas nicht, er kommt nicht zum Abendessen, obwohl man verabredet war. Er hat schlicht und einfach keine Zeit oder er ist zu kaputt und müde. Diese Tatsache könnte man einfach so hinnehmen, Schluss und aus! Aber bis zur Enttäuschung ist es noch ein weiterer Schritt. Enttäuscht ist man dann, wenn man sich sehr auf etwas gefreut hat. Wobei hier das Wort »traurig« das Gefühl besser beschreiben würde. In dem Satz »Ich bin traurig, weil du nicht kommst« beschreibt man sich und seine Gefühle. In dem Satz »Ich bin enttäuscht, dass du nicht kommen kannst« schwingt aber ein Vorwurf mit und der andere fühlt sich schuldig. Enttäuschungen lauern auch dann, wenn wir die Augen vor unveränderlichen Tatsachen einfach verschließen, sie nicht zur Kenntnis nehmen, uns selbst vorsätzlich täuschen! »Ich komme ganz gut damit klar, dass er verheiratet ist, damit habe ich kein Problem, dann kann ich mich schon nicht in ihn verlieben!«, glaubte Maria, 32, voller Überzeugung. Zunächst gelingt es vielleicht noch, eine Tatsache zu ignorieren, die man nicht wahrhaben will. Irgendwann glaubt man tatsächlich daran, dass sie nicht existiert. Es ist wie bei kleinen Kindern, die ihre Augen schließen und dann meinen, nicht gesehen zu werden. Wir übersehen dabei, dass unsere Ignoranz das Problem nicht wegzaubern kann. Es bleibt, wie es ist, und lässt sich nicht verändern!

Stattdessen: Akzeptanz

Die Veränderung einer Situation beginnt damit, dass man sie zur Kenntnis nimmt. »Ja, so ist es und nicht anders.« In diesem Moment nimmt man den Druck raus, gibt auf und zieht seine Aufmerksamkeit davon ab. Wenn ich eine Tatsache wirklich akzeptiere, beispielsweise dass mein Mann abends viel zu lange arbeitet, dann ist das auch kein Gesprächsthema mehr mit meiner Freundin. Denn in dem Moment, in dem ich dieses Thema täglich bespreche, mich darüber am Telefon auslasse, füge ich dem Energie zu. Und wir wissen alle, was mit den Dingen passiert, die mehr Energie bekommen: Sie wachsen und gedeihen! Probleme werden so gedüngt, so dass sie wie wild wachsende Pflanzen immer größer und größer werden, bis sie uns völlig überwuchern.

Allein die Akzeptanz und das Nichtstun entspannt alle Beteiligten. Der andere wird in Ruhe gelassen und dadurch kann etwas Magisches passieren: Es kann sich etwas verändern, weil der Druck raus ist und dadurch verändert er sich vielleicht wirklich. Ihn vollkommen in Ruhe zu lassen, ihn mit allem, was er zu bieten hat, seinen guten wie auch

»schlechten« Seiten anzunehmen, kann die kraftvollste Art der Veränderung sein. Und es geht so einfach – man muss einfach nur nichts tun. Aber das fällt uns, die wir gern »Frau« der Lage sind, ungeheuer schwer!

Eine weitere Möglichkeit, Veränderung in Gang zu setzen, besteht darin, die Probleme aus einem anderen Blickwinkel zu betrachten. Kehren wir zum Beispiel zurück, das ich vorhin beschrieben habe: Der Mann arbeitet abends zu lange. Ich kann das als ein Problem betrachten, das ich nicht lösen kann, oder mir die Frage stellen: »Was habe ich davon? Was bringt es mir an Vorteilen?« Und plötzlich erschließt sich eine andere Sichtweise! Ich habe lange, freie Abende für mich! Ich muss ihm nicht das Essen kochen, ich kann in Ruhe ein Buch lesen, er lässt mir dadurch alle Freiheiten und bringt darüber hinaus jede Menge Geld ins Haus. Wenn das keine Vorteile sind! Also verändern Sie Ihre Haltung ihm gegenüber und schon verändert sich auch die Situation! In dem Moment, in dem Frau nicht mehr nörgelt, sondern die Vorteile erkennt und schätzt, kommt er vielleicht auch wieder gern früher nach Hause! Situationen verändern sich, wenn man sie akzeptiert und loslässt! Menschen verändern sich, indem man das, was sie tun, annimmt. Ihn wegen seines Verhaltens zu kritisieren, wird genau dieses Verhalten verfestigen. Indem man den Menschen anders betrachtet, ihm zugesteht, dass er für sich entscheidet, was er wie lange tut, gibt man ihm Raum für ein anderes Verhalten. Jeder Mensch hat einen guten Grund, das zu tun, was er tut. Auch wenn wir das nicht verstehen. Man kann in Wirklichkeit nur einen Menschen verändern: sich selbst! Aber fangen Sie doch einfach mal mit Ihrer Einstellung dem anderen gegenüber an. Sie werden sehen, es passiert etwas Magisches!

Schluss mit der Camouflage

Die Fähigkeit eines Chamäleons, sich mit seiner Hautfarbe an jede Umgebung anzupassen und sich somit ständig zu verändern, ist eine perfekte Camouflage. Das Tier kann äußerlich verschiedene »Identitäten« annehmen, es bleibt aber innerlich nach wie vor ein Chamäleon. Viele Frauen lieben es, sich zu verändern – ein neues Outfit, eine neue Frisur, ein neuer Typ. Es kann passieren, dass Mann sie nach ihrem neuen Styling kaum mehr erkennt. Kein Wunder, dass Männer an Frauen zu Recht ihre Unberechenbarkeit oder auch Unbeständigkeit kritisieren. Das, was wir umgekehrt an Männern schätzen, ihre Zuverlässigkeit, können wir in Bezug auf unsere eigene Person nicht bieten. Was wir selbst an uns schätzen, dass wir flexibel sind, unseren Typ verändern, ist für Männer eher irritierend. Sie haben schließlich gerade uns gewählt, weil wir ihnen so und nicht anders gefallen haben, und es ergibt für sie keinen Sinn, dass wir dann plötzlich mit einer anderen Haarfarbe ankommen. Frauen, die zum Friseur gehen, brauchen entweder einen neuen Haarschnitt oder sie haben eine Krise. Oder sie wollen sich interessant machen. Wie Betty, 28,

Sekretärin: »Als er sich zum Mittagsschlaf hinlegte, stand ich auf und ging zum Friseur. Ich ließ mir meine langen schwarzen Haare kurz schneiden und blondieren. Als er wieder aufwachte, war ich längst wieder zu Hause und lag neben ihm. Ihn traf fast der Schlag!«

Die Veränderung einer Frau kann so weit führen, dass sie sich in eine total andere gesellschaftliche Rolle begibt, ihren Beruf aufgibt und selbst ein Ortswechsel kein Hindernis darstellt. Frauen folgen ihrer Liebe und heiraten einen Reiseleiter in Windhuk, scheuen mit ihrem Neugeborenen nicht einmal Krisengebiete, treten zum Koran über und tragen Kopftücher. Selbst Prinzessinnen ziehen das Zigeunerleben im Zirkuswagen ihrem Leben im Palast vor. Wenn wir denken, dass Männer uns nicht mögen, so wie wir von Natur aus sind, unterstellen wir ihnen Oberflächlichkeit und unterschätzen ihre Prioritäten. »Mit 50 Kilo hielt ich mich für dick, jetzt wiege ich 65 Kilo und die Männer lieben jedes Gramm an mir«, Chris, 49. Berechenbar zu bleiben heißt auch, sich im Laufe einer Beziehung nicht gehen zu lassen. Die Supermärkte sind voll von dicken, Jogginghosen tragenden Männern und Frauen, die sicher zu Beginn ihrer Partnerschaft eine andere Figur hatten! Kaum verheiratet, läuft er nur noch in Schlabberhosen rum und sie sieht keine Notwendigkeit, auch mal Make-up anzulegen. Diese Art der Mutationen sind geschlechtsunabhängig und mit der größte Störfaktor einer Beziehung. »Die ist mir jetzt sicher, egal wie ich aussehe« kann ganz schnell zum Trugschluss werden!

Aber Frauen spielen ständig mit ihrer Identität, nehmen andere Rollen an und werden dadurch unberechenbar für ihre Mitmenschen. Zum einen zeigt das, dass sie sich nicht mögen, wie sie sind. Zum anderen reizt sie daran, etwas Neues auszuprobieren und vielleicht auch seine Reaktion zu testen. Nach dem Motto »Wie hässlich kann ich sein, damit er mich immer noch liebt?« Frauenzeitschriften sind voll von »Vorher-nachher«-Situationen, kein Fernsehkanal ohne Brustvergrößerungs-Doku. Wobei vom spielerischen Styling zur Schönheitsoperation ein großer Schritt ist. Beide machen allerdings eines deutlich: Die Mehrzahl der Frauen ist mit sich selbst nicht zufrieden. Ihnen wird suggeriert, dass über ein verändertes Äußeres das Glück in Form des passenden Mannes und in Form einer inneren Zufriedenheit und mehr Selbstsicherheit sich einfindet. Welch fataler Irrtum! Frau sitzt außerdem dem Missverständnis auf, dass sie mehr geliebt werde, wenn sie ihr Äußeres verändert. Aber rote Unterwäsche macht aus einer Hausfrau keine Sexbombe. Allein der Versuch kann peinlich enden, wie so oft, wenn jemand etwas sein möchte, was er nicht ist!

Stattdessen: Ich bin in Ordnung!

Wer ständig mit seiner äußeren Identität spielt, hat seine innere noch nicht gefunden und ist vielleicht stark verunsichert. Keine Frage, dass gerade die Pubertät ein Zeitraum ist, in dem Menschen mit verschiedenen Identitäten experimentieren. Aber wer mit 40 immer noch nicht weiß, wer er ist, und nicht zu seinem Äußeren steht, sollte sich mal etwas mehr mit sich selbst beschäftigen. Das Aussehen ist ein Spiegel des Inneren, also fangen wir damit an: Verzichten Sie auf radikale Veränderungen und schätzen Sie Ihr Äußeres mal richtig ein. Nichts peinlicher als ein eher »klassischer« Typ mit einem Tattoo! Stellen Sie sich vor den Spiegel und schauen Sie sich an. Ja, das sind Sie! Wenn Sie sich jetzt nicht endlich mal schön finden und zu sich stehen, warum sollen es dann andere tun! Hören Sie auf, Ihr Geld und Ihre Energien in äußerliche Veränderungen zu stecken. Ihr Mann will nicht jeden Tag eine andere Frau. Er braucht Verlässlichkeit und will Sie! Betonen Sie Ihre äußerlichen Vorteile und ignorieren Sie Ihre »Nachteile«. Stehen Sie zu sich selbst, mitsamt Ihren Ecken und Kanten, die sieht man wenigstens, daran bleibt man hängen. Stehen Sie auch zu Ihren Rundungen, denn »mit Speck fängt man Mäuse«!

Selbsterkenntnis ist der einzige Weg zur Veränderung

Was esse ich heute? Ich kann in den Kühlschrank schauen und aus dem, was ich dort finde, noch was ganz Passables zaubern. Oder ich kann mir auf einem Zettel notieren, was ich heute einkaufen muss, um mir ein leckeres Menü zu kochen. Im ersten Fall passe ich mein Essen dem Vorgegebenen an und im zweiten Fall plane ich, bin ich Herrin über mein Menü. Im Leben kann ich ebenso vorgehen. Im ersten Fall nehme ich, was kommt und mache daraus das Beste.

Ich darf mich dann aber nicht beschweren, wenn ich ständig Aufgewärmtes oder Reste von dem bekomme, was übrig geblieben ist. Das Ganze schmeckt sehr nach Leben aus zweiter Hand. Ein Leben aus erster Hand zu führen heißt: Ich schreibe meinen Einkaufszettel selbst, ich bestimme die Zutaten und weiß, was ich will! Viele Menschen, die mit ihrem Leben und sich selbst unzufrieden sind, erwarten die »Rettung« von außen, durch einen Partner, in einer Beziehung. Eine denkbar schlechte gemeinsame Basis und zudem eine totale Überforderung! Hier muss eine Beziehung für die eigenen fehlenden Ziele und Vorstellungen herhalten! Das kann nur schiefgehen! Manche wartet ihr halbes Leben lang auf den Prinzen, der sie aus ihrem schrecklichen Leben holt und ihr eins in Saus und Braus bietet. Aber irgendwo ist immer ein Haken: Entweder lahmt der Prinz oder das Pferd ist schwul.

Voraussetzung für eine unbelastete, glückliche Beziehung ist das eigene Glück, die eigene Zufriedenheit und diese kann ein jeder nur selbst erreichen! Wenn ich mit mir selbst in Einklang lebe, ist das die allerbeste Voraussetzung, auch mit einem Partner glücklich zu sein. Bevor ich den anderen verändern will, sollte ich meine eigene »Baustelle« betrachten. Wie viel einfacher ist es doch, die Macken und Probleme des anderen zu analysieren! Ihm geht es genauso: Was ihn an ihr stört, weiß er ganz genau. Aber bei der Selbsteinschätzung fühlen sich viele einfach überfordert, so dass sie sich gar nicht erst die Mühe machen.

Jetzt stehe ich zu mir!

Wer in sich ruht und selbstbewusst ist, kann auch zu seinen Schwächen stehen. »Ich kann ganz schlecht mit Kritik umgehen!« Dieses Geständnis ist schon der erste Schritt in eine andere Richtung! »Ich komme mit meinen Finanzen nicht klar!« Wer gibt das schon gern zu, aber wenn es jeder weiß und ich dazu stehe, dann mache ich mich auf diesem Gebiet nicht angreifbar! Auch sein Nichtweiterwissen zuzugeben, kann sehr erleichternd sein. Sagen Sie bei einer endlosen Diskussion, aus der Sie nicht mehr rauszukommen scheinen: »Ich bin hilflos, ich weiß jetzt auch nicht weiter!« Das entspannt beide Parteien, wenn es der Wahrheit entspricht! Es verlangt mehr Mut, zu seinen Schwachen zu stehen, als sie zu vertuschen. Wenn man erst einmal diesen Mut gefasst hat, passiert etwas Magisches: Aus Schwächen können Stärken werden!

Viele Menschen empfinden es als anmaßend, wenn sich jemand zu seinen Stärken bekennt! »Gib nicht so an!« ist ein Programm, das wir seit unserer Kindheit in uns tragen. Ist Frau erfolgreich, versucht sie das noch mit »Glück gehabt« zu entschuldigen. Anstatt zu sagen: »Ja, das kann ich richtig gut, und ich habe lange dafür gearbeitet«. Aber anstatt zu ihrem Erfolg zu stehen, wertet sie sich ab und macht sich klein! Schluss damit! Wie sollen denn andere an Sie und Ihre Fähigkeiten glauben, wenn nicht mal Sie selbst das tun!

Ich muss in meinem Job meinen Kunden vermitteln: »Sie können mir vertrauen, ich werde Ihre Räume optimal gestalten, bei mir sind Sie in den besten Händen.« Das kann ich nur, wenn ich selbst davon überzeugt bin. Ich kann ja schlecht sagen: »Nun ja, ich versuch's mal!« In dieser Weise handhaben wir oft unsere Beziehung. »Mal schauen, was draus wird, ich glaube ja selbst nicht so recht daran, dass er der Richtige für mich ist.« Auch unausgesprochen wirkt diese Botschaft auf den anderen als etwas vollkommen Vages. Strahlen Sie hingegen Sicherheit bezüglich Ihrer Gefühle aus, dann kommt das beim anderen auch sicher und leidenschaftlich an! Zu sich selbst stehen heißt auch, sich zu all seinen Facetten und Launen zu bekennen und sich auch schlechte Tage zuzugestehen. »Ich bin heute richtig schlecht drauf, aber das hat mit dir nichts zu tun«, darf vielleicht auch mal sein. Wenn ich zu mir stehe, zu meiner Art und zu meinen Macken, meine Laune nicht am anderen auslebe und diese zeitlich begrenze, bin ich für den anderen kalkulierbar.

Jetzt bin ich authentisch!

Die gute Beziehung zu sich selbst ist die Basis der Beziehung zu anderen, denn die Wertschätzung der anderen führt nur über die Selbstachtung. Jeder von uns hat ein feines Gespür für das Echte, das Authentische. Wenn eine Person nicht ganz »echt« ist, können wir zunächst nicht begründen, warum uns das so vorkommt. Jeder von uns hat einen Instinkt, das wahrzunehmen. Unsere »Antennen« nehmen alle Botschaften auf, die der andere aussendet, was er sagt, wie er es sagt, seine Gesten, seine Körpersprache. Die Summe dieser Informationen wird von unseren Sinnen ausgewertet und sofort bewertet. Das meiste davon nehmen wir unbewusst wahr. Wenn unser eingebauter »Rechner« einen Bruch, eine Diskrepanz zwischen dem, was gesagt wird, und dem, wie es gesagt wird, erkennt, so meldet er Alarm. Wir empfinden, dass »da irgendetwas nicht stimmt«. Vielleicht passte die inhaltliche Aussage nicht zu der Art und Weise, wie er oder sie es sagte. Egal, wie sehr wir uns selbst bemühen, »nett« zu sein, wenn es nicht von Herzen kommt, nimmt der andere das als »verlogen« auf. Wer selbst den Anspruch hat, authentisch zu leben, muss zusehen, dass er sein Handeln und seine Worte in Einklang bekommt. Selbst Kinder haben dafür schon ein sehr gutes Gespür! Sie merken sofort, wenn »etwas nicht stimmt«, wenn jemand etwas vorgibt, was er nicht halten kann!

Authentizität bedeutet, dass das Innenleben mit dem Aussehen deckungsgleich ist. Echte Menschen haben »Charisma«, eine Ausstrahlung, die zeigt, dass sie in Einklang mit sich selbst und ihrer Umgebung sind. Menschen mit Charisma kennen ihre Schwächen und stehen zu ihren Stärken. Sie stehen zu ihrem Körper und lieben sich selbst. Und vor allem interessieren sie sich wirklich für andere und sind bemüht, dass sie sich in ihrer Gegenwart wohl fühlen. Ausstrahlung kommt von innen und strahlt nach außen! Umgekehrt kann das außen auch wiederum auf das Innenleben zurückstrahlen. Wenn man gut gekleidet ist und sich wohl fühlt, kann sich dies grundsätzlich positiv auf unser seelisches Befinden auswirken. Ausstrahlung ist keine Frage ästhetischer oder gesellschaftlicher Normen. Auch ein dicker Mensch kann schön und charismatisch sein, wenn er jedes Pfund mit Würde trägt und dazu steht.

Jetzt bin ich ganz präsent!

Wo befindet sich Ihr Körper im Moment? Sitzt er auf einem Stuhl? In der Bahn? Lesen Sie im Stehen? Folgen Sie Ihren Gedanken dorthin, dann sind Sie voll präsent! Immer, wenn Ihr Bewusstsein, Ihre Gedanken dort sind, wo Ihr Körper ist, sind Sie ganz im Hier und Jetzt! Fühlen Sie Ihren Körper, jetzt sind Sie ganz bei sich. Menschen, die präsent sind, geben dem Gegenüber das Gefühl, mit ihrer ganzen Person jetzt nur für ihn da zu sein. Sie hören ihm zu und widmen sich ihm. Das ist ein Geheimnis von Erfolg! Dem anderen, sei es ein Kunde oder der Partner, das Gefühl zu geben, dass er in diesem Moment das Wichtigste auf dieser Welt ist, ohne sich von einem klingelnden Telefon ablenken zu lassen, ohne in Gedanken schon wieder beim nächsten Termin zu sein, steht für Präsenz. Ihre Energie »strahlt« mit voller Präsenz in seine Richtung, und das, was man ausstrahlt, kommt wieder zu einem selbst zurück!

Schluss mit den Zumutungen

Was wir alle aus scheinbarer »Liebe« tun und wie lächerlich wir uns dabei machen, merken wir oft erst am Ende der Beziehung. So mutete sich Iris zu, ihren Freund zur Beerdigung seines Vaters nach Köln zu begleiten. Aber jetzt kommt's: Im gleichen Zugabteil fuhr auch noch seine Noch-Ehefrau mit. Das hat Iris ebenso ruhig ertragen wie die Tatsache, dass seine beiden Söhne, sieben und neun Jahre alt, immer im Bett des Vaters schliefen, selbst wenn sie über das Wochenende bei ihm war. Ein anderer Fall ist Cornelia. Sie flog zu ihrem Freund extra nach Berlin, um dort den Samstag schließlich allein zu verbringen. Ihr Freund verbrachte den Tag mit seinem kleinen Sohn, dessen Mutter jedoch nicht zustimmte, dass Cornelia auch beim Spaziergang dabei sein durfte. Also spazierte sie einsam am Samstag durch diese große Stadt, bei jedem Mann mit Kind an der Hand knotete sich ihr Magen zusammen. Abends nahm er sich dann Zeit für sie, wofür sie ihm auch noch dankbar war. Es konnte allerdings auch passieren, dass seine Exfrau ihn mitten in der Nacht anrief und um sein Kommen bat, da der Kleine plötzlich Fieber hatte. Er als liebevoller Vater fuhr natürlich hin, während Cornelia die halbe Nacht allein verbrachte.

Wir sollten uns über das Entwürdigende dieser Situationen endlich mal bewusst werden. Was würden Sie einer Freundin raten, die Ihnen diese Geschichten erzählt? So in etwa: »Bist du denn total verblödet, von allen guten Geistern verlassen, dir so was anzutun!« Aber wenn man selbst in solch einer Situation gefangen ist, findet man alle möglichen guten Gründe, um sein idiotisches und unwürdiges Verhalten zu rechtfertigen. »Es macht mir gar nichts aus«, oder: »Solange ich nicht leide«, oder: »Ich bin eigentlich froh, dass er nicht da ist, dann habe ich Zeit für mich!« Schluss damit, uns etwas in die eigene Tasche zu lügen! Gestehen wir es uns wenigstens selbst ein. Wir fühlen uns verletzt, missbraucht und schlecht. Und das Schlimmste: Wir haben es uns selbst zuzuschreiben, denn keiner hat uns dazu gezwungen!

Jetzt nehme ich mich richtig wahr

Wer sich selbst wahrnimmt, nimmt sich auch als Person ernst. Manch einer hat so gut wie keine Körperwahrnehmung. Wie steht es da bei Ihnen? Fühlen Sie jetzt gerade Ihren großen Zeh, wenn Sie an ihn denken? Oder Ihr linkes Ohr? Können Sie es, ohne es zu berühren, wahrnehmen? Dann sind Sie ein Mensch mit gutem Körpergefühl. Manch einer nimmt sich nur über den Schmerz wahr, wenn ihm etwas weh tut. Ähnlich ist es mit unserer seelischen Wahrnehmung. Geht es Ihnen gut? Spüren Sie Ihre Gefühle? Wie fühlen Sie sich gerade? Oder spüren Sie sich nur, wenn Sie depressiv und verärgert sind?

Der erste Weg zur Selbsterkenntnis führt über Selbstbeobachtung. Und die geht über das eigene Spiegelbild hinaus! Wie viel Zeit verbringen Sie damit, sich um andere zu kümmern oder nach Ihren Kindern zu schauen, ob es ihnen gut geht? Achten Sie stets darauf, ob sich Ihr Partner im Kino neben Ihnen langweilt? Und Sie? Langweilen Sie sich auch? Oder machen Sie Ihr Gefühl abhängig von der Befindlichkeit des anderen? Kennen Sie Ihren Partner besser als sich selbst? Falls ja, dann ist es höchste Zeit, dass Sie Bekanntschaft mit einem ganz besonderen Menschen schließen – mit sich selbst! Denn wie soll Ihr Partner Sie denn verstehen, wenn Sie es selbst nicht tun? Und wie wollen Sie sich selbst verstehen, wenn Sie sich noch nicht einmal selbst kennen? Nur wer sich selbst kennt, kann von anderen richtig erkannt werden! Wenn ich selbst meine inneren Strukturen nicht einschätzen kann, wie kann ich das von anderen erwarten? Dann muss ich ja dem vertrauen, was andere von mir denken und sagen! Kennen die mich etwa besser als ich mich selbst?

Weniger Schuldgefühle

Ein gesundes Selbstwertgefühl und ein ständig schlechtes Gewissen schließen einander aus! Es ist eine Eigenart von Frauen, zuerst nach dem anderen und dann nach sich selbst zu sehen. Schon allein die Umkehrung dieser Reihenfolge löst bei vielen ein schlechtes Gewissen aus. »Kann ich denn wirklich so egoistisch sein und meine Interessen über die des anderen stellen?« Für manche wäre es schon Fortschritt genug, die eigenen Interessen auf das gleiche Level wie das des Partners zu bringen. Schuldgefühle entstehen dann, wenn man etwas »Verbotenes« tut und sie sollen uns als moralische Instanz davon abhalten, die Würde anderer Menschen zu missachten. Zweifellos eine gute Einrichtung! Aber wenn Schuldgefühle auch ohne ein Verschulden auftreten, als eine Art »vorauseilender Gehorsam«, spricht das nicht für ein gesundes Verhältnis zu sich und anderen. »Ich fahre lieber nicht mit meinen Freundinnen übers Wochenende weg, ihm wäre das nicht recht« ist eine typische Situation, in der Frau gegen ihr eigenes Interesse handelt. Falls sie doch fahren würde, hätte sie das ganze Wochenende ein schlechtes Gewissen. Dabei geht es ihrem Partner zu Hause wunderbar! Vielleicht genießt er seine Freiheit und merkt nicht einmal, dass sie fehlt!

Im Übrigen ist ein schlechtes Gewissen etwas, was im eigenen Innern entsteht. Nicht »er macht mir …«, sondern ich selbst mache mir dieses Gefühl. Denn er macht gar nichts. Falls er sagt: »Ich will nicht, dass du fährst«, kann ich erstens entscheiden, ob ich fahre, zweitens, ob ich mit oder ohne schlechtes Gewissen fahre. Das schlechte Gewissen erzeugen Sie ganz allein, also können Sie es auch wieder abstellen. Es hängt von Ihrer Entscheidung ab! Nur weil wir geliebt werden wollen, wollen wir es dem anderen recht machen. Und so beziehen wir alle Gefühlsäußerungen auf uns selbst. Kaum hat er schlechte Laune, überlegen wir, wie wir ihm den Tag angenehmer gestalten können und machen uns noch weitere Gedanken darüber, ob wir nicht die Ursache für seine schlechte Laune sind. »Habe ich etwas gesagt oder getan, was ihn so sauer macht?« Oft wagen wir es nicht einmal, ihn zu fragen, und wenn, bekommen wir manchmal gar keine Antwort. Oft halten wir seine schlechte Laune auch nur ganz schwer aus, denn wir fühlen uns eben schuldig. Aber in 99 Prozent aller Fälle hat sein emotionaler Zustand allein nur mit ihm zu tun. Er wird da schon wieder selbst rauskommen, seine Laune wird sich irgendwann bessern.

Also kein Grund für ein schlechtes Gewissen, lassen Sie ihn einfach in Ruhe! Beziehen Sie nicht alles auf sich! Bleiben Sie selbst cool und signalisieren Sie ihm: »Wenn du wieder besser gelaunt bist, sag Bescheid!« Auch Männer haben ihre Tage, also machen Sie sich nicht zum Spielball seiner Launen und vor allem – fühlen Sie sich nicht schuldig. »Ich bin nicht für seine schlechte Laune oder seine Unterhaltung zuständig! Das ist seine Angelegenheit« wäre eine gute innere Einstellung. Wenden Sie sich einem wichtigeren Thema zu oder fahren Sie wirklich mal mit Ihrer Freundin weg. Bis Sie wieder da sind, hat sich seine Laune vielleicht gebessert. Und wenn er dadurch noch saurer wird, weiß er, woran es liegt!

Stattdessen: Ich bin es mir wert!

Die eigene Wertschätzung beginnt bei der Kleidung, die Sie tragen, geht über die Einrichtung, in der Sie sich wohl fühlen, bis hin zu Kleinigkeiten wie frischen Blumen auf dem Tisch. Wenn sich eine Frau selbst als wertvoll erachtet, ist sie nicht abhängig von den Zuwendungen der Männer. Sie kauft sich ihre Blumen selbst und muss sich nicht einem Mann unterordnen, nur um ein wenig Zuwendung zu bekommen. Sie belohnt sich selbst für gute Leistung und ist nett zu sich. Sie ist sich ihres Körpers bewusst, nährt ihn mit guten Lebensmitteln und verschont ihn mit schädlichen Produkten. Sie ist es sich wert, dass sie ihren Körper pflegt und keinen Raubbau mit ihm betreibt. Sie bewegt ihn regelmäßig, denn sie weiß, dass dadurch auch der Geist in Bewegung kommt! Wer sich in dieser Weise stärkt, der stärkt damit auch seine Kinder und den Partner. Denn wenn es Ihnen gut geht, wirkt sich das auch auf Ihre Umgebung aus!

Weniger Angst

Wer kennt sie nicht, die Angst zu scheitern, Fehler zu machen, sich zu blamieren. Ob privat oder beruflich, Misserfolge hat keiner gern. In der Beziehung kommt die Angst hinzu, verlassen zu werden oder nicht fähig zu sein, die Beziehung gut zu führen. Die Angst, verlassen zu werden, ist so alt wie die Menschheit und in den meisten Fällen an die Liebe gebunden. Gibt es Schlimmeres, als das zu verlieren, was man liebt? Hinter der Angst, Fehler zu machen, steckt der eigene Perfektionismus, alles optimal im Griff zu haben. Aber sie bietet auch zugleich eine wunderbare Ausrede: »Ich will eben alles immer perfekt und richtig machen, und was ich nicht kann, davon lass ich lieber die Finger.« Das führt über lang oder kurz dazu, dass man die Dinge erst gar nicht anpackt. »Ich mach lieber nichts, als dass ich es nicht richtig mache.« Und falls dann mal ein Misserfolg folgt, gibt man schnell auf, anstatt sich zu berappeln. Es ist keine Schande, zu scheitern, aber ein unverzeihlicher Fehler, aufzugeben oder es erst gar nicht versucht zu haben.

Angst lähmt und lässt uns manchmal vollkommen irrational handeln. Aus der Angst heraus, dass er mich verlassen könnte, verhalte ich mich so, wie ich denke, dass er es gern hätte. Mit fatalen Folgen: Weiß ich denn, was er gern hätte? Ständig in Angst leben zu müssen bringt Spannung und Verkrampfung. Beide Zustände belasten eine Beziehung. Für manche mag Angst auch etwas Positives haben: Wie der Schmerz ist sie ein intensives Gefühl, durch das wir uns lebendig fühlen! Angst bringt einen Kick – wie vor einem Fallschirmsprung wird Adrenalin ausgeschieden. Daher hegt man oft unbewusst die Absicht, sie zu behalten. Man ist abhängig von der Droge »Angst«. Falls Ihre Beziehung von Ängsten bestimmt ist, ist eins ganz klar: Hier stimmt etwas nicht. Denn eine vertrauensvolle Beziehung kämpft nicht mit Angst. Gerade die Angst, verlassen zu werden, ist Ausdruck einer tiefer sitzenden Angst, nämlich der, allein zu sein und schlussendlich auch der Angst vor dem eigenen Tod. Wer die Erfahrung gemacht hat, gut mit dem Alleinsein klarzukommen, der nimmt in einer Beziehung schon mal eine entspannte Haltung ein. Was könnte denn Katastrophales passieren, wenn ich verlassen werde? Keine Angst vor dem Verlassenwerden zu haben heißt, mit sich selbst im Reinen und glücklich zu sein. Womit wir wieder beim Thema wären! Tatsache ist, dass es weder im Leben noch in der Partnerschaft eine absolute Sicherheit gibt. Auch Angst hilft hier nicht weiter. Diese können Sie jedoch auf später verlegen. Stellen Sie sich Ihre Angst wie einen kleinen kläffenden Pinscher vor. Sperren Sie ihn ein und sagen Sie ihm: »Lass mich jetzt in Ruhe und belle erst wieder, wenn wirklich Gefahr droht!« Es reicht, dann Angst zu haben, wenn man am Abgrund steht, aber nicht schon Kilometer davor. Übrigens: Wer viele Ängste und Unsicherheiten hat, hat meist auch viel Gerümpel in der Wohnung! Gehen Sie Ihre Angst an und entrümpeln Sie Ihre Umgebung gleich mit!

Jetzt halte ich Ausschau nach meinen Visionen!

Man kann eine Beziehung zum Zentrum seines eigenen Lebens oder zur schönsten Nebensache der Welt erklären. Falls sie das Zentrum darstellt, dann macht man das eigene Glück, die persönliche Zufriedenheit abhängig von einem anderen Menschen. Eine wacklige Konstruktion, noch dazu eine, in der sich der andere völlig überfordert fühlt! Eine gute Beziehung zu sich selbst stellt die Basis für andere Beziehungen dar. Sich selbst zu stärken ist daher erstes Ziel im Leben. An der Frage »Was ist mir wichtig? Was erwarte ich im Leben, was werde ich Sinnvolles tun?« sollte Frau nicht achtlos Vorbeigehen. Im männlichen Leben gibt es vor der Beziehung oder neben ihr weitere Prioritäten: Vielleicht der Beruf, das Geschäft, Freunde oder die Familie. Im weiblichen Leben fehlen oft eigene Ziele und Vorstellungen vom Leben außerhalb der Partnerschaft. Eine Beziehung zu entlasten bedeutet zuerst einmal, sich selbst und seiner eigenen Ziele und Visionen bewusst zu werden.

Vieles ist vergraben, vergessen, scheint verloren! Talente,

Fähigkeiten, Interessen. Unter einem Haufen Müll! Was wollen wir wirklich? Was war das noch gleich? Was wollten Sie denn als Kind werden? Wie haben Sie sich in der Schule Ihre Zukunft ausgemalt? Als Archäologin in Ägypten? Als Stewardess in aller Welt unterwegs? Und wie weit sind Sie bis heute gekommen? Also nichts wie weg! Auf zu anderen Ufern! Was hindert Sie daran, Ihre eigene »Entdeckungsreise« zu machen? Ihre Visionen müssen sich entwickeln, sie fallen nicht vom Himmel. Sie brauchen Zeit. Lassen Sie sich diese Zeit, aber geben Sie ihr einen Rahmen: »Bis zum Sommer werde ich eine Ahnung davon haben, wie es in meinem Leben beruflich weitergehen könnte.« Und überfordern Sie sich nicht! Viele Mütter, die über einen langen Zeitraum in die Familie eingebunden waren, schaffen den Absprung nicht, weil sie nach dem optimalen Beruf, der eigentlichen Berufung suchen und diese nicht finden. Nach dem Motto: »Ich kann schon nichts falsch machen, wenn ich gar nichts mache«, verharren sie gelähmt zu Hause und warten, bis ein Vertreter mit den besten Berufen in der Tasche an ihrer Tür klingelt. Bis der kommt, haben sie Spinnweben angesetzt! Also ist hier Handeln angesagt, auch auf die Gefahr hin, dass man Umwege geht. Nehmen Sie erst mal einen Job an und orientieren Sie sich dann von dort aus langsam weiter. Dies ist eine sinnvolle Möglichkeit, bevor man in Lähmung erstarrt und den Mut verliert!

Jetzt definiere ich meine Prioritäten

Kennen Sie das nicht auch? Jemand appelliert plötzlich an Ihre Hilfsbereitschaft, Sie rennen sofort und lassen dafür alles liegen und stehen. »Könntest du nicht ganz schnell mal diese Farbkopien in der Stadt machen lassen? Du weißt doch, wo der Laden ist!« Ob beruflich oder privat, man tritt immer wieder in die Fallen der kleinen Ge»fallen« und was bleibt auf der Strecke? Die eigene Arbeit, das was man gerade selbst angefangen hat. Wenn man sich aber davon abbringen lässt, misst man diesem selbst keine allzu große Bedeutung zu, oder? Wenn Sie diese Ablenkungsmanöver in Stunden zusammenrechnen, auch die telefonischen (»Kannst du mir nicht mal die Nummer raussuchen…?«), dann könnten Sie in der Summe aller Stunden der letzten Jahre locker Mongolisch gelernt haben.

Also lassen Sie sich nicht weiterhin fremd bestimmen, sondern bestimmen Sie selbst über das, was Sie tun und wann Sie es tun! »Kopien? Mach ich dir gern, falls ich morgen in die Stadt fahre.« Aber auch nur dann! In diesen Momenten kann Frau wunderbar »Nein« sagen lernen! Das beste Mittel, sich gegen dieses Überfahrenwerden zu schützen ist, eigene Prioritäten im Leben zu haben. Was ist mir wichtig und wie erreiche ich es? Welches ist der erste, der zweite, der dritte Schritt in diese Richtung? Lassen Sie sich dann von außen nicht abhalten. Dies lässt sich jeden Tag von neuem trainieren: »Nein, im Moment lese ich und erst in einer halben Stunde koche ich uns einen Kaffee.«

Manchmal sind einem diese Ablenkungsmanöver mehr als willkommen, um nicht das tun zu müssen, was wichtiger wäre! Um mit Ihren Plänen einen Schritt weiterzukommen, müssen Sie Ihre eigene Zeit organisieren.

Wer anscheinend viel Zeit hat, weil er »nur« Hausfrau und Mutter ist, verplempert die meiste davon. Sich seiner eigenen Weiterbildung zu einem ganz regelmäßigen Zeitpunkt zu widmen, sei es von neun bis elf Uhr morgens oder abends, hat mehr Aussicht auf Erfolg.

Jetzt dressiere ich meinen inneren Schweinehund

Die innere Stimme fragt: »Was bringt dir das, wozu machst du dir den Stress?« Ob man sich morgens aus dem Bett quält, um zu joggen oder sein Studium zu Ende zu bringen, ständig ist man damit beschäftigt, dieses kleine Hündchen erst mal zum Schweigen zu bringen. Der »innere Schweinehund« kann ein ausgewachsener, bissiger Wachhund sein, der auf der Schwelle zu unserem neuen Leben liegt. Er will uns einschüchtern, Angst machen. Er passt schön auf, dass wir uns nicht in unbekanntes Terrain vorwagen. Er knurrt und lässt uns nicht hinüber auf die andere Seite. Wenn ich mich verändern will, schaut er mich an und droht: »Bleib, wo du bist und trau dich bloß nicht an mir vorbei.« Also bleiben wir auf der sicheren Seite, tun nichts, anstatt ihm einen ordentlichen Tritt zu versetzen! Er zeigt uns, dass wir

Mut brauchen, um Neues zu erkunden – und das ist nichts für Feiglinge!

Am besten diskutiert Frau erst gar nicht mit Schweinehunden, sondern nimmt sie höchstens zur Kenntnis: »Aha, da bist du ja schon wieder.« Und dann gilt es, das eigene Trägheitsmoment zu überwinden, durch den Wald zu joggen, sich ins Auto zu setzen und zur Studienberatung zu fahren, sich einen Seminarplaner zu besorgen, sich eine Zeitung zu kaufen und die Stellenanzeigen zu lesen. Eben das zu verfolgen, was zu Ihren momentanen Prioritäten gehört. Was immer Sie tun, tun Sie den ersten Schritt gleich! Jedenfalls in den nächsten drei Tagen, das ist das kritische Zeitlimit. Danach hat Sie die Schwerkraft wieder eingeholt und Ihre guten Vorsätze haben so viel Substanz wie Seifenblasen!

Stellen Sie sich zwischendurch immer wieder folgende Fragen:

- Wer oder was blockiert mich?
- Blockiere ich mich mal wieder selbst?
- Wie kann ich mich selbst stärken?
- Wer oder was kann mich bei meinen Vorhaben unterstützen?

Jetzt schreibe ich mein eigenes Drehbuch

Jeder Mensch kann schreiben, auch Sie! Die Gedanken und Erkenntnisse entstehen, die Sätze entwickeln sich mit dem Tun! Also her mit dem Blatt Papier, einem Stift oder einem PC. Fangen Sie einfach an, denn Ihre Gedanken fließen beim Schreiben aufs Papier. Also stellen Sie sich vor, Sie schreiben das Drehbuch zum Film Ihres Lebens!

Szene 1: Wie sieht Ihr Leben gerade aus? An welcher Stelle im Leben stehen Sie gerade? Ausbildung fertig und bereit für den Job? Kinder in der Schule und etwas mehr Zeit? Mann oft weg und Sie allein zu Hause? Wie ist Ihre familiäre, finanzielle und berufliche Situation hier und heute? Was tun Sie wirklich gern, und was können Sie gut? Wie sehen Ihre mentalen und sonstigen Bremsen aus?

Szene 2: In weiter Ferne. Wie soll Ihr Film enden (natürlich soll es ein Happyend geben!)? Wo spielt die letzte Szene? Wer spielt darin mit? Wer teilt Ihre Freude, wenn Sie das Ziel erreicht haben? Wie fühlen Sie sich am Ende Ihrer Träume?

Szene 3: Der Weg dahin. Welche Etappen braucht es? Ist es ein Roadmovie? Wie motivieren Sie sich selbst? Welche Belohnung wartet am Ende des Weges? Wie überwinden Sie Ihre Trägheit?

Szene 4: Wie sehen Ihre Mitspieler aus? Wer übernimmt welche Rolle? Wer ist Ihr Coach? Wie entwickeln Sie Ihre Fähigkeiten? Welche Kontakte helfen Ihnen weiter?

Szene 5: Jetzt haben Sie alles Wissen, alle Fähigkeiten, jetzt wird es konkret. Wo arbeiten Sie? Was tun Sie genau?

Szene 6: Kontrollieren Sie Ihre Richtung! Schauen Sie auf den Kompass! Sind Sie auf dem richtigen Weg? Wie könnte eine Zwischenbelohnung aussehen?

Szene 7: Auf Ihrem Weg liegen Steine, die Sie wegrollen müssen. Menschen, die Ihren Erfolg verhindern wollen. Verabschieden Sie sich von Ihnen und setzen Sie unbeirrt Ihren Weg fort!

Es ist der Film Ihres Lebens, und Sie spielen die Hauptrolle. Falls Sie das Drehbuch nicht selbst schreiben, werden Sie nur als Statist im Film eines anderen mitspielen!

Jetzt schaffe ich mir meinen eigenen Raum

Um die guten Absichten auch in etwas Greifbares umsetzen zu können, müssen Sie ihnen einen Raum geben. Vom Atelier zu träumen und dann mit dem Malen anfangen zu wollen ist ein Weg, aber sicher nicht der, der am schnellsten zu einem fertigen Bild führt! Fangen Sie klein an. Wenn Sie wissen, was Sie machen wollen, findet sich sicher auch ein Ort dafür. Definieren Sie diesen und beginnen Sie einfach! Ihr vorläufiges »Atelier« könnte zunächst aus einem Pappkarton mit Ihren Lieblingsfarben und einer Staffelei bestehen. In irgendeiner Ecke im Haus haben Sie sicher Platz, um diese zu »parken«. Und malen können Sie ja, wo immer Sie das beste Licht haben. Allein das Wissen um den äußeren Raum, den Sie sich jetzt geschaffen haben, wirkt motivierend auf Ihr Inneres. So rückt Ihr Ziel ins Sichtbare! Verbinden Sie Ihr Ziel mit einem noch so kleinen Ort in Ihrer Wohnung, dann kann es sich realisieren!

»Ich habe keinen Platz« ist im Zeitalter handlicher Laptops keine glaubhafte Ausrede mehr, um nicht mit dem Schreiben zu beginnen. Mein gesamtes Büro steckt in so einem Teil, und ich kann von jedem Ort der Welt aus sowohl meine Bücher schreiben als auch meine Projekte abwickeln. Alles, was ich dazu brauche, ist zu Hause ein Schreibtisch, unterwegs eine Parkbank, ein Stück Rasen, ein Autositz, ein Stuhl im Café. Wenn man etwas wirklich tun will, findet sich immer ein Raum. Sollten Sie die räumliche Kapazität nicht haben, okkupieren Sie zeitweise den Esszimmertisch, sagen wir von neun bis elf Uhr, dann hat dort keiner etwas verloren, außer Sie selbst! Falls Ihre Kinder schon erwachsen sind und das Haus verlassen haben, besetzen Sie eines der alten Kinderzimmer. Die Räume gehören Ihnen, Sie hatten sie nur vorübergehend Ihren Kindern geliehen! Ansonsten findet sich sicher irgendwo ein kleines Fleckchen. Und wenn es nur eine kleine Arbeitsfläche, ein klappbares Brett im Flur ist. Das ist nun ganz allein Ihr Revier! Mit wenigen Mitteln können Sie diesen Fleck so gestalten, dass er seine ganz eigene Identität hat. Ein kleines Bild mit einem Motiv, das für Sie Ihr Ziel verkörpert, eine Vase mit einer Blüte – und schon gestalten Sie Ihr eigenes Leben, tun etwas ganz für sich und somit sich selbst etwas Gutes! Und wenn es Ihnen gut geht, dann geht es Ihrer Beziehung auch gut!

Mentales Entrümpeln nach der 3-Kisten-Methode

Gehen Sie durch die Ihre Beziehung, als würden Sie durch Ihr Haus gehen. Fragen Sie sich bei jedem Gedanken, jedem Problem, jeder Verhaltensweise, jeder Überzeugung: »Will ich daran festhalten oder will ich es loswerden?« Entrümpeln Sie auf diese Weise Ecke für Ecke Ihrer inneren Räume, sortieren Sie, räumen Sie Ihr Leben auf und geben Sie den wichtigen Dingen den richtigen Stellenwert:

Die blaue Kiste Nr. 1: Kann wirklich weg! Dieser Gedanke, dieses Verhalten, diese Einschätzung, dieses Vorurteil blockiert mich und soll mein Leben nicht länger bestimmen! Ich entscheide mich, all dies ziehen zu lassen, und packe es in eine große Kiste mit der Nummer 1. Und nicht zu vergessen: Die Probleme anderer, die Dinge, die Sie selbst nichts angehen, kommen ebenfalls in diese Kiste!

Die gelbe Kiste Nr. 2: Davon kann ich mich, so gern ich es will, noch nicht trennen. Ich habe es schon öfter versucht, aber irgendwie kommt dieses Muster immer wieder zu mir zurück. Also brauche ich es wohl noch eine Weile. Irgendwann lasse ich es ziehen.

Die rote Kiste Nr. 3: »Wertvolle Schätze.« Die Werte und Haltungen sowie diejenigen Personen, die ich wirklich schätze, werde ich in Zukunft mehr pflegen. Ich werde sie hüten wie meinen Augapfel! Sie stärken und unterstützen mich, daher gebe ich ihnen entsprechenden Raum in meinem Leben. Ebenso behüte und pflege ich meinen eigenen Selbstwert.

Die drei magischen Fragen:

- Brauche ich sie wirklich (die Streiterei, die Vorwürfe, Eifersucht und so weiter)?
- Erleichtern sie mein Leben?
- Machen sie mich glücklich?

Diese drei magischen Fragen kann man sich jeden Tag stellen: Immer wenn Sie sich etwas Neues kaufen wollen, immer wenn Sie einen neuen Menschen in Ihr Leben lassen, immer wenn sich ein neues Problem zeigt und so weiter.

Wenn Sie alle drei Fragen mit einem »Nein« beantwortet haben, dann können Sie wirklich darauf verzichten!

Zusammengefasst:

- Ohne jede Spannung, ohne Diskussionen, ohne eine Meinungsverschiedenheit schläft jede Beziehung über kurz oder lang sicherlich ein!
- Die Veränderung einer Situation beginnt damit, dass man sie zur Kenntnis nimmt.
- Wenn Sie an Gedanken, Meinungen und Überzeugungen nicht mehr festhalten, können diese Sie verlassen!

- Eine gute Beziehung zu sich selbst ist die Basis der Beziehung zu anderen.
- Die Angst, verlassen zu werden, ist Ausdruck einer tiefer sitzenden Angst vor dem Alleinsein.
- Wie im Leben gibt es auch in der Partnerschaft keine absolute Sicherheit.
- Eine Beziehung zu entlasten bedeutet, zuerst einmal sich selbst und seiner eigenen Ziele und Visionen bewusst zu werden.
- Das Chaos in einer Beziehung spiegelt oft das eigene innere Chaos.
- Frauen sind oft verliebt in die Möglichkeiten, die uns ein Mann scheinbar bietet.
- Wir können nicht uns selbst, aber unsere Sichtweise verändern.
- Frauen sind chaosresistenter, finden leichter wieder aus verzwickten Situationen raus!
- Männer sind schnell überfordert und machen dann dicht!
- Männer überschätzen sich meist, während Frauen sich unterschätzen!
- Am besten, man erwartet von Männern nichts, dann können diese Erwartungen nur übertroffen werden!
- Menschen verändern sich dann, wenn man sie anders betrachtet!
- Nehmen Sie die Männer weniger ernst, und kümmern Sie sich lieber um Ihr persönliches Wohlbefinden!
- Jeder Partner ist überfordert, wenn er dazu gebraucht wird, die innere Leere des anderen zu füllen.

- Hören wir auf, den anderen zu kontrollieren! Jeder hat ein Recht auf ein eigenes Leben und auf seine Geheimnisse!
- Gestalten Sie sich Ihr Leben so, dass Abenteuer inbegriffen sind!
- Versetzen Sie Ihrem »inneren Schweinehund« einen kräftigen Fußtritt!
- Wenn es Ihnen gut geht, geht es Ihrer Umgebung auch gut!
- Nur wenn Sie sich selbst etwas wert sind, erfahren Sie auch Wertschätzung durch andere.
- Stehen Sie zu sich selbst, auch zu Ihren Rundungen! Denn »mit Speck fängt man Mäuse«!
- Interpretieren Sie nicht alles, was schiefgeht, als Ihr ganz persönliches Versagen!

5. Reden ist alles – Schweigen ist Käse

Haben Sie manchmal auch das Gefühl, dass Sie keiner versteht? Dass Sie sich mit dem Partner in einer Fremdsprache unterhalten, obwohl Sie die gleichen Wörter benutzen? Oder brilliert er durch vornehmes Schweigen?

Es ist uns meistens gar nicht klar, mit wie viel »Wucht« Worte unsere Mitmenschen treffen und wie sie manche Beziehung geradezu erschlagen können. Worte haben eine Macht, die heilend, tröstend, aber auch zerstörend sein kann. Worte werden oft einfach nur so dahingesagt, ohne dass man sich bewusst ist, dass sie auch die Macht haben, sich zu verwirklichen. Wer beispielsweise »er betrügt mich bestimmt« ständig wiederholt und immer wieder aussendet, braucht sich nicht zu wundern, wenn es irgendwann einmal Realität wird! Auch im täglichen Umgang miteinander häufen sich die ewigen Sticheleien, Nörgeleien und Vorwürfe. Das mag einem selbst nur als Kleinigkeit vorkommen, aber auch diese summieren sich und irgendwann läuft das Fass über und er davon! Fast ein jedes Beziehungsproblem lässt sich letztendlich auf ein Kommunikationsproblem zurückführen. Frauen klagen: »Er hört mir überhaupt nicht zu... er ruft nicht an... er verteilt nur Befehle und ist so schrecklich rechthaberisch.« Männer halten dagegen: »Sie ist ständig beleidigt, wenn ich mal was sage... sie wird sofort emotional und fängt an zu heulen...

Die Probleme lassen sich folgendermaßen auf den Punkt bringen: Männer hören nicht zu und Frauen fühlen sich von Männern miss- bis unverstanden oder nicht ernst genommen; Frauen interpretieren Männer falsch und Männer sind davon genervt, dass Frauen ihnen ständig Diskussionen »reindrücken«! Eher kann sich ein Massai mit einem Eskimo verständigen, als dass Männer und Frauen, die vordergründig die gleiche Sprache sprechen, zu einer Einigung kommen. Unterschiedliche Gesprächsstile sorgen für Missverständnisse und Verwirrung. Frauen und Männer fassen ein und dieselbe Aussage ganz unterschiedlich auf. Diese Interpretationsfehler und Missverständnisse können ebenso leicht eine Beziehung vergiften wie Unausgesprochenes und unter den Teppich Gekehrtes. »Er versteht mich ja sowieso nicht« oder: »Sie interpretiert das sowieso, wie es ihr in den Kram passt« führen dazu, dass der Funkverkehr zwischen Partnern zeitweise lahmliegt. Oft macht der Versuch, Probleme durch ein Gespräch zu lösen, alles noch viel schlimmer!

Manche Paare gehen davon aus, dass Liebe keiner Worte bedarf, oder sie denken, bei ihnen sei alles in bester Ordnung. Andere reden völlig aneinander vorbei oder quatschen ihre Beziehung tot! Rein theoretisch ist vielleicht alles »ausdiskutiert«, was nicht heißt, dass die Beziehung auch funktioniert. Selbst wenn es um Kleinigkeiten wie die Einrichtung des Hauses geht, stoße ich in meiner Beratungspraxis immer wieder auf die Unfähigkeit von Paaren, sich gegenseitig ihre Bedürfnisse und Wünsche mitzuteilen! Als Designerin nehme ich oft die Rolle einer Paartherapeutin ein. »Dass dir das nicht gefällt, hast du mir ja nie gesagt«, sagt sie. »Du hast mich ja noch nie danach gefragt«, kontert er. Nicht nur sexuelle Probleme können sich als ein Kommunikationsproblem herausstellen: Wenn beide auf diesem und anderen Gebieten ihre Wünsche, Vorlieben und Abneigungen nicht äußern, woher soll dann der eine wissen, was dem anderen gefällt?

Männer geben offen zu, Frauen nicht zu verstehen, wobei das nicht ihr größtes Problem ist. Sie haben schlicht und einfach Wichtigeres zu tun und leiden nicht unter dieser Tatsache. Während Frauen niemals aufgeben werden, die Sitten und Gebräuche der Spezies Mann wenigstens begreifen zu wollen. Aber machen wir uns nichts vor: Trotz unserer unendlichen Fantasie und unseres ausgeprägten bildlichen Vorstellungsvermögens werden wir sie nie verstehen. Selbst die weibliche Intuition ist überfordert, zu erklären, warum Männer bei einem verlorenen Fußballspiel ebenso weinen können wie beim »Paten« Teil eins bis drei. Aber trösten wir uns – auch wir stellen für Männer ein Rätsel dar. Sie werden nie den Film »Schlaflos in Seattle« verstehen können, noch werden sie dahintersteigen, warum Frauen gemeinsam zur Toilette gehen.

Beziehungen verstehen

In vielen Beziehungen scheint es, als hätten zwei Personen je ein Flugticket in der Tasche, sich aber nie über das Reiseziel verständigt. So dürfen sie auch nicht überrascht sein, dass sich bei Abflug herausstellt, dass jeder eine andere Reise gebucht hat. Beide bewegen sich, aber sie bewegen sich voneinander weg, wobei die Richtung auch nicht klar ist. Kommunikation dient zunächst einmal dazu, sicherzustellen, dass Sie nicht mit dem falschen Ticket in der Tasche abfliegen. Kommunikation in einer Partnerschaft dient der Verständigung über den Sinn und Zweck und vor allem das Ziel Ihrer gemeinsamen Reise! Eine funktionierende Kommunikation schafft Transparenz und Leichtigkeit, verhindert Missverständnisse und wirkt im Konfliktfall »klärend«. In diesem Wort steckt der Begriff »Klarheit« und »Klärung«, was auch so viel wie reinigen bedeutet. Mithilfe kommunikativer Fähigkeiten, das heißt bilateral verständlicher Gespräche, lassen sich Beziehungen aufräumen, Unnötiges entsorgen, Kompliziertes enttarnen. Es ist an der Zeit, das sowieso viel zu komplizierte Leben in einer Beziehung einfacher zu gestalten und nicht unnötig zu erschweren. Es geht darum, einfache Lösungen zu finden und dem Nebensächlichen auch einen entsprechenden Platz zuzuweisen. Störendes erhält Platzverbot!

Warum verkomplizieren wir überhaupt unsere Beziehungen? Warum machen wir uns das Leben so schwer? Es könnte doch so einfach sein, wenn beide sich lieben, alle gesund sind und die äußeren Parameter zumindest stimmig wären. Misstrauen wir dem einfachen Glück? Wenn man, was selten genug ist, Paare trifft, die keine Probleme miteinander zu haben scheinen, dann kommt uns das doch verdächtig vor! Als während meiner Studienzeit in der Wohngemeinschaft meines Freundes ein Zimmer frei wurde und ich mich dafür beworben habe, wurde ich von der Mehrzahl der Mitbewohner abgelehnt. Grund: Mein Freund und ich würden uns zu selten streiten!

Verbale und nonverbale Kommunikationsziele

Kommunikation bedeutet zunächst einmal Informationsaustausch. Und dazu gehören mindestens zwei, die eigentlich dasselbe Ziel verfolgen: einander besser zu verstehen. Medien wie Zeitung und Fernsehen informieren uns zwar auch, aber hier läuft die Information nur in eine Richtung: vom Sender zum Empfänger. Die verbale und nonverbale Kommunikation zwischen Menschen dient aber auch dazu, Beziehungen zu knüpfen, sich selbst darzustellen, dem anderen zu zeigen, wer man ist oder wer man gern wäre. Mit manchen Menschen will man aufgrund des ersten nonverbalen Eindrucks schon gar nicht näher in Kontakt treten.

Auf der geschäftlichen Ebene dient ein Gespräch dazu, sich dem anderen mitzuteilen, Information auszutauschen, Gemeinsamkeiten zu erzielen und zu geschäftlichen Abschlüssen zu kommen. Aber bevor man in die wichtigen Gespräche eintritt, dient der so genannte Smalltalk dazu, das Eis zu brechen, sich menschlich näherzukommen, eine freundliche Atmosphäre zu schaffen. Auf dem Affenfelsen läuft diese Phase des Kennenlernens nonverbal über Lausen und gegenseitiges Fellkraulen. Eine jede Begrüßung, jede Geste, jedes Kompliment ebenso wie der Austausch von Zärtlichkeiten haben diese Funktion: Man will über die Atmosphäre eine Bereitschaft hervorrufen, den anderen wohl positiv stimmen, um die Basis für eine tiefer gehende Beziehung zu schaffen! Scheitert man bereits in dieser Phase, stimmt der »erste Eindruck« nicht, hat man meistens schon im Vorfeld verloren! Ob man für einen Menschen Sympathie und Antipathie empfindet, entscheidet sich innerhalb weniger Sekunden!

Der Körper kann schlecht lügen

Die Sprache dient der Weitergabe von Informationen, weitaus wichtiger für die zwischenmenschlichen Beziehung ist aber die Kommunikation auf nonverbaler Ebene. Nonverbale Signale hinterlassen einen fünfmal stärkeren Eindruck als die verbalen: Immerhin laufen 55 Prozent der Kommunikation nonverbal, gerade mal sieben Prozent verbal und ganz 38 Prozent vokal, das heißt, wie etwas gesagt wird, Stimmlage und feine Nuancen. Die Bewegungen eines Menschen, seine Gesten, sein Tonfall und seine Verhaltensweisen sind Signale, die wir unbewusst aufnehmen und in der rechten Gehirnhälfte verarbeiten. In dieser Hälfte sitzt ebenso die Intuition und das bildliche Verstehen. Kein Wunder also, dass Frauen wahre Meisterinnen in der Interpretation körpersprachlicher Signale sind! Der Körper kann schlecht lügen, seine Botschaften wirken unterbewusst! Was ein Mann sagt, ist das eine, aber wie er es sagt, überführt ihn! Kein Wunder, dass die meisten Lügen telefonisch verbreitet werden!

Falls Männer mal was sagen

Dass der männliche Kommunikationsstil ein anderer ist, ist hinreichend bekannt. Zusammen mit einer machohaften Körpersprache ist es nicht gerade das, was eine Frau besonders anspricht. Aber sehen wir den Fakten ins Auge und nehmen wir sie so, wie sie sind: Eine Tatsache, die die Kommunikation mit Männern wesentlich erleichtert, ist ihre Direktheit. In den meisten Fällen meinen Männer das, was sie sagen. Falls sie etwas sagen. Was sie sagen, das sagen sie nicht oft. Und da Frauen etwas dreimal hören müssen, um ihm Glauben zu schenken, gehen wichtige Informationen oft an ihnen vorbei. Sie wirft ihm vor: »Aber du hast mir doch gar nichts gesagt!« Und er kontert: »Doch, aber du hast mir nicht zugehört!« Männer sagen klar und deutlich, was sie wollen. Wem das nicht gefällt, der muss sehen, wo er oder sie bleibt. Hören Sie ihnen doch einfach mal zu! Wir können zweifellos jede Menge von ihrem direkten Kommunikationsstil lernen! Der Vorwurf der Frauen »Du hörst mir nicht zu« kann auch bedeuten: »Du verstehst nicht, was ich meine« oder: »Du reagierst nicht auf mich.« Frauen wollen ein Interesse spüren, durch Nachfragen oder kleine Worte wie »ja wirklich?«, durch Lachen oder Zustimmen. Aber Männer hören oft zu und bleiben dabei stumm. Das wird von der Frau dann häufig als Desinteresse gewertet.

Männer reden in der Öffentlichkeit mehr als Frauen. Sie brillieren plötzlich auf Partys und erzählen Witze, während sie zu Hause stumm wie die Fische sind. Sie äußern ihre Meinung in Sendungen und öffentlichen Diskussionen, und das auch zu Themen, zu denen sie eigentlich nichts zu sagen haben. In Sitzungen reißen sie Gespräche an sich, zeigen dadurch ihren Status in der Gruppe, um am Abend zu Hause wieder völlig zu verstummen. Für Männer ist der verbale Ausdruck auch eine Art Selbstdarstellung und Werbung um eine mögliche Partnerin. Kein Wunder, dass mancher einen romantischen Abend mit einem Vorstellungsgespräch zu verwechseln scheint. Der Typus »Zutexter« monologisiert stundenlang in allen Details über seinen Job. Zu welchen sportlichen Höchstleistungen er es gebracht hat, wird er Ihnen ebenso wenig vorenthalten wie andere Heldengeschichten. Nach ein paar Stunden kennt ihn Frau in- und auswendig. Sie weiß nun, wie toll er ist, und kann sich daraufhin ein weiteres Date ersparen. Dieser Angebertyp zeichnet sich dadurch aus, dass er sein weibliches Gegenüber zwischendrin mal der Höflichkeit halber fragt, was es eigentlich so tut. Die Frage klingt weniger überzeugend, eine Antwort wird nicht erwartet und auch nur dazu benutzt, um seine Fähigkeiten auch auf ihrem Gebiet herauszustellen. Egal, wo man im Urlaub schon war, er war bereits vorher da oder kennt Stellen auf dieser Welt, wo es weitaus schöner ist. Egal, welches Auto man fährt, welche Musik man hört, er hat für alles einen Kommentar und beeindruckt durch seine allumfassenden Kenntnisse. Ob berufliche Fähigkeiten, seltenes Wissen oder auch seine eigene Krankheit – dieser Typ Mann versteht es wie ein Vertreter, alles an die Frau zu bringen. Dass sie dabei irritiert auf die Uhr schaut oder nichts dazu sagt, bestärkt ihn nur darin, weiter zu reden!

Männer tendieren also vor allem in der Öffentlichkeit zu Monologen. Frauen stört das nicht, weil sie schon so daran gewöhnt sind und jedes Wort, das ungefragt aus einem Männermund kommt, mit Dankbarkeit verfolgen. Irgendwann am Abend wird ihnen dann bewusst, dass sie die Außenhandelsbilanz Kroatiens reichlich wenig interessiert. Hier hilft nur eins: Entschuldigen Sie sich und suchen Sie die nächste Toilette auf. (Das ist der wahre Grund, warum wir Frauen so oft aufs Klo rennen!) Kommunikation geht normalerweise in zwei Richtungen. Aber Männer haben das Talent, selbst eindeutige Fragen zu benutzen, um in einen Monolog einzusteigen und eigene Erfahrungen zum Besten zu geben. Als ob sie ihr Schweigegelübde gerade nur an diesem Abend brechen, verfügen Männer seltsamerweise über Kenntnisse auch auf Gebieten, von denen sie nichts verstehen und machen aus einem Gespräch im Nu eine private Vorlesung.

Betrachten Sie diese Art Abende wie eine kostenlose Weiterbildung: Das Niveau ist nicht sehr hoch, aber wenn man gut zuhört und die richtigen Fragen stellt, kann man jede Menge lernen! Männermonologe sind ein patentierfähiges Fortbildungsprogramm. Sie beglücken uns überall und ungefragt mit ihrem Wissen. Ich hatte das Vergnügen, während einer Bahnfahrt von Stuttgart nach Hannover eine Vorlesung zum Thema »Antriebstechnik der neuen ICE-Generation im Vergleich zur ersten« unfreiwillig zu belegen. Der »Dozent« saß mir gegenüber und fing in dem Moment zu sprechen an, in dem ich von meinem Buch aufsah. Er referierte von Mannheim bis zur Einfahrt des Zuges in Hannover. Entweder hielt mich meine Höflichkeit, meine gute Erziehung oder mein grundsätzliches ethnologisches Interesse an allem Banalen davon ab, ihn zu fragen: »Haben Sie keinen Friseur, dem Sie das alles erzählen können?« Vielleicht hätte ich ihm meine Geschichte zum Besten geben sollen, dass ich nämlich diese 350 Kilometer per Bahn und sein Geschwätz billigend in Kauf nehme, nur um mich für eine Nacht in Hannover mit meinem Liebhaber aus Berlin zu treffen.

Das Schweigen der Lähmer

Am einen Ende auf der männlichen Kommunikationstypenskala sitzt der Dummschwätzer, am anderen Ende der »Autist«. Ich möchte mit dieser Bezeichnung den wirklichen Autisten nicht zu nahe treten, diese zeichnen sich unter anderem durch überdurchschnittliche Intelligenz aus. Der autistische Mann schweigt ganz oder redet wenig und lässt sich selbst und andere im Ungewissen. Nicht nur auf die Frage »Was gibt es Neues?« antwortet er mit »Nichts«. Dieses kleine Wort kann Frauen zur Weißglut treiben, denn dahinter verbergen sich oft, zumindest für Frau, wichtige Informationen wie beispielsweise »Ingo und Birgit wollen heiraten«. »Nichts« kann aber auch heißen, es ist etwas Persönliches, etwas Unausgereiftes, und ich will (noch) nicht darüber reden. Ihr eigenes Schweigen stellt für Männer selbst kein Problem dar, verstehen sie sich doch mit ihren Freunden auch so. Männliche Aktivitäten können gemeinsames Angeln genauso sein wie gemeinsames Motorradfahren. Hierbei kommt man den ganzen Tag miteinander aus, ohne miteinander sprechen zu müssen. Für Frauen undenkbar ist die Variante, dass Männer beste Freunde haben, mit denen sie schon seit Jahren kein Wort mehr gewechselt haben.

Schweigen ist für ihn kein Kommunikationsproblem, sondern Teil seiner ganz besonderen Persönlichkeit. »Ich war schon immer so«, und damit hat er meist Recht. Nur hat Frau ihn anfangs nicht so wahrgenommen. Sie war fasziniert von seiner einfühlsamen Art, zuhören zu können, von seiner Tiefe und der Möglichkeit, dieses »stille tiefe Wasser« erkunden zu können. Stille Typen sind für viele Frauen eine wahre Herausforderung, in schlammigen Gewässern können doch eigentlich nur Schätze vergraben sein! Außerdem suchen sich meistens temperamentvolle, gesprächige Frauen solche Männer aus, bei anderen kämen sie ja gar nicht zu Wort. Das Problem mit den Stillen ist, dass sie auch dann nichts sagen, wenn ihnen etwas nicht passt. Jahre später, vielleicht unter der Einwirkung von Alkohol, werden sie lockerer und outen sich plötzlich mit allem, was sich so im Laufe der Jahre angestaut hat. Ihm näherzukommen hieße, ihm einen ausgeklügelten Fragenkatalog vorlegen zu müssen. Seinen Nichtkommentar darf man aber niemals als Zustimmung interpretieren. Der Stille ist für Frau auch darum so attraktiv, weil sie ihn wie eine weiße Leinwand bemalen kann, sich ausmalen kann, wie er wirklich ist. Er bietet wenig Kontra und Platz genug für Fehleinschätzungen jeder Art!

Einen gewissen angeborenen Autismus bringt jeder Mann schon von Haus aus mit: Manche Wörter fehlen im Sprachschatz von 99 Prozent aller Männer komplett! Wahrscheinlich ein genetischer Sprachdefekt. Vielleicht brechen Männer auch ein Gelübde, das diese Spezies vor viertausend Jahren abgelegt hat, wenn sie beispielsweise »es tut mir Leid« sagen müssten. Auch das Wort »Danke« ist von manchen mit einem Tabu belegt. Der Satz »ich liebe dich« ist gerade mal Hollywoodschauspielern unter Androhung des Verlusts ihrer Gage antrainiert worden. Der Wortschatz für alle Arten von Gefühlen, außer Schmerz und Hunger, scheint ihnen vollkommen zu fehlen! Darüber hinaus haben die meisten Männer eine Allergie gegen Komplimente aller Art. Frei nach dem Motto »Wenn ich nicht tadele, ist das Lob genug«.

Wenn Männer nichts sagen, fühlen Frauen sich ungeliebt. Für Männer ist allein die Tatsache, dass man zusammenlebt, ein ausreichender Beweis für Liebe. Diese muss nicht ständig wieder bestätigt werden. An einem Silvesterabend sagt sie zu ihm: »Ich liebe dich.« Daraufhin antwortete er: »Das musst du mir aber nicht jedes Jahr sagen.« Frauen brauchen die verbale Bestätigung seiner Zuneigung und sehen das Miteinanderreden als Zeichen von Sympathie und Zuneigung an. Wenn Frau mal längere Zeit nicht mit ihm spricht, hat er wirklich ein Problem! Dann hat sie sich zurückgezogen und versucht, ihn (vergeblich) durch ihr Schweigen zu strafen. Frauen gehen durch Schweigen auf Distanz. Für sie bedeutet Nähe auch, ihm all ihre Sorgen zu erzählen. Während er auf Distanz geht und sie nicht durch seine Probleme unnötig sorgen, sie beschützen und vor Bösem behüten möchte, begreift sie sein »Schweigen« als Vertrauensverlust.

Manche Frauen fallen aus allen Wolken, wenn ihr Mann entlassen wird oder mit einer Botschaft vom Arzt kommt. Er redet erst, wenn die Situation, über die sie sich Sorgen macht, schon längst eingetroffen ist. Männer reagieren manchmal auf ihre Nähe durch Rückzug. Verlieben sie sich, so erschrecken sie vor ihren eigenen Gefühlen, fühlen ihre Freiheit in Gefahr und ziehen sich zurück. Frau fürchtet, ihn durch den Verlust der Nähe überhaupt zu verlieren und rückt noch näher. Sie ist reizend, bemüht sich um ihn, überhäuft ihn mit Aufmerksamkeit, was wiederum dazu führt, dass er noch weiter wegrückt. Sie rückt nach, er entfernt sich noch weiter. Das ganze Spiel lässt sich nur dadurch unterbrechen, indem sie ihn in Ruhe lässt! Entsprechend der tibetischen Weisheit: »Was du jagst, das flieht vor dir, und was du loslässt, wird dir folgen!«

Stattdessen: Unterschiede akzeptieren

In einer Beziehung miteinander zu kommunizieren bedeutet, Gespräche auf gleicher Ebene zu führen mit dem einen Ziel, einander zu verstehen. So weit sind sich Mann und Frau bestimmt noch einig. Am »Wie« allerdings scheiden sich die Geister. Frauen sehen sich in ein soziales Netzwerk eingebunden und kommunizieren auf gleicher Ebene, sozusagen horizontal. Gespräche sind für sie ein Zeichen enger Freundschaft und sicherer Beziehungen in einer unsicheren Welt. Ziel der weiblichen Gesprächskultur ist es vor allen Dingen, mit dem Gesprächspartner Gemeinsamkeiten herzustellen und Unterschiede zu minimieren. Frauen reden privat sehr viel mehr als Männer. Klatsch ist für sie ein Zeichen dafür, dass man sich für andere interessiert und Smalltalk ist zwischenmenschliches Schmiermittel und Zeichen für Verbundenheit. Worüber dabei letztlich gesprochen wird, ist sekundär.

Für Männer bedeutet auch ein Gespräch einen Kampf innerhalb einer hierarchischen Ordnung, eine Art Wettkampf, um oben und unten klar zu definieren. Sie kommunizieren also vertikal und sehen Diskussionen unter anderem als Positionsbestimmung. Ihr Kommunikationsstil ist hierarchisch strukturiert: Der eine sagt dem anderen, was zu tun ist. Ziel ist mehr Status oder die Erhaltung des jetzigen. Darum reagieren Männer extrem aggressiv, wenn sie von ihren Frauen im Beisein anderer Männer kritisiert oder herumkommandiert werden. Unterlegen zu sein bedeutet Statusverlust. Sie finden Gespräche mit klugen Frauen vielleicht noch interessant und anregend, sitzt diese jedoch täglich am Frühstückstisch, erleben sie sie als Bedrohung. Jedes Gespräch wird auf einen eventuellen Statusverlust hin überprüft. Nach dem Motto: Bin ich jetzt größer oder kleiner, auf- oder abgewertet?

Frauen haben unterschiedliche Methoden, um etwas zu erreichen und ihre Ziele durchzusetzen: Sie machen Vorschläge und sind offen für die anderer. Selbst dabei geht es ihnen immer um Intimität und Bindung. Frauen denken gern laut und entwickeln ihre Gedanken beim Sprechen. Sie wollen nur über Probleme reden, wollen getröstet werden. Männer jedoch machen konstruktive Vorschläge, wollen ihre Probleme nur lösen, was wiederum von den Frauen als »Gefühlskälte« interpretiert wird! Dieses Pingpongspiel gegenseitiger Missverständnisse macht beide so langsam mürbe. Sie vermisst bei ihm Empathie, und er versteht nicht, warum sie seine Lösungen nicht endlich annimmt! Hat er mal Probleme, ist es ihr vor allem wichtig, ihr Verständnis auszudrücken: »Das kenne ich, das geht vorbei.« Für ihn wiederum sind vergleichbare Erfahrungen ein Abwerten und »Runterputzen« seiner Erfahrung und er reagiert sauer. Wie kann sie wirklich wissen, was Zahnschmerzen sind! »Das ist ja nicht so schlimm« macht den anderen klein und tröstet ihn nicht. Und dabei sind seine Zahnschmerzen in Wirklichkeit doch viel schlimmer gewesen!

Wissen ist Macht und wer die Information hat (= den Weg kennt), hat die Macht. jedenfalls aus männlicher Sicht. Wer den Weg nicht kennt (= fragen muss), ist der Trottel! Männer helfen gern, weil sie damit ihre Überlegenheit zeigen und somit an Status gewinnen können. Informationen anzunehmen, vor allem, wenn sie von einer Frau kommen, bedeutet Statusverlust. Darum fragen Männer so gut wie nie nach einem Weg, verfahren sich lieber oder erfinden GPS. Und sie antworten Männern, wenn sie nach dem Weg gefragt werden, ihn aber nicht kennen, meist mit irgendeiner Beschreibung. Anstatt zuzugeben, nichts zu wissen, führen sie einen lieber in die Irre! Frauen hingegen bieten ungefragt einem Passanten, der auf der Straße in einem Stadtplan sucht, ihre Hilfe an. Sie nehmen sie auch gern entgegen, weil sie damit wiederum Bindung erzeugen. Manchmal fragen sie einfach so nach dem Weg, um in einer fremden Umgebung soziale Kontakte zu knüpfen.

Ziel der weiblichen Gesprächstechnik ist Harmonie und Verständnis. Darum entwickeln sie einen eher subtil fordernden Stil: »Lass uns doch noch mal an der Ecke anhalten«, oder: »Wir könnten auf dem Rückweg doch noch mal ...« Anstatt konkret zu sagen, was sie will, versucht Frau, ihm ihren Willen unterzuschieben und ihre Vorstellungen durchzusetzen. Männer verstehen das als Manipulation. Und da sie nur an Status gewinnen, indem sie selbst Anordnungen geben oder sich weigern, anderen Anordnungen zu folgen, treibt sie das oft auf die Barrikaden. Wenn sich Männer manipuliert fühlen, gehen sie in Opposition. Bei Forderungen, die er nicht erfüllen kann, macht er dicht oder rennt weg! In jedem Fall muss der andere das, was er gibt, freiwillig und ohne Druck geben. Eine klare Frage: »Hast du was dagegen, wenn wir auf dem Rückweg noch da und da vorbeifahren?«, versetzt den Mann in eine andere Position. Ein Mann reagiert auch auf ihre Bitten verzögert (wenn überhaupt), er vermutet dahinter Druck und braucht zumindest das Gefühl, es freiwillig zu tun. Selbst am letzten Tag einer Beziehung achten sie noch darauf, ja nicht ihr Gesicht zu verlieren! Iris, 38, bat ihren Mann, nachdem er sie seit einem halben Jahr betrügt, endlich auszuziehen. »Ich hielt es nicht mehr aus, warf ihn telefonisch raus. Ich sagte ihm, er solle seine Sachen abholen und noch heute das Haus verlassen.« Als er kam, tat er so, als habe das Telefonat nie stattgefunden. Er packte seine Koffer und sagte: »Also ich ziehe jetzt aus, ich halte das hier nicht mehr aus.« Sie war perplex, immerhin hatte sie ihn rausgeschmissen und er tat jetzt so, als sei es seine freie Entscheidung!

Eins nach dem anderen

Das Kommunikationsproblem Nummer eins ist, dass Männer anscheinend schon gar nicht zuhören! Aber wenn Sie sichergehen wollen, dass Mann versteht, was Sie ihm sagen, müssen Sie sicherstellen, dass die äußeren Voraussetzungen dafür geeignet sind. Denn Männer können nur eins von beidem: entweder kauen oder zuhören, entweder Zähneputzen oder zuhören, entweder Auto fahren oder zuhören, entweder in der Nase bohren oder zuhören, entweder Musik hören oder Ihnen zuhören, entweder ein Foto anschauen oder zuhören. Also stellen Sie sicher, dass keine andere Lärmquelle in Konkurrenz mit Ihren Worten besteht, keine Musik, kein Fernsehen. Stellen Sie auch sicher, dass Mann nichts in der Hand hat – keinen Schraubenzieher, keine Zigarette oder die Fernbedienung. Männer können nur in seltenen Fällen ihre Hände und grauen Zellen gleichzeitig benutzen! Dass Männer immer nur eines können, gilt übrigens auch fürs Denken. Er kann sich nicht überlegen, welches Menü er bestellen will, wenn Sie dabei reden. Er kann sich keine Gedanken machen, wenn er mit dem Hund spielt. Bei ihm hat alles seine Zeit, aber was er dann macht, macht er voll konzentriert und richtig! Die weibliche Fähigkeit, das »Multitasking«, also verschiedene Dinge gleichzeitig zu machen, geht ihm vollkommen ab! Während wir uns glücklich schätzen, gleichzeitig Zeitung lesen, den Hund füttern, telefonieren zu können, steht er dieser typisch weiblichen Fähigkeit eher skeptisch gegenüber. Zu Recht! Zum einen kann Multitasking auf Dauer ziemlich anstrengend sein und zum anderen kann man auf diese Art und Weise wirklich nur Oberflächliches leisten.

Stattdessen: Tagesordnung festlegen

Also geben wir den Männern Zeit und Raum. Und vor allem: Überfordern wir sie nicht auch noch thematisch! Ihm eine Geschichte am Abend zu erzählen, in der höchstens zwei Personen eine Rolle spielen, reicht! Überrollen Sie ihn nicht nach einem aufregenden Wochenende mit Ihren Freundinnen, und verschonen Sie ihn mit den Inhalten der Referate Ihrer Weiterbildung! Frauen können dem inneren Drang, sich mitzuteilen und ihre Freude zu teilen, schwer widerstehen! Heben Sie sich das für ein Telefonat mit Ihrer Freundin auf und füttern Sie ihn nur mit kleinen Häppchen Ihrer Reise. Ansonsten verdirbt er sich den Magen und ist total durcheinander. Männer können nur ein Thema pro Tag verarbeiten. Ihre Festplatte ist sehr begrenzt. Sie verfügen über ein bewundernswertes System, das, ähnlich wie bei einem Föhn, bei Überforderung oder Überhitzung von allein abschaltet. »Du hörst mir ja überhaupt nicht mehr zu!« ist schon richtig beobachtet. Kommunikationsstrategien aus dem geschäftlichen Bereich mit rüber ins Privatleben zu nehmen, erscheint zwar absurd, aber es kann hilfreich sein. Wenn sie sich beschwert, dass er ihr nie zuhört und keine Zeit für sie hat, muss sie eben einen Termin mit ihm vereinbaren. »Ich habe mit dir die und die Punkte (bitte nicht zu viele) zu besprechen und schlage heute Abend acht Uhr vor. Wir werden wohl eine Stunde brauchen. Hast du Zeit?« Diese Vorgehensweise hat den Vorteil, dass er nicht nur »ich muss mit dir reden« hört und eine Flutwelle von Vorwürfen erwartet, sondern genau weiß, was auf ihn zukommt.

Nach Hause telefonieren

Der Witz ist uralt, aber die Pointe ist immer noch zutreffend: »Was ist der Unterschied zwischen E.T. und einem Mann? E.T. hat zu Hause angerufen.« Ohne Telefon könnte Frau kaum existieren. Es dient der weiblichen Seelenhygiene! Der telefonische Austausch mit Freundinnen ist den meisten ein Grundbedürfnis. Männer hingegen haben bis heute seine Funktionsweise nur unvollständig durchschaut. Ihnen scheint entgangen zu sein, dass man es auch benutzen kann, wenn es nicht klingelt! Ich frage mich schon mal, wozu Männer heutzutage ihr Handy wie einen Revolver am Gürtel tragen. Oder ist es eine Attrappe, die nur klingeln kann, wenn Mann im Restaurant sitzt, am Tresen steht oder gerade einparkt? Wen ruft er damit an? Eins ist sicher – weder seine Angetraute noch seine Freundin. Er hat einfach keine Zeit, an sie zu denken, denn er ist den Tag über mit Wichtigerem beschäftigt. Männer denken nicht dauernd an Frauen. Jedenfalls nicht an ihre eigenen, nicht an die, die in ihrem Leben vorkommen. »Könntest du dir nicht mal zwei Minuten Zeit nehmen, mich anzurufen und zu fragen: ›Schatz, wie geht es dir?‹« Auf diese Idee kommen die meisten Männer überhaupt nicht. Und wenn er schon am Anfang einer Beziehung nicht telefonieren kann, wird er es im Laufe Ihrer Ehe auch nicht lernen. Oder glauben Sie, er wird Sie später anrufen, um sich nach dem Befinden der scharlachkranken Kinder zu erkundigen? Also gleich Finger weg von diesen Ignoranten!

Es gibt sie aber, die Ausnahmen. »Er hat mich heute schon zweimal angerufen«, erzählt mir meine Freundin Sonja, und dabei war es gerade mal Viertel nach acht am Montagmorgen. Ihr Gatte ruft sie mehrmals täglich an und hebt dadurch den statistischen Schnitt extrem an! Allerdings haben seine Anrufe unter anderem eine Absicht: Kontrolle. Als eifersüchtiger Ehemann will er ständig sicher sein, dass sich seine Frau zu Hause befindet, beziehungsweise ist sie ja dank mobiler Telefone überall »aufspürbar«. Zu Beginn ihrer Ehe fand sie diese Anrufe noch sehr schmeichelhaft, nach einem knappen Jahr ist sie total genervt! Kontrolle über den Partner zu haben ist vor allem ein Problem unsicherer und nicht in sich ruhender Menschen. Der Kontrolle liegt die Angst zu Grunde, verlassen zu werden. Ständig müssen sie sich rückversichern, ob der andere noch da ist und sie geliebt werden. Egal wie oft am Tag sie das hören, wirklich sicher sind sie nie. Denn dafür gibt es keine, aber auch gar keine Garantie.

Liebe Männer, wenn ihr bei Frauen punkten wollt, gibt es ein denkbar einfaches Mittel: Ruft doch an! Macht eurer Frau oder Freundin die Freude und ruft sie mindestens ein Mal täglich an. Fragt einfach nur: »Liebling, was machst du gerade?«, oder sagt ihr, dass ihr nur ihre Stimme hören wolltet. Und schon ist sie im Glück. Es ist so einfach, eine Frau glücklich zu machen! Und wenn ihr nicht dran denkt, dann stellt den Wecker eures Handys und lasst euch daran erinnern, sie anzurufen. Für Frauen eine gute Nachricht: Die Telefonleitung geht in zwei Richtungen. Also nicht mehr ärgern, sondern wählen. Auch auf die Gefahr hin, dass Sie zum zehnten Mal anrufen. Akzeptieren Sie einfach, dass er Sie nicht anrufen wird. Sie haben nur eine Chance, ihn am Telefon zu sprechen: Indem Sie selbst wählen oder Ihre Einstellung ihm gegenüber verändern!

Legasthenie oder wie?

Vielleicht scheuen sich Männer, schriftlich etwas festzulegen, weil es schwarz auf weiß eine gewisse Verbindlichkeit in sich birgt? Eine weitere weibliche Lieblingsbeschäftigung ist das Versenden von SMS-Nachrichten. Auf diese Weise grüße ich meine Freunde von meinen Reisen, lasse sie einfach wissen, dass ich gerade an sie denke und freue mich auch über eine kleine Botschaft ihrerseits. Es scheint eine besondere Spezies Männer zu geben, die nicht auf meine Botschaften antworten, auch wenn es sich dabei um eindeutige Fragen handelt wie: »Essen wir heute Abend zusammen?« Gelesen wurde die Nachricht, aber dann fiel sie in ein schwarzes Loch. In diesem schwarzen Loch landen auch Briefe mit sehr persönlichem Inhalt. Wenn ich nicht ganz sicher wäre, dass diese Herren des Lesens und Schreibens durchaus mächtig sind, würde ich von einer neuen Ära der Legasthenie ausgehen. Briefe, die wir Frauen verfassen, um beispielsweise unsere Gefühle zum Ausdruck zu bringen, werden oft nicht einmal beantwortet. Den mündlichen Kommentar, den ich vom Empfänger meiner überaus intimen Botschaften erhielt, war immerhin: »Hättest du mir den Brief mal lieber vorgelesen, ich konnte dein Gekrakel schlecht entziffern.« Ich gestehe ihm meine Liebe, enthülle meine Gefühle und werde daraufhin von ihm mit einer verbalen Steinzeitkeule getroffen. Frau kann sich das Schreiben von Briefen als Kommunikationsmittel sparen. Ein Brief per Post zugestellt, macht Männern Angst! Männer hassen es, über Gefühle zu reden, geschweige denn darüber zu lesen. Sie sind davon peinlich berührt, weil sie nicht wissen, wie sie darauf reagieren sollen. Ein Liebesbrief kann sie vollkommen irritieren! Sie können schon davon ausgehen, dass er den Brief erhalten hat (so schlampig ist die Post auch nicht), aber Sie sollten nicht unbedingt davon ausgehen, dass er ihn auch gelesen hat. Also besser: Vorlesen!

Männer lassen lesen. Das betrifft sowohl Bücher als auch Gebrauchsanleitungen. Sie gehen im Leben wie auch bei technischen Geräten nach dem Prinzip »try and error« vor. Erst wird mal probiert, wenn's dann nichts wird, kann man immer noch fluchen und danach vielleicht heimlich die Gebrauchsanleitung lesen. Mann mit seinem genetisch eingebauten Technikverständnis kommt doch mit einem läppischen Apparat wie einer Digitalkamera auch ohne Skript aus. Die Anleitung für meine neue Kamera umfasst exakt 218 Seiten, das entspricht einem normalen Kriminalroman. Und ähnlich spannend finde ich die Lektüre und arbeite mich von vorn nach hinten durch, zugegebenermaßen auch hart am Gerät. Aber sowohl in der Technik als auch im sonstigen Leben gehen wir Frauen wohl eher auf Nummer sicher. Das sollte uns beim System »Mann« eigentlich längst stutzig gemacht haben. Warum wurde mit ihm keine Gebrauchsanleitung geliefert? Liegt es daran, dass niederkomplexe Systeme keine brauchen?

Da die männliche Wahrnehmung eher auf bewegte Objekte reagiert, könnte es sein, dass das gedruckte, recht bewegungslose Wort sie rasch ermüdet und sie von Natur aus weniger zum Lesen taugen. Frau könnte es ja mal mit einer Videobotschaft versuchen. Ich nehme inzwischen Abstand von schriftlichen Geständnissen und trage diese lieber persönlich vor. Zum einen kommt dies der männlichen Leseschwäche entgegen, und zum anderen hinterlasse ich somit der Nachwelt oder meinen Nachfolgerinnen keine schriftlichen Beweise. Ansonsten hilft auch hier: klare Forderungen, mit der Bitte um Antwort innerhalb der nächsten Tage.

Stattdessen: Soziale Kompetenz

Dass man mit dem anderen so umgehen sollte, wie man möchte, dass dieser mit einem selbst umgeht, dürfte eigentlich klar sein. Aber meiner Beobachtung nach scheinen die banalsten Regeln zwischenmenschlichen Miteinanders immer mehr in Vergessenheit zu geraten. Angefangen von der Höflichkeit, dass man sich entschuldigt, wenn man jemanden anrempelt über die kleinen Wörtchen »bitte« und »danke«. Gerade das Danken hat eine große Kraft und zeigt, dass die Leistung oder auch Liebe des anderen nicht selbstverständlich ist. Danken bringt dem Gegenüber Achtung zum Ausdruck, genauso wie ein Lob oder ein ehrlich gemeintes Kompliment. Beziehungen lassen sich unendlich aufwerten durch ein respektvolles Miteinander. Und dabei handelt es sich um Kleinigkeiten, die nichts, aber auch überhaupt nichts kosten! Frauen schätzen Pünktlichkeit und werden genauso schwach, wenn über männliche Lippen der Satz »Es tut mir Leid« seinen Weg findet! Auch wenn sie es nicht zugeben, sie lieben Kavaliere, die ihnen nicht nur in den Mantel helfen, sondern auch noch ein Kompliment zur Hand haben. Allerdings kann der weibliche Instinkt echt von falsch in $^{7}/_{100}$ Sekunden unterscheiden! Zur Höflichkeit zählt auch, dass man sich dem anderen ganz widmet! Das Handy bleibt bei einer Verabredung aus! Nichts ist schlimmer als das Gefühl, gleich ruft noch ihr oder seine Ex an! Schenken Sie ihm oder ihr Ihre ganze Aufmerksamkeit und Ihr wahres Interesse an ihrem Leben.

Der Umgang miteinander ist nicht nur auf der privaten Ebene extrem verbesserungsfähig. Im Geschäftsleben hat sich längst herumgesprochen, dass Fachwissen allein, ohne die so genannten »weichen Fähigkeiten« (soft skills) nicht zum Erfolg führen kann. Soziale und emotionale Kompetenz sind im Umgang miteinander unumgänglich! Die Kenntnis der »Naturgesetze« zwischenmenschlicher Beziehungen, die Fähigkeit, eine Atmosphäre zu schaffen, in der sich der andere sicher und wohl fühlt ist auch bei der Gestaltung einer partnerschaftlichen Beziehung von Vorteil.

Schluss mit den Missverständnissen!

Keine Frage, wenn wir mit geringen Chinesischkenntnissen in China unterwegs wären, würde an jeder Ecke ein Fettnäpfchen stehen, in das wir gern aufgrund sprachlicher und kulturell bedingter Missverständnisse hineinträten! Aber so weit brauchen wir nicht zu reisen, die Missverständnisse lauern auch hier. Wir brauchen uns nur mit einem Mann zu treffen. Missverständnisse bezeichnen eine Diskrepanz zwischen dem, was der eine sagt und der andere versteht. Zwischen Männern und Frauen klaffen Welten bezüglich der Interpretation banaler Umstände. Nehmen wir das Beispiel: »Machen wir uns einen schönen Abend?« Sie holt ihn ab, hat sich schick gemacht und freut sich darauf, mit ihm auszugehen. Er öffnet ihr die Tür, mit Jogginghosen bekleidet und einer Fernbedienung in der Hand. Ohne Frage, auch ein Abend zusammen auf dem Sofa vor dem Fernseher kann seine Reize haben!

»Wollen wir nicht mal wieder schön weggehen?« Klar, wer will das nicht. Aber was verbirgt sich dahinter? Für ihn kann »schön weggehen« bedeuten, zum Angeln zu gehen oder zum Fußball oder zusammen ein Bier trinken. Sie versteht darunter einen Abend, wo sie sich mal so richtig in Schale wirft, essen und danach tanzen geht oder vielleicht in die Oper. Seltsam, dass unsere Freundinnen uns alle verstehen, nur unsere Männer nicht?! Wir Frauen haben dieselben Bilder im Kopf, Männer haben andere. Es ist, als ob Mann und Frau zwar im Kino nebeneinandersitzen, aber für ihn und für sie wird ein völlig anderer Film gespielt!

»Du hättest mich ja wenigstens mal fragen können!«, war ihre Reaktion auf seine eigenmächtige Buchung eines Hotels in den Bergen. Er wollte sie mit diesem Wochenende überraschen, aber sie fühlte sich überfahren! Dies ist ein weiteres Beispiel dafür, dass man es dem anderen selten recht machen kann. Manchmal ist es vollkommen egal, was man wie tut, man macht es eh immer verkehrt. Ist Frau mit einem Mann beim Essen und bezahlt sie im Restaurant ihre Rechnung selbst, fühlt er sich beleidigt. Lässt sie ihn bezahlen, fühlt er sich ausgenommen. »Ich will heute Abend nicht weggehen, ich brauche mal meine Ruhe« äußert sie und ist dann sauer, wenn er sich mit seinen Kumpels verabredet. Hat sie nicht gesagt, sie will ihre Ruhe? Die lass ich ihr doch! Aber sie hat sich unter »ihrer Ruhe« vorgestellt, dass er einfach da ist, neben ihr auf dem Sofa sitzt und vielleicht sogar Händchen hält!

Stattdessen: Lieber nachfragen

Also entweder es stimmt miteinander, oder es stimmt nicht. Falls im Vorfeld einer Beziehung schon überall die Tretminen der Missverständnisse liegen, werden diese im Laufe der Zeit nicht weniger. Und sich in seinen Absichten dem anderen ständig zu erklären, kann auf Dauer ganz schön anstrengend und weniger anregend sein! Bei Frauen ist das Gedankenlesen sehr beliebt, was die männliche Verschwiegenheit auch erfordert. »Ich dachte immer, da er abends so spät nach Hause kommt, möchte er wenigstens mit mir frühstücken. Also bin ich extra seinetwegen immer um sechs Uhr aufgestanden.« Erst nach Jahren erfuhr sie, dass er am liebsten morgens seine Ruhe hatte und eigentlich niemanden sehen und hören wollte. Aber falsche Rücksichtnahme seinerseits und falsche Vorwegnahme ihrerseits führten in eine Situation, in der keiner glücklich war. Sie wäre lieber im Bett geblieben, und er hätte lieber allein gefrühstückt! Aber anstatt ihn zu fragen, was er wirklich will, denkt Frau, sie wüsste über seine geheimsten Wünsche Bescheid. Kann ja schon sein, aber es kann auch total danebengehen. Ebenso bei anderen Gelegenheiten. Vorauseilender Gehorsam ist auch eine Art des Gedankenlesens: »Er hätte bestimmt etwas dagegen, wenn ich ohne ihn verreisen würde.« Aufgrund dieser Annahme fährt sie nicht mit ihrer Freundin in den Urlaub. Aber was sie nicht weiß: Er hätte nichts dagegen, denn er würde auch gern mit seinen Kumpels Urlaub machen. Sich ständig Gedanken um das Wohlergehen und die eventuellen Wünsche des Partners zu machen, kostet Zeit und jede Menge Energie. Und selbst dann läuft Frau noch Gefahr, dass sie sich mit ihren Eingebungen total irrt. Also lieber mal nachfragen, bevor nach 20 Jahren Ehe herauskommt, dass er so gern auf der anderen Seite des Bettes geschlafen hätte.

Schluss mit der Projektion

Zu gern übertragen wir unsere eigenen Wünsche und Vorstellungen auf den anderen und seine Handlungen. So interpretiere ich einen Strauß Rosen als Zeichen seiner Liebe, weil ich es im Moment so brauche. Dabei ist es nur das, was es ist – ein Strauß Rosen. Wenn sie ihm unterstellt, dass er fremdgeht, dann kann er sagen, was er will. Sie wird ihm seine Worte immer als Zeichen seines scheinbaren Fremdgehens auslegen! Selbst durchschaut man Projektionen kaum. Daher ist man hier auf die Hilfe anderer angewiesen, die sich von außen als »Schiedsrichter« betätigen können. Projektionen dienen auch dazu, Eigenschaften, die man hat, aber an sich selbst leugnet, im anderen zu sehen. Was bringt Sie bei anderen zur Weißglut? Welchen Charakterzug können Sie absolut nicht leiden? Geiz? Lügen? Wer das Lügen anderer als ein schlimmes Verbrechen missbilligt und sich selbst für absolut ehrlich erklärt, demjenigen muss man wirklich misstrauen! Religiöse Fanatiker, die die Sünden anderer öffentlich anprangern und bekämpfen, haben es selbst faustdick hinter den Ohren. Noch viel schlimmer, als sich selbst »unsittlich« zu benehmen, ist es, andere dafür zu verurteilen, aber es insgeheim selbst zu wollen. Das, was man am anderen kategorisch ablehnt wie beispielsweise Unzuverlässigkeit, ist auch ein eigenes Problem. Worin besteht die eigene Unzuverlässigkeit? Gibt es keine? Vielleicht ist man nur unzuverlässig sich selbst gegenüber? Genau das, was man am anderen ablehnt, ist ein versteckter Teil der eigenen Persönlichkeit!

Stattdessen: Thema aushungern!

Allem, worüber ich spreche und worüber ich nachdenke, führe ich Energie zu. Mehr Energie bedeutet, dass die Präsenz des Themas oder des Problems an Masse zunimmt. Rede ich ständig mit meinen Freundinnen über die Exfrau meines Freundes, mache ich eine Person zum Mittelpunkt meiner Gespräche und meines Problems, so dass der Einfluss dieser Person wächst. Sie wird Teil meines eigenen Lebens, obwohl ich doch mit dieser »Verarbeitung« im Gespräch genau das Gegenteil erreichen will: Ich will ja ein Problem loswerden! Aber das funktioniert so nicht! Ich »füttere« es durch jeden Gedanken, und es wird immer mächtiger in meinem Leben. Kontrollieren Sie sich doch mal selbst: Wie viel Zeit am Tag, wie viel mal in der Stunde denken Sie an eine bestimmte Person oder an ein Problem, das Sie eigentlich los sein wollen? Regen sich darüber auf, dass Ihr Freund sich ab und zu noch mit seiner Exfrau trifft, besprechen das Problem mit all Ihren Bekannten und auch mit seinen Freunden? Also, wie oft? Einmal in der Stunde? Und dann mindestens sechs Minuten lang? Das sind zehn Prozent Ihres Tages! Stellen Sie sich doch mal vor, was Sie mit dieser Zeit alles tun könnten! Und vor allem verändert sich durch das ständige Nachdenken nichts, aber auch gar nichts! Lassen Sie das Thema einfach los!

Schluss mit den Vorwürfen

Vorwürfe sind häufig schon ein so fester Bestandteil der Tagesordnung, dass sie weder vom »Werfenden« noch vom »Getroffenen« als solche wahrgenommen werden. Sie beginnen gern mit »immer« oder »ständig«. Dem Vorwurf »Immer isst du wie ein Schwein« geht natürlich eine lange Leidensgeschichte voraus. Sie ist genervt von der Art und Weise, wie er isst. Sie denkt, sie könne das auf diese Art und Weise ändern! Weit gefehlt, denn Vorwürfe beschämen, und Scham ist kein Erziehungsmittel! In der Regel erzeugt man dadurch das genaue Gegenteil: Vorwürfe verhärten die Fronten und die schlechte Angewohnheit! Außer, dass sich ein Teil abreagieren kann, bringen Vorwürfe nichts! Oft sind sie auch in Fragen verpackt: »Wann hast du eigentlich mal wieder vor, zu duschen?« Dies kann man übersetzen mit: »Du stinkst«. Das wäre immerhin kein Vorwurf, sondern eine Feststellung. Oder in eine klare Anweisung: »Ich halte das nicht mehr aus, also dusch dich, und zwar innerhalb der nächsten halben Stunde.«

Vorwürfe sind eng verwandt mit der Unterstellung, wie »Du würdest es ja gar nicht merken, wenn ich mich ändern würde«. Bedeutet im Klartext: »Du bist zu dämlich, Veränderungen wahrzunehmen.« Dann sind wir raus aus dem Vorwurf und bei der Unverschämtheit gelandet. Für manche ist das ein durchaus gewöhnlicher Kommunikationsstil, der sich im Laufe der Jahre eher verhärtet. »Wenn ich mal jemanden brauche, ist keiner da« ist zunächst nur eine

Feststellung, hinter der sich der Vorwurf versteckt: »Du hilfst mir nicht.« Mit Außenstehenden würde man nie in diesem Ton reden. Sich selbst hört man ja schlecht zu, aber sich mal auf Band, wäre hier nicht verkehrt. Doch wir werfen nicht nur um uns, sondern fassen Aussagen und Fragen als Vorwurf auf und sind infolge davon sauer! »Hast du meine Schere gesehen?« Antwort: »Ich habe sie nicht gehabt.« Die Frage wird wiederholt. Zweite Antwort: »Was soll ich denn mit deiner Schere!« Die Frage wird nochmals wiederholt. Dritte Antwort: »Nein.« Wir unterstellen dem Fragenden die Absicht, uns zu beschuldigen, die Schere gestohlen zu haben! Also hören Sie genau hin! Und drücken Sie sich ebenso genau aus!

Stattdessen: Zur Abwechslung mal schweigen

Mit das Schwierigste, was man von einer Frau verlangen kann, ist einfach mal nichts zu sagen, sich auf die Zunge zu beißen und sich jeden Kommentar zu verkneifen. Aber warum sollte man Sätze aussprechen, die dann eh nur kontraproduktiv wirken und zu nichts führen? Ich behaupte ja nicht, dass Sie grundsätzlich den Mund halten sollten, aber ich finde diese Möglichkeit, ausnahmsweise mal zu schweigen und nicht alles aussprechen zu müssen, in manchen Fällen durchaus überlegenswert. Keine Kommunikation ist manchmal die bessere Kommunikation. Und ich meine wirklich »nichts«. Ein »Ich sage jetzt gar nichts« ist als Kommentar schon wieder zu viel! Seinen Teil denken kann man sich ja immer noch! Die andere Art, Vorwürfe zu verringern, wäre, vor dem Reden nachzudenken. Sich zunächst einmal zu fragen: Was will ich überhaupt sagen oder fragen? Was will ich dadurch erreichen? Dann können Sie es sich immer noch überlegen, wie Sie ihm das sagen. Am besten ein wenig emotionaler Hauptsatz »Mir gefällt es nicht, wie du isst.« Dann hat er die Information, die er braucht, um sich eventuell zu verändern. Er könnte vielleicht Ihnen zuliebe seine Manieren überdenken. Wenn er es nach mehrmaligem Wiederholen, und zwar desselben Satzes, immer noch nicht kapiert, hilft nur, dass Sie ohne ihn essen!

Schluss mit dem Beleidigtsein

Was Männer mit am meisten stört, ist der beleidigte Rückzug der Frauen in dem Moment, in dem eigentlich Aggressionen angebracht wären. Und wenn er sie dann fragt: »Was hast du?«, und sie mit »Nichts« antwortet, nimmt er das wirklich als die Wahrheit und schon wieder fühlt sie sich missverstanden! Im Übrigen rühmen sich Frauen oft damit, dass sie nicht lügen, aber spätestens bei diesem »Nichts« sind die meisten von uns einer Lüge überführt! Dieses »Nichts« kann für vieles stehen, wofür im Augenblick die Worte fehlen. Sie haben nicht nichts, sie haben – endlich die Schnauze voll! Eine Wut im Bauch! Ein Gefühl von Hilflosigkeit! Angst ohne Ende! Was auch immer es ist, sie können es oft in genau diesem Moment nicht ausdrücken. Es ist nicht allein ein Problem der Männer, nicht über Gefühle reden zu können – Frauen können es manchmal auch nicht! Und zwar dann, wenn es »negative« Gefühle wie Wut, Trauer, Angst oder Verzweiflung sind. Dann werden viele Menschen sprachlos und ziehen sich in sich zurück und reagieren in ihrer Wort- und Hilflosigkeit mit Beleidigtsein.

Dieser Rückzug, meist flankiert von Stille und Tränen, macht Männer hilflos und aggressiv zugleich. Sie wissen nicht, was sie mit ihrer Frau in diesem Moment anfangen sollen. Frau wünscht sich vielleicht nur eine Umarmung, aber er checkt das nicht. So schaukelt sich das »Er versteht mich nicht... er müsste doch wissen, was ich jetzt brauche...« hoch. Am nächsten Tag ist für ihn übrigens wieder ein neuer Tag angebrochen. Nicht für sie! Sie leckt noch immer ihre Wunden, ist gekränkt und verletzt. Er zieht sich zurück, bis er denkt, dass sie sich wieder gefangen hat. Denn er kann sich sowieso nicht mehr daran erinnern, wieso, weshalb, warum es dazu kam. Und sie schleppt ihm ihre eigene Last tagelang hinterher, nichts anderes bedeutet »Nachtragen«. Und wer leidet am meisten? Der, der die Last schleppt! Und nur der- oder diejenige kann diese Last absetzen und sich entscheiden, sie nie wieder aufzuheben.

Stattdessen: Sofort reagieren!

Mit einem Hund kann man nicht beleidigt sein, er versteht das nicht. »Ich gebe dir jetzt kein Futter, weil du vor einer Stunde nicht gehorcht hast« interessiert den gar nicht. Er braucht eine sofortige Reaktion auf sein Fehlverhalten, damit ihm klar wird, dass er etwas falsch gemacht hat. Mit Männern ist es nicht anders. In dem Moment, in dem er sich so verhält, wie es Ihnen nicht gefällt, muss er es erfahren. Und zwar sofort. »Das gefällt mir nicht!« ist eine klare Ansage. Ohne Begründung, nicht wieso und warum, das interessiert nicht. Er soll nur in dem Moment, in dem er Blödsinn macht, wissen, dass Ihnen das missfällt. Nicht mehr und nicht weniger.

Zugegebenermaßen gehört etwas Training dazu. Aber versuchen Sie es beim nächsten Mal. Anstatt sich schmollend zurückzuziehen, ist es weitaus effektvoller, ein lautes »Ich bin jetzt sauer« von sich zu geben. Oder: »Ich bin wütend auf dich, lass mich in der nächsten Stunde in Ruhe.« Dann weiß er auch, woran er ist. Und versuchen Sie nicht, sich zu rechtfertigen. Sie haben das Recht, auch mal auf den Tisch zu hauen und zu äußern: »So nicht, nicht mit mir!« Was nicht heißt, dass Sie schon eine Lösung haben müssen, wie man irgendetwas ändern oder verbessern könnte. Gestehen Sie sich einfach mal das Recht zu, sauer zu sein. Ihm bekommt das weitaus besser als Ihr Rückzug in den Schmollwinkel. Definieren Sie für sich selbst, wie lange Sie gedenken, sauer zu sein. Eine Stunde ist realistisch und reicht. Vielleicht auch zwei. Oder Sie melden sich, wenn Sie wieder ansprechbar sind. »Lass mich jetzt in Ruhe, ich melde mich wieder bei dir« lässt auch eine Versöhnung offen und bedeutet nichts Endgültiges.

Stattdessen: In einen Pappkarton sperren!

Sperren Sie das Problem oder die Person gedanklich in einen Pappkarton. Können Sie sich einen Pappkarton vorstellen? Wie groß ist er? Jetzt stellen Sie sich vor, welche Dinge Sie damit assoziieren. Diese blaue Vase ist ein Geschenk von ihm? Dann packen Sie diese auch noch, gedanklich natürlich, dazu. Fällt Ihnen noch ein Teil ein? Rein damit! Und dann verschließen Sie den Karton, packen ihn in Papier ein. Welche Farbe hat das Papier? Ist es Packpapier? Vergessen Sie die Schnur oder das Geschenkband nicht! So, jetzt haben Sie dieses Thema fest in einem Karton verschnürt, und den stellen Sie jetzt in Ihr gedachtes Regal in einen gedachten Kellerraum. Ist Ihre Vorstellung immer noch bei Ihnen? So, und das nächste Mal, wenn Sie wieder an diese Person denken, sagen Sie sich: »Halt, stopp! Die ist doch in diesem Karton!« Und dann holen Sie sich das Bild dieses Kartons vor Ihr inneres Auge und sagen sich: »Der steht jetzt im Keller, damit beschäftigt sich jetzt eine andere Instanz!« Das funktioniert hervorragend mit Themen genauso wie mit Personen. Eine andere Schicht Ihres Bewusstseins verarbeitet das jetzt für Sie, während Sie selbst sich darüber keine weiteren Gedanken mehr machen müssen. In meinem mentalen Keller stehen jede Menge Pakete, die im Laufe der Zeit ganz von allein zu Staub zerfallen sind!

Schluss mit den leeren Drohungen!

»Wenn du das noch einmal machst, dann ziehe ich aus!«, kann eine klare Ansage sein oder nur eine leere Drohung. Mit dem Letzteren sollte man sparsam umgehen, denn man macht sich unglaubwürdig, wenn man das Versprechen dann nicht erfüllt. Drohungen werden aus einer Hilflosigkeit heraus ausgesprochen. Was kann ich jetzt noch tun? »Ich bin am Ende und völlig hilflos« ist die Botschaft dieser Drohung. Drohungen sollte man wirklich nur aussprechen, wenn man sie ehrlich meint und nicht, um zu pokern. Würden Sie wirklich ausziehen? Und wohin? Und wovon würden Sie leben? Und, und, und? Wenn Sie das in allen Konsequenzen durchdacht haben und ernst meinen, dann können Sie diese Drohung wahr machen. Und das müssen Sie dann auch, um glaubwürdig zu bleiben. Um hier weiterzukommen, sollte man seiner Hilflosigkeit Ausdruck verleihen. Etwa mit der Frage: »Ich bin am Ende mit meinem Latein! Ich bin hilflos, was uns betrifft. Hast du eine Lösung?« Das bringt den anderen näher, appelliert an seine Hilfsbereitschaft und vermittelt ihm das Gefühl, dass man nicht gegen ihn arbeitet. Männer wollen gebraucht werden, und das wird ihm spätestens dann hoffentlich klar!

Stattdessen: Ein klärendes Gewitter

Frauen sehen Streit oder Konflikte als bedrohlich für ihre Beziehung an, darum bevorzugen sie Harmonie und meiden Auseinandersetzungen. Männer sehen das sportlicher:

Für sie wird dadurch ihr Status gefestigt. Darum können sich Männer untereinander auch richtig fetzen und danach zusammen ein Bier trinken gehen. Für sie ist das ein normaler »Kampf«, und diese Art der Aggression ist eher freundschaftlich. Streit kann für Männer durchaus ein Ausdruck für Intimität und Verbundenheit sein. Frauen vermeiden Konfrontationen, damit sie von anderen nicht abgelehnt, sondern gemocht werden. Hinzu kommt, dass Frauen wenig Erfahrung in »Kämpfen« haben und sich in Auseinandersetzungen lieber »vernünftig« unterhalten. Allein die Ansage »Ich muss mit dir reden« an sich ist sinnlos! Männer weichen dann meist einen Schritt zurück! Oder gehen auf Abwehr. Es sei denn, der Vorschlag kommt von einem Mann: »Zieh dich aus, leg dich hin, ich muss mit dir reden!« (Als T-Shirt Aufdruck käuflich zu erwerben.)

Frauen ziehen sich, wenn sie sich unverstanden fühlen, lieber »schmollend« in ihre Höhle zurück, anstatt so richtig ihre Wut rauszulassen! Wut ist Ausdruck von verdrängtem Schmerz. Und wenn Frau auf Dauer kein Magengeschwür bekommen will, muss sie sehen, dass sie diese demjenigen gegenüber äußert, der sie hervorgerufen hat. Geben Sie Ihrem Partner ruhig die Hälfte Ihrer Wut ab, bevor Sie völlig explodieren! In manchen Momenten ist ein »Lass uns vernünftig miteinander reden« nicht mehr möglich! Lassen Sie mal den Rauch oder auch den Donner rein. Denn ein Gewitter reinigt! Machen Sie Ihren Gefühlen Luft! Wenn Sie dabei Vorwürfe vermeiden können und nur von sich ausgehen (»Ich bin wütend, mir gefällt das so nicht«), ist ein kleiner Streit zwischendurch sicher sinnvoll. Sich gesund zu streiten heißt nicht, den anderen »zusammenzufalten«, »runterzumachen«, seine Aussagen oder Kompetenz in Frage stellen (»Das kann nicht sein!«) oder ihn zu einem kleinen Schuljungen zu degradieren. Wenn man sich über den anderen stellen will, weil man sich ihm unterlegen fühlt (vielleicht neidisch auf dessen Fähigkeiten ist), führt das nur dazu, dass sich beide mies fühlen! Es lohnt sich wirklich nicht, über Tatsachen zu streiten, über die man eigentlich gar nicht streiten kann. Dass er nicht in Urlaub fahren kann, weil er ansonsten seine Stelle aufs Spiel setzt, darüber braucht man ebenso wenig wie über das Wetter zu streiten. Und halten Sie Ihre Kinder, auch wenn diese erwachsen sind, aus Ihren Streitereien raus. Das geht sie wirklich nichts an!

Gesunde Abgrenzung

Dass man in einer glücklichen Beziehung alles – Freude und Leid – miteinander teilt, ist ein frommer Wunsch! Und wenn es mehr Leid ist, das es zu teilen gibt? Und wenn es immer nur sein Leid ist, das er mit mir teilen will? Dann ist man im typischen Klischee, dass man sich in einer Ehe die Probleme teilt, die man allein gar nicht hätte! Auch im Zusammenleben noch zu wissen, »das bin ich und das bist du«, sich den ganzen Problemhaufen mal vorzunehmen, auszusortieren und ihm das, was ihm gehört, wiederzugeben. Soll er doch seinen Kram selbst aufräumen! Sonja, 39, belastet die Problematik zwischen ihrem Freund und seiner Mutter. Sie versucht, durch Gespräche mit ihr die Situation zu entspannen, denn ihr Freund leidet. Doch sie erreicht gerade das Gegenteil. Jetzt muss sie sich noch die Vorwürfe seiner Mutter anhören, die eigentlich an ihren Sohn adressiert sind. Somit gerät Sonja vollends zwischen die Fronten, ein klassisches »Abgrenzungsproblem«! Erst wenn ihr klar ist, »da geht es gar nicht um mich, es ist nicht meins« kann sie den beiden signalisieren: »Regelt das untereinander, das hat nichts mit mir zu tun!«

Sich gesund abzugrenzen bedeutet auch, die eigene Landkarte zu kennen, zu wissen, wo die eigenen Grenzen verlaufen, und andere freundlich auf ihre Grenzübertretungen hinzuweisen. Wer jedoch seine eigenen Zäune selbst nicht kennt und wahrt, kann von den anderen auch nicht erwarten, dass sie diese respektieren. Tagtäglich gilt es, räumliche Grenzen aufzuzeigen und das eigene Terrain zu verteidigen. »Finger weg von meiner Handtasche« oder den Kindern gegenüber »da sitze ich« zeigt diese auf. In der Beziehung gilt es, die inneren Grenzen zu ziehen und sich mit einem konsequenten »bis hierher und nicht weiter« oder »jetzt bist du zu weit gegangen« vor inneren Verletzungen zu schützen.

Horizontale Kommunikation

Wurde Ihnen als Kind auch gesagt: »Beim Essen spricht man nicht«? Aber woher kommt es, dass wir es beim Sex noch weniger tun, geschweige denn, dass wir über dieses Thema reden? Wohl kaum ein Bereich der Partnerschaft ist derartiges kommunikatives Brachland! Noch nie waren sexuelle Themen und auch das dazugehörende Vokabular so präsent wie zur Zeit. Schon im Kindergarten grassiert das F-Wort, ohne dass die Kids wirklich wüssten, worum es sich handelt. Schon mittags werden in TV-Talkshows alle möglichen und unmöglichen sexuellen Probleme zur Sprache gebracht. Aber in der Partnerschaft herrscht oft Sprachlosigkeit, wenn es um das gemeinsame Liebesleben geht. Kommunikation wäre hier dringend notwendig, da für ihn Sex etwas vollkommen anderes bedeuten kann als für sie! Für Frauen ist Sexualität, wenn sie mit der Liebe zusammenfällt, die größte Art von Nähe. Für Männer, die mit ihren Gefühlsäußerungen Probleme haben, kann Sex als Ersatz für Gefühlsäußerungen an sich dienen und die einzig wahre Nähe sein. Jedenfalls lässt sich ein Mann über Sex am besten öffnen! Sie werden ihm nie mehr wieder so nahe kommen! Sex ist für Männer auch ein hervorragendes Versöhnungsmittel, für Frauen weniger! Er kann seine Aggressionen auch auf diese Weise abreagieren und danach ist die Welt wieder in Ordnung. Sie hingegen braucht erst einmal wieder eine Woche Friede, Freude, Eierkuchen, bevor sie körperliche Nähe zulässt! Männer verstehen an Frauen nicht, dass sie Sex als Waffe einsetzen! »Wenn du nicht… dann lasse ich dich nicht ran« scheint ein Motto zu sein, nach dem viele Frauen ihr Leben gestalten und ihre Männer im Griff halten. Für Frauen ist Sexualität die höchste Intimität. Für Männer kann ein Akt auch vollkommen ohne Intimität ablaufen. Das zeigt unter anderem die Auffassung eines Präsidenten, der eine intime sexuelle Handlung nicht als sexuelle Beziehung interpretierte, weil er offenbar seine Hände woanders hatte. So sehen es manche Männer überhaupt nicht als Fremdgehen an, wenn sie sich bei Prostituierten vergnügen. Wenn sie dafür bezahlt haben, ist das sozusagen »rein geschäftlich« und gar kein Sex.

Mag zu Anfang einer Beziehung noch alles ohne Worte gehen, weil man gemeinsam auf Wolke sieben schwebt, können sich auch hier im Laufe der Zeit Differenzen einstellen, die unter den Tisch beziehungsweise unters Bett gekehrt und schweigend übergangen werden. »Das kann ich ihr doch nicht sagen, dann ist die sicher beleidigt« gilt hier auch umgekehrt. Wobei das Nichtaussprechen sicher mit dem eigenen Schamgefühl zusammenhängt. Serien wie »Sex and the City« zeigen, dass Frauen inzwischen offen untereinander über ihre sexuellen Praktiken sprechen, zumindest im Film. Aber diese Serie zeigt auch, dass die Kommunikation zwischen den Geschlechtern diesbezüglich immer noch nicht funktioniert. Die Atmosphäre im Bett wird belastet durch Leistungsdruck, Unsicherheit, Unzufriedenheit und Vortäuschung falscher Tatsachen! Um langfristig ein glückliches Leben auch in der Horizontalen führen zu können, müssen unter anderem zwei Dinge klar sein: Erstens muss ich wissen, was mir guttut. Und zweitens muss ich es dem anderen kommunizieren können. Woher soll er das wissen? Männer können zwar genau auf diesem Gebiet ungeheuer sensibel sein, aber mit dem Gedankenlesen klappt es hier noch weniger. Wenn Frau nicht weiß, wie sie zu ihrem Orgasmus kommt, woher soll er es dann wissen? Übrigens hilft uns diese Selbsterkenntnis in gewisser Weise auch, autark zu bleiben. Und darauf legt die unabhängige Frau doch sonst so viel Wert!

Gegenseitiges Verstehen führt auch hier, wie meistens, über Selbsterkenntnis zu einem harmonischen Miteinander. Außerdem soll die schönste Nebensache der Welt doch Spaß machen! Und Sex ist ein Spaß, der kaum etwas kostet, nicht dick macht und sogar legal ist. Sex ist gut für die Kondition, durchblutet den Teint und ist mit geringem Aufwand verbunden. Also warum sollte man darüber nicht reden? Wenn Sie sich Ihrem Partner mitteilen wollen, führt kein Weg daran vorbei. Wie bei der Hundeerziehung gilt auch hier: Was man anfangs verpasst hat, kann man ganz schlecht korrigieren, daher von Anfang an klare Ansagen: »Das gefällt mir und das nicht.« Wie Sie das romantisch verpacken, wissen Sie am besten. Weiterführend hilft auch hier die positive Verstärkung durch ein gehauchtes »Genau so!« Wo Worte allein nicht reichen, können Sie ihm ja zeigen, wo und wie er am besten hinfassen könnte, die Handhabung komplizierter Geräte erschließt sich einem oft auch nicht von selbst. Und eine Frau ist ein hochkomplexes System!

Für mich selbst gibt es einige kommunikative Tabus in der Horizontalen. Dazu gehören an erster Stelle Streitereien. Diese haben im Bett nichts, aber auch gar nichts zu suchen! Falls Sie sich unbedingt vor dem Schlafengehen noch streiten müssen, stehen Sie noch mal auf! Und ohne eine Versöhnung schläft es sich ganz schlecht ein. Das Bett ist ein Ort der Regeneration und der Liebe. Um dieses energetisch sauber zu halten, sollten negative Gedanken, problematische Gespräche sowie Finanz- und Steuerthemen am besten draußen bleiben! Übrigens, Sexprobleme sind Ausdruck für Probleme in der Partnerschaft. Und diese lassen sich nur außerhalb des Bettes lösen!

Klar und präzise sein

Frauen untereinander verstehen sich, auch wenn sie »indirekt« über Andeutungen kommunizieren. »Mensch, habe ich einen Durst«, sagt sie und die Freundin fährt selbstverständlich bei der nächsten Raststätte ab, um eine Kaffeepause einzulegen. Männer verstehen diese Anspielungen nicht. Sie brauchen es präzise: »Ich habe Durst und möchte, dass du bei der nächsten Raststätte rausfährst und mit mir einen Kaffee trinkst.« Die Kommunikation zwischen Mann und Frau krankt vor allem an diesen unterschiedlichen Kommunikationsstilen. Dazu gibt es jede Menge Literatur. Ich möchte mich hier aber auf die Fakten beschränken, die eine Beziehung tagtäglich belasten. Mehr Bewusstsein für die unterschiedliche verbale Wahrnehmung und kleine Veränderungen der vor allem weiblichen Kommunikation können hier große Veränderungen in einer Beziehung einleiten und Missverständnisse vermeiden. Es ist weitaus einfacher für Frauen, einen präzisen Kommunikationsstil zu lernen, der Frau auch im geschäftlichen Bereich sehr zugute kommt, als Männern ein Verständnis für die subtilen weiblichen Nachrichten zu vermitteln. Man könnte eher von ihnen verlangen, die Sprache der Bienen zu lernen. Klare Ansagen oder Fragen, wie »Bitte wechseln Sie meine Reifen noch in dieser Woche. Wann kann ich den Wagen wieder abholen?« »Die Rechnung muss heute noch raus, bitte erledigen Sie das« ohne Schnörkel und Verwässerungen (»Es wäre nett, wenn Sie so lieb wären und irgendwann ...«) versteht fast jeder! Dem Satz muss die Information »Was muss wann passieren und wer hat es zu erledigen« zu entnehmen sein. Selbst im Schlafzimmer ist diese Art der Kommunikation hilfreich. »Ich bin jetzt müde und will schlafen« ist eine klare Ansage. Nett gesagt, mit einem Kuss garniert und ohne beleidigte Miene muss das reichen. »Immer bist du müde.« »Nicht immer, aber jetzt gerade, gute Nacht mein Schatz«, oder vielleicht auch: »Bitte kraule mir den Bauch. Ja genau da, und jetzt etwas tiefer.« Ich kenne keinen Mann, der eine Ansage wie diese als Schikane empfinden würde.

Verbaler Druck, Vorwürfe und Drohungen führen zu nichts. Forderungen, wenn sie klar formuliert sind, schon eher. Dann kann er immer noch ja oder nein dazu sagen.

Männer sind beeindruckt von Frauen, die wissen, was sie wollen! Also warum riskieren Sie es nicht mal? »Ich will, dass wir zusammenziehen!« Dies kann zunächst mal eine Forderung sein, die ihn überrascht. Ohne erpresserischen Unterton »Wenn wir nicht zusammenziehen, trenne ich mich von dir« formuliert, ist der Satz völlig neutral. Sie äußern damit nur Ihren dringenden Wunsch. Und man wird sich doch noch mal etwas wünschen dürfen! Allerdings muss man dann auch damit leben können, das nicht zu bekommen, was man gern hätte. Reagieren Sie dann locker: »Dann eben nicht.« Klare Mitteilungen und Ansagen, die ohne Wenn und Aber formuliert werden, sollen inhaltlich Auskunft geben über das, was Frau wann und wo und vor allem von wem will! Ohne »würde, wäre, hätte«! Bei einfachen Mitteilungen, die er nicht verstanden hat, wiederholen Sie den Satz in der gleichen Formulierung, ansonsten sind Männer leicht verwirrt. Wir kommen uns zwar etwas blöd dabei vor, ständig zu wiederholen: »Nein, ich komme nicht mit«, ohne Begründung, einfach nur so, »Nein, ich komme nicht mit« (worauf er mit seiner goldenen Nervensäge weitersägt und denkt, dass ich irgendwann einmal aufgebe und doch mitkomme). Wiederholungen sind enorm wirkungsvoll, verlangen aber innere Klarheit!

Jetzt bleibe ich ganz bei mir

Eine der wichtigsten und effektivsten Methoden, Klarheit zu transportieren und sie auch zu leben, sind die Botschaften in »Ich-Form«. Dabei muss ich mir zuerst bewusst machen, was ich will und wo ich stehe. Damit bin und bleibe ich für den anderen berechenbar und lasse ihm Raum für seine Person. »Du kannst diese Meinung haben, aber ich komme damit nicht klar.« So wird deutlich unterschieden, dies ist meins und das ist deins, und unsere Meinungen müssen sich nicht unbedingt treffen. Im Übrigen liebe ich dich dennoch! Es gibt Paare, die so symbiotisch sind, dass sie nur noch in der »Wir-Form« sprechen. »Nein, wir trinken keinen Alkohol.« Wenn sich beide dabei wohl fühlen – warum nicht! Wahrscheinlich traut sich einer nicht, zu widersprechen. Ein Paar besteht aus zwei unabhängigen Wesen mit einem mehr oder weniger großen Eigenleben. In der »Wir-Form« zu denken und den anderen als Individuum zu respektieren, wäre ideal. Wenn ich in der »Ich-Form« spreche, greife ich den anderen nicht an und kann mir Vorwürfe ersparen. Anstatt »Du fehlst mir« (wobei er sich nämlich gleich wieder angegriffen fühlen kann und in Abwehrhaltung geht) könnte man sagen: »Ich vermisse dich.« Der Inhalt der Botschaft scheint derselbe, aber die zweite Botschaft kommt liebevoller an! »Ich kann mit deiner Art … nicht umgehen« anstatt »du nervst mich, weil …«. Die Aussage »Ich bin wütend auf dich« ist weniger vorwurfsvoll als »Du machst mich wütend!«

Männer brauchen es so genau wie möglich! Folgender Satz könnte ihm nicht präzise genug sein: »Ich wünsche mir, dass du dich mehr um mich kümmerst.« Gut, denkt er, das werde ich tun, und wäscht am Samstag ihren Wagen. Das mag er unter »kümmern« verstehen, aber bei Frauen fallen diese praktischen Dienstleistungen nicht darunter. Er braucht, um sich wirklich um sie »kümmern« zu können, genauere Informationen. Also sollten Sie sich fragen, was Sie tatsächlich von ihm wollen. »Nun ja, ich wünsche mir, dass du mehr Zeit für mich hast.« Bingo, wieder daneben. Denn diese Zeit kann man natürlich gemeinsam vor dem Fernseher verbringen oder auch in der Natur. Also was wollen Sie wirklich? »Dass wir öfter zusammen spazieren gehen.« Schon besser, wir nähern uns der Lösung. Aber ein Spaziergang kann für ihn auch ein Bummel durch die Werkzeugabteilung von OBI sein. Daher: »Ich wünsche mir, dass wir beide diesen Samstagnachmittag eine halbe Stunde zusammen im Wald joggen«. So schwer ist das doch nicht! In jedem Wunsch müssen wieder die »W« vorkommen. Wer wünscht sich was? Ich. Was? Joggen gehen? Wer geht joggen? Wir beide. Wann? Samstag. Wann genau? Nachmittags. Wie lange? Eine halbe Stunde. So, jetzt hat er alle Informationen, die er braucht, um ja oder nein zu sagen! Ach, fast hätte ich es vergessen. Die Antwort! »Bitte gib mir bis morgen Bescheid, ob das mit dem Joggen klappt.« Der ganze Aufbau eines Satzes mag zunächst kompliziert klingen, es ist wie das Lernen einer Fremdsprache. Subjekt, Prädikat, Objekt und nach einigen Wochen Übung gelingt es

Ihnen, sich mit der einheimischen Spezies Mann vernünftig zu verständigen!

Von Vorteil wäre noch der richtige Zeitpunkt der Kommunikation. Nicht die Mondphasen oder Planetenkonstellationen, sondern ganz einfach die Tageszeit bezüglich seiner Bestform. Hungrige Männer sind zu nichts zu gebrauchen! Ungefüttert läuft gar nichts! Wenn Sie etwas von ihm wollen, gehen Sie in Vorleistung und bieten Sie ihm was an. Sollte es Alkohol sein, dann immer in Verbindung mit etwas Essbarem. Vielleicht nur kleine Leckerli, sonst wird er zu müde. Und müde Männer sind noch weniger kommunikativ als hungrige! Der größere Köder wartet im Hintergrund (Belohnung?). Vielleicht riecht er den Braten (im Backofen) oder er sieht ihn (Sie sehen heute ganz besonders knusprig aus)!

Stattdessen: Ohne Wenn und Aber

Frauen haben die Fähigkeit, während des Sprechens nicht nur Gedanken zu entwickeln, sondern ganze Filme zu drehen. Sie: »Ich war mit dem Hund heute beim Tierarzt. Mein Gott, wenn ich mir vorstelle, dass ich ihn vielleicht irgendwann mal einschläfern lassen muss, bricht es mir jetzt schon das Herz.« Er: »Noch ist er gesund und es geht ihm ganz gut.« Sie: »Aber wenn das mal der Fall sein sollte, bei dem Gedanken könnte ich schon heulen.« Er: »Nun warte doch erst mal ab, bis es so weit ist, und mach dir jetzt keine Gedanken.« Sie ist inzwischen den Tränen nahe: »Du kannst das nicht verstehen, du hast ihn nicht jeden Tag.«

Fakt ist, dass sie beim Tierarzt war. Und den ganzen Rest hat sie in ihrer Fantasie erzeugt, Bilder, wie der arme Hund auf dem Tisch liegt und seine letzten Atemzüge tut. Frauen haben viel Fantasie und sie denken in Bildern. Das Gesagte wird in ihrem Innern sofort in einen fertigen »Kinofilm« umgearbeitet und die Bilder werden eins zu eins in Gefühle übersetzt. Mit dem Ergebnis, dass sie traurig und deprimiert ist aufgrund eigener produzierter Gedanken! Die Bilder sind so real, dass sie sich nicht mehr von den »echten« Gefühlen unterscheiden lassen. Vermischt mit den Worten ihres Partners wird daraus ein handfester Streit aufgrund einer völlig an den Haaren herbeigezogenen Annahme – dass der Hund eingeschläfert werden muss.

Finger weg von falschen Fragen

Frauen suchen über Fragen oft nur Streicheleinheiten für ihr Ego, eine Bestätigung, ein positives Feedback oder Anerkennung. Dabei übersehen sie leicht, dass sie hierbei mit Dynamit spielen! Denn diese vordergründig harmlosen, aber versteckt hochexplosiven Fragen sollte Frau wirklich nur stellen, wenn sie auch die Antwort ertragen kann. Darum Finger weg von Fragen wie »Liebst du mich noch?« Eine eher rhetorische Frage, die auf eine bestätigende Antwort abzielt: »Aber natürlich mein Schatz, heute mehr denn je!« oder so ähnlich »erträumen« sich Frauen die Antwort. Aber was wäre, wenn die Antwort »Nein, seit heute nicht mehr« lauten würde? Käme Frau mit dieser Antwort klar? Wohl kaum.

Oder: »Hast du mich eigentlich schon mal betrogen, komm verrat es mir, das macht mir bestimmt nichts aus!« Vorsicht Falle! Meine Herren, antworten Sie nicht ohne Ihren Anwalt! Aber auch dämliche »Was wäre wenn«-Fragen sind für Männer wahre Tretminen! »Was würdest du jetzt gerade tun, wenn wir uns nicht kennen gelernt hätten?« Banale Antwort am Samstag: »Die Sportschau ansehen.« Und schon ist die Krise perfekt! Kein Wunder, dass Männer so oft mit »Ich weiß es nicht« antworten. Sie riechen die Falle, sehen sie aber noch nicht und wollen lieber auf Nummer sicher gehen. Wenn Frau eine Frage stellt, so sollte sie sich überlegen, ob sie ohne Anwalt, Therapeuten oder nächtelange Telefonate mit ihren Freundinnen mit der Antwort klarkommt. Ansonsten: Finger weg von Fangfragen! Die Falle schnappt nicht für ihn, sondern für Sie selbst zu! Fragen Sie sich doch selbst mal, bevor Sie eine Frage stellen:

- Will ich wirklich eine Antwort?
- Was will ich wissen? Interessiert mich die Antwort oder soll es nur eine Bestätigung meiner Meinung sein?
- Bin ich einer ehrlichen Antwort gewachsen?
- Was ändert sich in meinem Leben, wenn ich das weiß? Was habe ich von der Information? Wenn Sie sich vor Ihrem Fragequiz selbst diese Fragen stellen, erübrigen sich viele von selbst!

Der Fortschritt der Wissenschaft mag von dem kleinen Wörtchen »warum« abhängen. Aber worauf eine Beziehung zur Not verzichten kann, sind alle Fragen, die damit beginnen. »Warum hast du mich geheiratet?« Wer will die Antwort wirklich wissen und was bringt das? Schon Rotkäppchen musste schmerzhaft erfahren, was eine falsche Frage bedeuten kann: »Großmutter, warum hast du so ein großes Maul?« »Damit ich dich besser fressen kann.« Und das war's dann! Warum-Fragen werfen oft einen Blick in die Vergangenheit und bringen auf das Jetzt und das Morgen bezogen gar nichts! Hinter Warum-Fragen verstecken sich häufig Vorwürfe: »Warum hast du mich belogen?« Nun ja, weil er ansonsten Stress mit Ihnen bekommen hätte. »Warum hast du mich nicht angerufen?« Weil er einfach nicht daran gedacht hat, Männer vergessen während ihrer Arbeit, dass sie verheiratet sind. Aber trösten Sie sich, auf der Heimfahrt fällt es ihnen wieder ein! Machen Sie aus der Frage eine klare Ansage: »Ich wünsche mir, dass du mich ein Mal am Tag anrufst und mich fragst, wie es mir geht.« Damit kann er leben, ob er es tatsächlich auch tut, bleibt seine Entscheidung.

Warum-Fragen bringen nichts! Darum fragen Sie richtig! Werden Sie sich darüber klar, ob Sie wirklich etwas wissen oder ob Sie nur einen Vorwurf schön verpacken wollen? Sich selbst bei seiner täglichen Fragerei zu beobachten ist schwierig, aber versuchen Sie, zu sich auf Distanz zu gehen und zu kontrollieren, was Sie von sich geben. Manchmal hilft eine gute Freundin, die einem sagt: »Du solltest dich mal hören.« Dies ist ein gut gemeintes, ehrliches Feedback! Falls eine Warum-Frage auftaucht, geben Sie den Befehl »Weiter im Programm!« und »Nächste Frage!«. Zappen Sie die Warum-Fragen einfach weg!

Stattdessen: Richtig fragen

Wenn Sie wissen, was Sie mit Ihrer Frage bezwecken wollen, formulieren Sie sie präzise. Denn oft ist man mit der Antwort unzufrieden und stellt nachträglich fest, dass es an der Frage selbst lag. Sie wollen nur ein einfaches Ja oder Nein hören? Dann fahren Sie gut mit so genannten »geschlossenen« Fragen wie »Hast du heute Abend Zeit?«, »Schmeckt dir das Essen?« Antwort: »Ja.« Das sind klare Fragen mit hoffentlich ehrlichen Antworten. Vielleicht wollten Sie aber mehr wissen! Dann brauchen Sie eine »offene« Fragetechnik. Die Frage »Wie schmeckt dir das Essen?« kann zu verschiedenen Antworten führen. Mehrere, hoffentlich konstruktive Antworten erhalten Sie auf die Frage: »Wie glaubst du eigentlich, können wir unsere Probleme lösen?« Diese Frage ist konstruktiv, anstatt: »Warum geht in unserer Beziehung alles schief?« Dies ist eine Frage, die in der Sackgasse endet. »Was kann ich für dich tun?«, ist eine ebenso konkrete Frage, die eine konkrete Antwort erwarten lässt.

Geschlossene Fragen, die sich entweder mit Ja oder Nein beantworten lassen, führen schnell zum Ziel. Ich will von einem Handwerker ja nicht wissen, wie seine Kindheit verlaufen ist, sondern wie teuer die Reparatur sein wird und ob die Waschmaschine überhaupt zu retten ist. Wenn man mit jemandem gar nicht ins Gespräch kommt, eignen sich manchmal geschlossene Fragen, um ihn zu »knacken«. Man kann mit dieser Fragetechnik durchaus, wenn man genügend Zeit hat, alles herausbekommen, was man wissen will. Auch, wenn wir dem Befragten »die Würmer einzeln aus der Nase ziehen«.

Als Einstieg in ein Gespräch, welches das Ziel verfolgt, dass der andere von sich aus mehr erzählt, eigenen sich offene Fragen: »Wie gefällt dir die Umgebung?« Offene Fragen öffnen hoffentlich auch die inneren »Scheunentore« des anderen, so dass er vielleicht von sich aus erzählt. Ebenso bleibt ihm die Möglichkeit, den Fragen auszuweichen oder die Antwort abzukürzen. »Was machst du sonst so, wenn du nicht hierher kommst?«, »Wie meinst du, sollte ich in diesem Fall vorgehen?«, »Hast du einen Vorschlag, wie ich dieses Problem lösen könnte?«, »Woher kennt ihr euch eigentlich?« Dies sind offene Fragen mit einer nicht vorhersagbaren Antwort. Aber Vorsicht bei der Frage: »Wie geht es dir?« Diese sollte wohl überlegt sein! Nur rhetorisch telefonisch gestellt, kann sie den anderen am Ende der Leitung animieren, sein ganzes momentanes Leid auszupacken! Also stellen Sie die Frage nur, wenn Sie tatsächlich an einer ehrlichen Antwort und an diesem Menschen interessiert sind. Fragen Sie Männer kurz und bündig und packen Sie niemals mehrere Fragen zusammen: »Warum hast du mich nicht früher angerufen, damit ich weiß, wann wir uns treffen, und wohin wollen wir jetzt noch essen gehen?« Schneiden Sie diese Frage in kleine Häppchen und servieren Sie sie ihm nach und nach. Männer sind ansonsten von der inhaltlichen Komplexität überfordert!

Präzise Fragen

- Geschlossene Fragen bringen klare Antworten wie Ja oder Nein!
- Offene Fragen bringen mehr Information, vielleicht weniger Klarheit!
- Warum-Fragen bringen gar nichts!

Klare Ansagen

- Präzise Information, die fünf W müssen beantwortet sein:
  Wer? Wo? Wie? Was? Warum?
  (Wer soll was und wann und wie machen?)
- Klare Ich-Botschaften: »Ich will das nicht!«

Zusammengefasst:

- Worte haben die Energie, sich zu verwirklichen.
- Beziehungsprobleme sind auch Kommunikationsprobleme.
- Das Zuhören ist ein unterschätzter Teil der verbalen Kommunikation!
- Hören Sie dem anderen genau zu, und glauben Sie ihm, was er sagt!

- Überfordern Sie einen Mann nicht durch die Vielfalt der Themen und Handlungen!
- Vor»würfe« und Nach»tragen« kosten ungeheuer viel Energie und bringen nichts.
- Schweigen ist zeitweise die beste Art der Kommunikation!
- Wenn Männer schweigen, fühlen sich Frauen ungeliebt.
- Für Frauen sind Gespräche ein Zeichen von Bindung und Intimität.
- Für Männer sind Gespräche ein Zeichen von Hierarchien und Status.
- Männer denken meistens lösungs-, Frauen problemorientiert.
- Ein Streit ist nicht das Ende einer Beziehung.
- Fangen Sie nicht alle Bälle auf, die Ihnen zugeworfen werden!
- Drohungen wirken destruktiv auf eine Beziehung.
- Definieren Sie Ihre räumlichen Grenzen und achten Sie die der anderen!

- Sexprobleme sind Ausdruck von Problemen in der Partnerschaft. Und diese lassen sich nur außerhalb des Bettes lösen!

- Männer brauchen präzise Aussagen und Wünsche!
- Stellen Sie keine Fragen, deren Antwort Sie eventuell nicht verkraften!
- Nähe setzt Distanz voraus!

6. »Drum prüfe, wer sich ewig bindet…« Partnerwahl und Partnersuche

Wahrscheinlich haben Sie schon längst Ihr »Goldstück« gefunden und leben mit ihm mehr oder weniger glücklich zusammen. Falls Sie aber Ihre Wahl noch nicht getroffen haben oder noch auf der Suche sind, sollten Sie auch hierbei strategisch vorgehen und Ihre Energien nicht nutzlos verschwenden.

Neue Anschaffungen, wie beispielsweise ein Auto oder ein teures Haushaltsgerät, werden sowohl von Männern als auch von Frauen lange Zeit geplant. Man liest Testberichte, informiert sich über die technischen Daten, Reparatur- und eventuelle Folgekosten. Bevor man eine Wohnung mietet, ist man sich im Klaren darüber, wie viele Zimmer es sein sollen, ob die Wohnung im Erdgeschoss mit Gartenzugang oder lieber in den oberen Etagen mit Aussicht liegen sollte. Bevor man sich ein Boot mietet, kennt man das Gewässer. Wenn ich auf einem kleinen Teich herumpaddeln will, reicht mir ein Ruderboot. Will ich den Nordatlantik überqueren, sollte es schon stabiler sein. Diese Route mit dem Paddelboot zu machen wäre riskant bis selbstmörderisch. Weder Autos noch Boote, noch Wohnungen werden unter rein emotionalen Gesichtspunkten ausgewählt, der Mensch verlässt sich hier, neben seinem Gefühl, vor allem auf den eigenen gesunden Menschenverstand und auch auf den Rat anderer.

Bei der Partnerwahl dagegen scheint ein Großteil der Menschheit eher hormon- bis gefühlsgesteuert und gänzlich unüberlegt vorzugehen! Meist wird Gefühlen hier eine Allmacht zugesprochen, gegen die man sich nicht wehren kann, die »von oben« gesandt sind. Aber Vorsicht, auch Gefühle können irren! Manche Gefühle sind nicht gefühlt, sondern nur »gedacht«. Vermischt mit Vorstellungen, wie schön es wäre, mit dieser Person zusammen zu sein, glaubt man irgendwann selbst daran, ihn zu lieben. Ebenso kann Frau sich »nachträglich« verlieben, als Spätfolge einer Bettgeschichte. Ob das biologisch so geplant ist, dass Frau, nachdem sie mit ihm im Bett war, Gefühle entwickeln kann, die sie niemals glaubte haben zu können? Geschickt eingefädelt, denn falls sie schwanger geworden wäre, würde sie diesen Mann auch lieben.

Eine Beziehung fürs Leben ist jedenfalls kein Einkaufsbummel, sondern eher eine Expedition durch die Sahara: ungeheuer anstrengend, schweißtreibend, gefährlich, streckenweise ziemlich langweilig und dann wieder atemberaubend schön. Entsprechend sollte man sich seine Begleitung aussuchen. Einem Bummel ist so gut wie jeder gewachsen, aber nicht jeder ist wüstentauglich! Es empfiehlt sich, sowohl bei der Auswahl seiner Reise- als auch Lebensbegleiter neben seinen Gefühlen alle seine Sinne beisammen zu haben und den Verstand nicht auszuschalten! Ansonsten kann es ein böses Erwachen geben, wie die steigenden Scheidungsraten zeigen.

Dass daher bei der Partnerwahl, einer der wichtigsten Entscheidungen des Lebens, überwiegend das Zufallsprinzip funktioniert, ist schwer fahrlässig bis äußerst riskant. Die meisten Beziehungen entstehen nach diesem Prinzip: Man lernt sich am gemeinsamen Arbeitsplatz, bei Freunden, im Urlaub oder sonst wo kennen und denkt zunächst an nichts Böses. Frau »verliebt« sich und spätestens ab hier wird es richtig gefährlich! Denn damit geht ein Kurzschluss im Gehirn einher, verursacht durch einen nicht steuerbaren »Hormoncocktail«, der zum völligen Ausfall aller Alarmanlagen führen kann. Eine Stoffwechselstörung sozusagen! Man ist nicht mehr ganz »zurechnungsfähig« und nur sehr bedingt reaktionsfähig. Ein Zustand, in dem man eigentlich nicht mehr Auto fahren, geschweige denn andere wichtige Entscheidungen treffen sollte.

Schluss mit den Fehlinvestitionen

Bevor wir uns der Frage widmen, wie der perfekte Partner denn ausschauen könnte, ist es leichter, sich zu fragen, wie er auf keinen Fall sein sollte. Bestimmte Faktoren, die anfangs noch ganz harmlos aussahen, können sich erst im Verlauf einer Beziehung als störend herausstellen und dann die Liebe enorm belasten. Will man sein Leben vereinfachen und Beziehungen glücklicher gestalten, so sollte man nicht die Augen verschließen vor möglicher Zeit-, Geld- und Energieverschwendung. Die erste Fehlinvestition ist, an halblebigen oder bereits beendeten Beziehungen festzuhalten. Wenn der andere nicht mehr will, dann ist alle Mühe umsonst! Sagen Sie sich: »Wer mich nicht will, der hat mich auch nicht verdient!«, und verschwenden Sie nicht Ihre Gedanken, Ihre wertvolle Zeit und Energie. Wer Sie und Ihre Werte nicht zu schätzen weiß, wer Sie warten lässt, unhöflich und unaufmerksam behandelt, der hat Sie nicht verdient! Fernbeziehungen stellen eine erhöhte Herausforderung dar. Mal abgesehen vom finanziellen Aufwand, wie hohe Telefonrechnungen und Fahrtkosten, baut sich die Woche über eine Erwartungshaltung auf. Verbringt man die Wochenenden dann endlich zusammen, lebt einer immer das Leben eines »Besuchers«. Was man anfangs noch als ungeheuer stimulierend wahrnimmt, »Wir haben uns immer etwas zu sagen«, kann sich auch hier zu einem echten Problem auswachsen. »Er ruft nie an und ich habe eine hohe Telefonrechnung.«

»Altlasten« aus erster Ehe oder früheren Beziehungen sind sozusagen die »Aussteuer«, die der Partner ungefragt mit in eine Beziehung bringt. Mehr oder weniger »aufgearbeitet, leidet der Partner vielleicht noch psychisch an den Folgen der Trennung, vielleicht leidet er eher finanziell. Jeder von uns, der schon mal eine Beziehung hatte, ist in irgendeiner Weise »gestört«. Der eine mehr und der andere weniger. An diesen »Mitbringseln« wird nichts zu ändern sein, man kann sie nur akzeptieren oder die Finger von ihm lassen. Seine Kinder aus erster Ehe werden alle zwei Wochen auch Teil Ihres neuen Lebens mit ihm sein, die finanziellen Möglichkeiten werden sich aufgrund seiner Unterhaltsverpflichtungen nicht verbessern. Die erste Familie hat laut Gesetz immer noch Vorrang. Man kann es als störend ansehen oder, zumindest anfangs, als eine Bereicherung des eigenen Lebens. »Ich fand seine beiden Kinder anfangs ganz reizend.« Dieser Eindruck hat sich im Laufe der Zeit modifiziert und ist zum Störfaktor Nummer eins aufgestiegen! »Wenn sie bei ihm sind, schlafen sie immer noch in seinem Bett, auch wenn ich mit drin liege!« Und wenn Diskussionen hier keine Veränderung bringen, hat man die Wahl, zu gehen oder zu bleiben und es zu akzeptieren. Seine Altlasten werden jetzt auch Teil Ihres Lebens sein!

What you see is what you get

»Du bekommst, was du siehst«, nicht mehr und auch nicht weniger! Vertrauen Sie Ihrem Instinkt und somit Ihrem ersten Eindruck! Innerhalb weniger Sekunden entscheidet man unbewusst: Dieser Mensch ist mir sympathisch, der ist mir unsympathisch. Diese Beurteilung passiert aufgrund des Zusammenspiels all unserer Sinne und dem Funktionieren unseres »Instinktes«, der anschlägt, wenn Gefahr lauert. Bevor der andere auch nur ein Wort gesagt hat, hat sich eine Instanz in uns aufgrund von unsichtbaren Informationen bereits ein Urteil gebildet. Schwingungen, Geruch, Bewegungen, Gesten und Körpersprache addieren sich zum »ersten Eindruck«. Erst viel später klinken sich die anderen Sinne ein. Wir hören, sehen und spüren. Blinken auch nur die kleinsten Alarmlämpchen, so sollte man diese Signale ernst nehmen. Betrachten Sie Ihr Gegenüber mit wachen Sinnen und eingeschaltetem Verstand, dann lassen sich einige Wege abkürzen! Das, was Sie vor sich sehen, ist das, was Sie bekommen. Ist es ein Windhund, dann wird er sich nicht in tausend kalten Wintern in einen Hirtenhund verwandeln!

Finger weg von Provisorien

Hängt bei Ihnen seit Jahren irgendwo in der Wohnung eine Glühbirne an der Decke, die darauf wartet, gegen eine richtige Leuchte ausgetauscht zu werden? »So lange, bis was Richtiges kommt?« Wacklige Regale stehen »übergangsweise« rum, bis man mal Zeit hat, sich nach einem »richtigen« Schrank umzusehen. Diese Art von provisorischen Lösungen haben eines gemeinsam: Sie halten ewig! Man gewohnt sich an ihren Anblick, entschuldigt sich manchmal bei Gästen für die Decke über der gammligen Couch, aber ansonsten hat man sich so an sie gewöhnt, dass man sie schon gar nicht mehr bemerkt. Ähnlich verfahren manche mit ihren Partnern. »Er ist zwar nicht das, was ich mir vorstelle, aber im Moment tut er mir gut.« Frauen sprechen es wenigstens noch aus, aber nicht nur sie leben mit so genannten Provisorien. Man hat sich irgendwann mal kennen gelernt und ist aneinander hängen geblieben. Eigentlich sucht Mann oder Frau was ganz anderes beziehungsweise wartet darauf, dass der Traumprinz oder das Modell fürs Leben irgendwann vor der Tür stehen.

Stattdessen: Legalisieren

Hier gibt es nur eine Lösung: Entweder man erklärt diese Provisorien zum Dauerzustand und steht dazu (»Die nackte Glühbirne ist hipp und die passt hierher«), vielleicht ist die seit Jahren dauernde »Übergangslösung« bei näherem Hinsehen doch ein wertvoller Partner? Oder man trennt sich von ihnen. Denn nichts ist dauerhafter als ein Provisorium. Auf Partnerschaften übertragen, bleibt hierbei einer auf der Strecke und fühlt sich »missbraucht«. »Ich bewundere, wie sie ihr Leben meistert und alles allein managt, aber meine Traumfrau ist sie nicht« erklärte Albert, 32 Jahre, ganz offen im Beisein seiner Freundin. Diese war dadurch nicht zu erschrecken, immerhin liebte sie ihn. Mit einer Engelsgeduld und ohne Druck »schlich« sie sich langsam in sein Herz. Dann zogen sie zusammen und heirateten. Sie führen noch nach Jahren eine glückliche Beziehung, weil er den Schritt aus seiner Illusion in die Wirklichkeit gewagt und sie ihn nicht aufgegeben hat.

Vorsicht: Sprungbretter

Manche »Übergangslösungen« werden dazu benutzt, um aus einer bestehenden Beziehung herauszukommen. Der »Scheidungsgrund« ist hier bildlich gesprochen ein Sprungbrett, das nur der Zwischenlandung und dem erneuten Absprung dient! Viele können sich, aus welchen Gründen auch immer, aus einer desolaten Beziehung nicht aus eigenen Kräften herauslösen. Eine Affäre, Neuorientierung oder wie man sie auch immer bezeichnen will, kann hierbei unterstützend sein. Ist man selbst in einer solchen Situation, ist der neue Partner gerade im Begriff, sich aus einer langjährigen Beziehung zurückzuziehen, so muss man sich seiner »Position« einfach nur bewusst sein. Ausnahmen bestätigen natürlich auch hier die Regel. Sollte man hier an einer längeren Beziehung interessiert sein, dann hilft nur: auf eine schnelle formale Lösung drängen (Scheidung einreichen, Umgangsrecht regeln, Auszug), um zu sehen, wie ernst es der andere tatsächlich mit seinen Trennungsabsichten meint. Ansonsten schützt man sich selbst am besten, indem man sich und ihm eine Frist von ungefähr einem Jahr einräumt, in dem alles Alte geregelt werden kann. Falls man allerdings diese Erfahrung, mehr als einmal selbst als »Sprungbrett« benutzt worden zu sein, gemacht hat, so sollte man in sich gehen und sich selbst die Frage stellen, ob man überhaupt bereit ist für eine richtige Bindung. Denn die Erfahrung, die man im Außen macht, ist oft nur ein Spiegelbild der eigenen inneren Befindlichkeit.

Stattdessen: Altes weg!

Diese Art von Beziehung ist nichts Ganzes und nichts Halbes, eben »halblebig«, sie dümpelt so vor sich hin. Sie sind wie Lebensmittel im Kühlschrank, deren Verfallsdatum seit langem abgelaufen ist, keiner isst sie noch und keiner wirft sie weg. Aber bevor diese nicht »entsorgt« sind, kann auch nichts anderes kommen. Also weg mit dem Alten, damit etwas Neues ins Haus kommt! Erst, wenn die alte Beziehung beendet und bereinigt ist, kann man sich mit allen Konsequenzen einer neuen widmen. Es gibt sie auch hier, die »Horter«, die nach dem Motto »Man kann es ja vielleicht noch mal gebrauchen« vorgehen. Man lässt die alte auf kleiner Flamme köcheln, für den Fall, dass das mit der neuen Beziehung nichts wird. Oder wärmt mal schnell eine alte Beziehung auf, um sich über Liebeskummer hinwegzutrösten. Sicher ist, wenn man nichts Neues wagt, kann man auch nicht gewinnen. Denn nur das, was man mit vollem Einsatz fährt, hat auch Chancen auf Erfolg. Eine Sache zu riskieren heißt, alles auf eine Karte zu setzen. Und diese geballte Energie ist in der Beziehung spürbar. Die Überlegung »Was ist, wenn's nicht klappt?« zeigt nur die eigene Unsicherheit. Man ist sich selbst nicht darüber im Klaren, was man möchte!

Finger weg vom Dreierpack

»Er lebt zwar noch bei seiner Frau, aber die beiden gehen lange schon getrennte Wege«, dieser Satz könnte aus einem drittklassigen Film stammen, ist aber mitten aus dem Leben gegriffen. Tatsache ist: Solange die beiden immer noch unter demselben Dach leben, sind sie nicht getrennt, so dass man sich hier auf eine Dreierbeziehung einlässt. Es ist mehr als naiv zu glauben, dass der andere seine Partnerin verlässt, nur weil er jetzt eine Beziehung mit einer neuen hat. Er hat doch alles, was er will: die Standardversorgung zu Hause, die Vertrautheit, die Kinder, das Haus. Außer Haus die Geliebte, die sich natürlich alle Mühe gibt, um ihm sein trostloses Dasein mit seiner zickigen Ehefrau zu versüßen und ihn von ihren Vorzügen zu überzeugen. Aus welchem Grund sollte er sich denn gegen eine der beiden Möglichkeiten entscheiden? Eine andere Frage, die sich hier stellt: Warum lassen sich Frauen auf solch ein Spiel ein? Geliebte zu sein, hat zweifellos auch Vorteile: keine Verpflichtungen, keine feste Bindung. Aber auch keinerlei Ansprüche, keine Verantwortlichkeit und keine gemeinsame Zukunft! Warum sind selbst intelligente Frauen, was gebundene Männer betrifft, so unglaublich naiv? Falls Frau mal wirklich von der Geliebten zur Ehefrau »aufsteigen« sollte, wird er doch sicherlich die Position der Geliebten neu besetzen müssen! Also worin liegt hier die Verbesserung?

Man bekommt ihn so, wie er schon beim ersten Kennenlernen war. Ist er verheiratet, bleibt er es, daran ändert sich in den wenigsten Fällen etwas. Entweder Frau akzeptiert ihre Position als Geliebte und ist somit Nummer zwei mit allen Konsequenzen, oder man lässt die Finger davon. »Er ist ein großer Teil meines Lebens, aber ich bin nur ein winziger Teil seines. Ich kenne keinen seiner Freunde, weiß nicht, wie er wohnt. Und falls er stirbt, werde ich nicht einmal davon erfahren.« Welcher Mann würde sich im umgekehrten Fall jahrelang mit dem zweiten Platz begnügen und dabei noch treu sein? Ich kenne keinen! Es ist zwar ein Klischee, deckt sich aber mit meinen Erfahrungen, dass Männer immer noch viel eher in der Lage sind, »mehrgleisig« zu fahren. Statistiken bestätigen, dass verheiratete Frauen sich mehr und mehr auch außerehelich orientieren. Ob das ein wahrer Fortschritt ist, wage ich zu bezweifeln! Es bringt nur noch mehr Probleme in eine Beziehung und löst kein einziges!

Darum: Nichts wie weg!

Erkennen Sie so früh wie möglich diejenigen Faktoren, die Ihrem Glück definitiv im Wege stehen können. Weder an den Umständen noch an den beteiligten Personen lässt sich etwas verändern. Das Einzige, was Sie langfristig ändern können, ist Ihre eigene Einstellung. Überfordern Sie sich hierbei nicht! Was anfangs leicht aussieht (»das tut mir nicht weh«), kann sich zu einer schmerzvollen Leidensgeschichte auswachsen! Wenn Sie offenen Auges in Ihr Unglück rennen, ist das immerhin ein bewusst gewählter Zustand, für den Sie selbst ganz allein verantwortlich sind! Also seien Sie nett zu sich selbst und lassen Sie die Finger von aussichtslosen Fällen! Die Liebe belasten heißt, Fakten zu ignorieren und betriebsblind zu agieren! In Anbetracht der Tatsache, dass keiner von uns jünger oder schöner wird, sollte man ein geschultes Auge für mögliche Störfaktoren haben. Dann kann man sich diese »Fehlinvestitionen« in Form von unnötig vertaner Zeit, Energie und auch Geld im Vorfeld ersparen. Es ist nie zu spät, sich folgende Fragen im Hinblick auf eine Beziehung zu stellen:

- Lohnt sich der Aufwand?
- Vergeude ich meine kostbare Zeit?
- Hat diese Beziehung Zukunft?

Falls Ihre Antworten in der Reihenfolge »nein, ja, nein« ausgefallen sind: Worauf warten Sie dann noch? Was muss noch alles passieren, damit Sie Ihr Leben und Ihr eigenes Glück in die Hand nehmen? Herzlichen Glückwunsch zu Ihrer Beziehung, falls Sie »ja, nein, ja« geantwortet haben!

Stattdessen: Strategisch vorgehen!

Wenn es um Beziehungen geht, gehen die meisten Menschen rein gefühlsmäßig vor. Rationale Überlegungen gelten als berechnend und unromantisch. Aber wo bleibt die Romantik, wenn aufgrund unterschiedlicher Wertvorstellungen oder finanzieller Probleme die ersten Differenzen auftauchen? Meistens wird eine langfristige Beziehung weniger durchdacht als eine zweiwöchige Urlaubsreise. Und wenn es keine Irrfahrt werden soll, sollte man gezielt vorgehen:

Was ist Ihnen in einer Partnerschaft wichtig? Welche Prioritäten haben Sie? Mittelfristig und langfristig? Sich selbst dieser Prioritäten bewusst zu sein hilft, falsche Fährten weiterzuverfolgen. Welchen Grund gibt es, seine Reise fortzusetzen, falls diese geradewegs in einer Sackgasse endet? Also: Schalten Sie zusätzlich zu Ihren Gefühlen Ihren gesunden Menschenverstand ein! Machen Sie sich in einer ruhigen Stunde und in einem klaren Moment eine Prioritätenliste. Diese könnte sowohl zum Bilanzieren der jetzigen Beziehung als auch in der Zukunft hilfreich sein, um Standards zu setzen und eventuelle »Fehlgriffe« zu erkennen. Falls alles zu spät ist, kann sie einen wenigstens an die Zeiten erinnern, als der eigene Verstand noch funktionierte. Was hat erste Priorität, wäre also absolut unumgänglich? Sollte Ihr Partner beispielsweise die gleichen Werte wie Sie haben? Die gleiche Religion? Oder würden Sie auch zum Islam übertreten? Stellen Sie sich eine Zukunft mit Kindern oder mit Tieren vor? Sind Sie an einen bestimmten Standort gebunden oder wollen Sie unbedingt noch ins Ausland? Wie viel Wert legen Sie auf Treue? Was hat zweite Priorität? Was wünschen Sie sich von einer Beziehung? Was wäre schön, muss aber nicht unbedingt sein? Welche Funktionen soll Ihre Beziehung haben? Soll Sie Ihrer Versorgung dienen, Ihrer finanziellen Absicherung? Ihren Status erhöhen? Sollte er aus etwa dem gleichen »Stall« wie Sie stammen? Hobbys teilen? Sie bei Ihren beruflichen Plänen unterstützen? Was hat dritte Priorität, worauf könnten Sie zur Not verzichten? Wo würden Sie Abstriche machen? Vorstellungen bezüglich des Aussehens und sonstiger Nebensächlichkeiten? Findet sich auf Ihrer Liste die eine oder andere unten aufgelistete Erwartung an eine Beziehung:

- dass sich Ihr Leben dadurch verändert
- dass Sie aus Ihrer jetzigen Umgebung endlich rauskommen
- dass Sie nicht mehr allein sind
- dass Sie Ihre finanziellen Sorgen los sind
- dass sie einen anderen Lebensstandard haben
- dass Ihr Gefühl von Leere und Einsamkeit verschwindet
- dass Sie in Sicherheit sind
- dass Sie sich anders fühlen
- dass Sie weniger deprimiert sind
- dass Sie finanziell, haushaltstechnisch oder sexuell grundversorgt sind
- dass Sie im Alltag entlastet werden
- dass jemand Ihre Hemden bügelt, Ihre Sprudelkisten trägt
- dass Sie über eine Trennung hinwegkommen
- dass Ihr Leben bereichert wird
- dass Ihnen endlich jemand bei der Lösung Ihrer Probleme hilft
- dass Sie sich nicht mehr langweilen
- dass Ihr Leben einen Sinn bekommt
- dass Sie Ihr jetziges Leben mit einem geliebten Menschen teilen können
- dass sich überhaupt nichts verändert, sondern nur noch mehr Freude in Ihr Leben kommt
- oder dass…

Falls mehr als drei Punkte auf Ihre Erwartungen zutreffen, dann haben Sie hohe Anforderungen an den zukünftigen

Partner! Er soll in Ihrem Leben das regeln, was Sie »verbockt« haben? Hier sind Enttäuschungen vorprogrammiert. Lösen Sie zunächst Ihre Probleme selbst! Dann fragen Sie sich: Soll eine Beziehung zu meinem Leben passen oder werde ich mich dem Leben meines Partner anpassen? Sind Sie wirklich bereit, dafür Ihr jetziges Leben aufs Spiel zu setzen und ihm in eine wie auch immer geartete Zukunft zu folgen? Entweder sind Sie ganz schön mutig oder es fehlt Ihnen Ihr eigenes Lebenskonzept! Falls Sie dieses von einem anderen Menschen erwarten, dann liegen Sie falsch! Würden Sie nicht im umgekehrten Fall die Flucht ergreifen?

Stattdessen: Was habe ich zu bieten?

Sie können sich selbst die Frage stellen »Was kann ich eigentlich dem anderen bieten?«, egal ob Sie sich gerade in einer Partnerschaft befinden oder einen Partner suchen. Die Antworten können sehr aufschlussreich sein. Kann ich das auch zu einer Beziehung beisteuern, was ich vom anderen erwarte? Was und wie viel bin ich bereit, von mir zu geben? Bevor man immer vom idealen Partner spricht, sollte man sich lieber einmal selbst fragen: »Bin ich eigentlich ein idealer Partner? Was qualifiziert mich dafür?« Oft gehen hier Anspruch und Wirklichkeit total auseinander. Schauen Sie in den Spiegel: Bringen Sie das Aussehen mit, das Sie vom anderen erwarten? Oder wie kommen Sie darauf, dass eine Frau mit Modellmaßen sich in Ihr Übergewicht verlieben sollte? Vielleicht sollten Sie sich mal in Ihrer Gewichtsklasse umsehen? Sich selbst realistisch einzuschätzen bedeutet auch, das illusionäre Hoffen aufzugeben, dass irgendein märchenhaftes Wesen da draußen auf einen wartet. »Das bin ich, das bringe ich mit, und das bin ich bereit zu geben« zeigt innere Reife und ist eine realistische Sichtweise! Gewisse Qualitäten, die Männer weniger schätzen, können Frauen sowieso nicht leugnen. Denn ab einem gewissen Bildungsgrad und hohem Selbstbewusstsein ist man als Frau sowieso »schwer vermittelbar«. Auch gut zu wissen, dass man nur das erwarten kann, was man selbst bereit ist zu geben! Wenn ich also denke, in den Genuss seines Vermögens zu kommen, so muss ich auch bereit sein, ihm meinen letzten Cent zu schenken!

Stattdessen: Experten befragen

Die erste Hälfte der Frage »Macht er mich glücklich und passt er langfristig zu mir?« können Sie am besten beantworten. Für die zweite Hälfte sollte man Expertenmeinungen hinzuziehen. »Warum hast du mich denn nicht vor dieser Frau gewarnt?«, fragte mich ein Freund vorwurfsvoll, nachdem seine Ehe in die Brüche ging. Aus einem einfachen Grund heraus: Er hat mich nicht danach gefragt. Und er hat heimlich geheiratet, keiner seiner Freunde war vorher informiert. In solch einem Fall kann man das Schlimmste nicht verhindern, und es sollte wohl so sein. Er hat seine Erfahrung machen müssen. Seien wir mal ehrlich: Würden wir überhaupt auf Freunde hören? Auf enge und geschätzte Familienangehörige, die einen selbst manchmal besser kennen als man sich selbst?

Oft werden Ehen aus einem Drang heraus geschlossen, »es den anderen zu zeigen, dass es doch gut geht«. Fragen? Da wäre man ja schnell bei der arrangierten Ehe anderer Zeiten und Kulturen. Wie stolz sind wir heute darauf, unseren Gefühlen folgen zu können und unsere Entscheidungen selbstständig zu treffen. Obwohl das keine Garantie dafür ist, dass sie richtig sind. Die Frage: »Sag mal, wie findest du ihn?«, guten Freunden oder unabhängigen Bekannten gestellt, sollte einem nicht die Entscheidung abnehmen, wohl aber den Blickwinkel erweitern. Gute Freunde äußern hoffentlich ihre Bedenken auch ungefragt.

Entrümpeln mit Blau, Gelb, Rot

Das Leben ist meiner Ansicht nach zu kurz, um es mit Menschen zu verbringen, die dieses nicht bereichern. Um sich späteren Ärger zu ersparen, sollte man manche Menschen schon gar nicht ins Haus, geschweige denn ins Schlafzimmer lassen.

Um Platz für die Ihnen wirklich wertvollen Menschen in Ihrer Umgebung zu machen, ist es wichtig, den Freundes- und Bekanntenkreis regelmäßig zu sichten. Dazu brauchen Sie Ihr Adressbuch genauso wie den Speicher Ihres Telefons und Handys. Nach der »mentalen« Drei-Kisten-Methode können Sie nämlich auch Ordnung in Ihr persönliches Umfeld bringen – ähnlich, wie man beim Entrümpeln des Hauses jedem einzelnen Ding entweder einen guten Platz im Haus zuweist oder es in eine der drei Kisten verabschiedet. Stellen Sie sich einfach drei Kisten in den Farben Blau (wie blauer Müllsack), Gelb (wie der Gelbe Sack des dualen Systems) und Rot (wie ein Herz) vor. Stellen Sie sich weiter vor, dass diese drei Kisten nebeneinanderstehen und Sie nun die Personen aus Ihrer Umgebung den folgenden Kisten zuordnen:

- Blaue Kiste Nr. 1: Auf diese Personen kann ich in Zukunft verzichten, sie sollen mein Leben nicht länger begleiten. Ich entscheide mich dafür, sie ziehen zu lassen, und werde von mir aus nicht mehr mit ihnen in Kontakt treten.
- Gelbe Kiste Nr. 2: Von diesen Personen kann ich mich (noch) nicht trennen. Ich mache jetzt jedoch meine Regeln und lege meine Grenzen fest! Falls die kritischen Kandidaten im Laufe des nächsten Jahres mir immer noch mehr Kraft abziehen als geben, können sie jederzeit in die Kiste Nr. 1 wandern.
- Rote Kiste Nr. 3: An diesen Menschen hängt mein Herz! Diese Personen sind meine Schätze! Ich werde sie pflegen und mich um sie kümmern. Sie stärken und unterstützen mich, daher gebe ich ihnen entsprechend Raum in meinem Leben.

Um das Ganze noch lebendiger zu machen, können Sie sich selbst die drei bunten Kisten basteln: nehmen Sie dafür drei Schuhschachteln und bemalen Sie diese in den Farben Rot, Gelb, Blau oder beziehen Sie diese jeweils mit einem farbigen Papier. Nun nehmen Sie Ihr Adressbuch und schreiben Sie alle Namen Ihrer Freund und Bekannten auf jeweils einen kleinen Zettel. Diese Zettel können Sie dann in die jeweilige Schuhschachtel packen. Betritt mal wieder eine Person aus dem blauen Karton Ihr Leben, so erinnern Sie sich daran, dass sie eigentlich gar keine Rolle mehr in Ihrem Leben spielt. Lassen Sie sie höchstens in Ihren Vorgarten, aber laden Sie sie nicht in Ihr Haus ein! Erst recht nicht in Ihre inneren Räume! Da ist nur Platz für diejenigen, die im roten Karton sind!

Finger weg vom falschen Mann

Vermeiden Sie in Zukunft gleich im Vorfeld Bekanntschaften mit Personen, die keinen Platz in Ihrer Schatzkiste finden würden! Seien Sie höflich, aber bestimmt im Umgang mit ihnen. Wer nicht in die Schatzkiste passt, hat auch Ihre Telefonnummer nicht verdient. Mit demjenigen brauchen Sie sich gar nicht erst zu verabreden. Das wäre reine Zeitverschwendung. Sollten neue Menschen in Ihr Leben treten, dann vergessen Sie nicht, dass dafür andere gehen mussten! Erst muss ich mich von meiner »halblebigen« Beziehung verabschieden, bevor ein neuer Partner in mein Leben treten kann. Auch auf die Gefahr hin, dass zunächst mal gar kein Partner da ist! Die unten folgenden Fragen lassen sich ebenso an Personen Ihres privaten (Bekannte und Freunde) als auch Ihres geschäftlichen Lebens, wie Kunden und Angestellte, Mieter etc. stellen. Also »checken« Sie Personen, die neu in Ihr Leben treten wollen, anhand der drei Fragen, die nur Sie allein beantworten können, ab:

1. Frage: Will oder brauche ich diesen Menschen wirklich?
2. Frage: Bereichert er mein Leben?
   (Oder macht er es komplizierter? Bin ich bereit, dafür Einschränkungen in meinem bisherigen Leben in Kauf zu nehmen? Will ich das auch wirklich und mit allen Konsequenzen? Was bringt mir das? Mehr Lebensqualität? Mehr Verpflichtungen? Was kostet mich das? Meine Zeit? Geld? Kraft?)
3. Frage: Macht er mich glücklich?
4. Frage: Was oder wen bin ich dafür bereit aufzugeben?

Und nicht zuletzt die Zusatzfrage: Ist dieser Mensch mir so wichtig, dass ich für ihn bereit bin, auf etwas oder jemanden zu verzichten? Denn nur, wenn etwas Altes geht, kann auch etwas Neues kommen! Das gilt schließlich auch für Menschen.

Bloß keine Erfolgsverhinderer!

Man kann diese auch Bremser oder Runterzieher nennen, eine Spezies, die uns den Spaß an der Arbeit und manchmal auch am Leben nehmen möchte. Besonders tragisch ist es, wenn der eigene Partner, von dem man Unterstützung »in guten wie in schlechten Zeiten« erwartet, zu dieser Partei gehört. Anfangs glauben wir vielleicht noch an ihre gut gemeinten Ratschläge wie beispielsweise bei einer beruflichen Veränderung: »Hast du dir das auch wirklich überlegt? Mit mir kannst du nicht rechnen, falls es schiefgeht.« Diese Sorte Bremser hat mit eigenen Ängsten und Minderwertigkeitsgefühlen zu kämpfen. Vielleicht fühlt er sich selbst als »Verlierer« und wird nicht eher Ruhe geben, bis Sie nicht ebenso dazugehören. Viele dieser »Loser« ertragen nur sehr schlecht glückliche Menschen in ihrer Umgebung. Vielleicht haben sie Angst, ihre Frauen an eine andere Idee zu verlieren. Angst, dass sie erfolgreicher oder auch glücklicher werden können als sie selbst. Falls Sie etwas aus Ihrem Leben machen wollen, suchen Sie sich einen Partner, der Sie in Ihren Plänen und Absichten unterstützt, ohne Wenn und Aber! Einen, der sich selbstsicher genug fühlt, um nicht mit einem Job, einer Ausbildung in Konkurrenz treten zu müssen: einen, der sich über Ihren Erfolg freut!

Vorsicht: Lebenskünstler!

Mit ihrem Charme und ihrer Leichtigkeit gewinnen sie Herzen im Nu! Sie sprühen vor Ideen, überraschen mit einem Picknick bei Nacht und kümmern sich nicht um die Meinung anderer. Sie leben ihr Leben jeden Tag neu und intensiv und hassen alles, was nach geregeltem Ablauf aussieht. Sie brauchen Veränderung und neue Herausforderungen, und eine geregelte Partnerschaft passt nicht gerade in ihr Weltbild. Es sei denn als Basis, von der aus sie ihre Eroberungszüge planen und wohin sie wieder zurückkehren können. Hat anfangs ihre unkonventionelle Art zu leben und zu arbeiten imponiert, kann es sein, dass es sich nach Jahren herausstellt, dass sie nur eine besonders originelle Sorte der eigentlich Erfolglosen darstellen. Man trifft sie vor allem im Urlaub, als Skilehrer und Tourenguides. Und genau dort sollte man sie auch lassen! Die Sonne scheint, Sie verlieben sich in ihn, er schleicht sich in Ihr Herz und hinterlässt, wenn Sie abfahren, genau dort ein großes Loch. Es soll zwar schon vorgekommen sein, dass diese Art »Souvenirs« zu einer nachhaltigen Partnerschaft führten. Nun ja, man hat schon Pferde kotzen sehen. Aber einen charmanten und noch dazu gut aussehenden Skilehrer zu heiraten ist mutig! Sein Charme gehört zu seinem beruflichen Anforderungsprofil und dieser wird Ihnen niemals allein gehören!

Finger weg von den Vampiren!

Diese gefährliche Spezies ernährt sich nicht vom weiblichen Blut, sondern von einem anderen Saft – dem Ihrer »Batterien«. Kennen Sie das Gefühl, von manchen Menschen regelrecht »leer gesaugt« zu werden? Manche schaffen das sogar telefonisch! Sie »docken« sich körperlich wie auch energetisch an, profitieren von Ihren Kräften und laden sich wie an einer Tankstelle bei Ihnen auf. Danach ziehen sie beschwingt weiter und Sie selbst bleiben zurück und fühlen sich wie die Hülle eines leeren Luftballons. Hier gibt es nur eins: so schnell wie möglich die Flucht ergreifen! Oder ganz viel Knoblauch anbringen und ihnen den Kampf ansagen. Der erste Schritt ist, diese »Vampire«, die sich oft hinter einer reizenden Fassade verstecken, zu erkennen. Der nächste Schritt ist der, zu sagen und auszustrahlen »mit mir so nicht mehr«. Allein Ihre innere Haltung, die natürlich echt sein muss, wird dafür sorgen, dass viele Vampire schon gar nicht mehr bei Ihnen zwischenlanden, sondern sich eine andere »Ladestation« suchen werden. Vampire benutzen Frauen für ihre Zwecke. Ob beruflich oder rein sexuell, ist zweitrangig. Sie benutzen Frauen, um sich selbst etwas zu beweisen. Ihr Aussehen verrät sie hierbei nicht. Spießige Beamte oder gut aussehende Playboys müssen es sich ab und an beweisen, dass sie jede rumkriegen. Eigentlich ist er ein unsicherer Mensch, der sich auf diese Art und Weise nur die Anerkennung seiner Kumpels holt und irgendwann reumütig zu Frauchen zurückkehrt. Vor diesem Typen sei gewarnt! Er ist absolut unberechenbar, nicht zu verändern und wird von seiner schlechten Gewohnheit auch nicht abzuhalten sein. An normalen Tagen besticht er durch seine Treue, die jedoch nur auf mangelnde Gelegenheit oder Faulheit zurückzuführen ist.

Der Hilflose

Er ist nett und einfühlsam, aber spätestens wenn Entscheidungen anstehen, verrät er seine Unfähigkeit. »Ach, worauf habe ich denn heute Appetit?« Und schon werden die ganz tiefgeschossigen Instinkte in uns Frauen angesprochen – der Mutterinstinkt und Pflegetrieb. Insgeheim jubelt das Herz: »Endlich mal einer, der nicht so machomäßig drauf ist«, aber Vorsicht, auch hier lauern dicke Haken! In Partnerschaftsanzeigen fallen sie durch die Formulierung: »nach großer Enttäuschung suche ich…« schon gleich auf. Selbstredend wurden sie von unsensiblen Frauen enttäuscht, denn dieser sensible Typ wäre niemals in der Lage, einer Frau etwas Böses zu tun. Die reinsten Engel! Sie brauchen unsere Hilfe! Vielleicht wohnen sie nach einer Trennung wieder bei der Mutter. Ein rührendes Exemplar, das uns zeigt, wie unentbehrlich wir Frauen doch sind. Unreif und nicht willens, die Verantwortung für ihr eigenes Leben zu übernehmen, bleiben sie meist ihr Leben lang psychische »Pflegefälle«. Und es finden sich immer wieder Frauen, deren Hobby es ist, unterbelichtete Egos zu streicheln! Gerade starke Frauen, die die Kontrolle brauchen, nehmen sich Männer, die schwächer sind! Mit den traurigen Augen eines ausgesetzten Hundes erobern sie das Frauenherz, um es dann auch wieder zu brechen. Denn dieser Typ wird alles tun, um seine »Keiner-versteht-mich-Erfahrung« zu wiederholen, damit er anderweitig getröstet werden kann.

Hypochonder

Dass Männer im Allgemeinen wehleidig sind, gestehen sie sich inzwischen selbst ein. Für Frauen mit einem Helfersyndrom ist diese Spezies ein gefundenes Fressen. Sollten Sie nicht dazu gehören, dann distanzieren Sie sich von den kleinen Wehwehchen und muten es ihm zu, selbst damit klarzukommen. Notfälle natürlich ausgeschlossen, aber diese sollten Sie selbst definieren. Nach männlicher Sicht zählt jede Art von Schmerz dazu. »Wie andere Leute im Urlaub Kirchen besichtigen, besucht mein Mann seit Jahren an jedem Urlaubsort den dortigen Orthopäden. Er könnte einen Reiseführer darüber schreiben!« Während Frauen Krankheiten im Privaten ausleben, tragen Männer ihr Leid wir eine Kriegsverletzung vor sich her und prahlen untereinander, als wäre das ein ganz besonders großes Verdienst. Da hilft nur eins: Machen Sie seine nicht zu Ihrer Krankheit! Er weiß, wo das Telefonbuch steht, er kann sich selbst einen Arzttermin geben lassen und seine Medikamente auch allein schlucken! Denn er hat das Recht auf seine eigene Krankheit. Begrenzen Sie die Mitleidsphase zeitlich und suchen Sie bei chronischen Hypochondern so schnell wie möglich das Weite! Denn mit zunehmendem Alter werden Männer kaum gesünder!

Der Praktische

Zweifellos ein sehr nützliches Exemplar! Er ist überall im Einsatz, wo Not am Mann ist. Als Heimwerker verlegt er Parkett und baut Regale zusammen. Als Hobbygärtner zähmt er jede Wildnis, als Hobbykoch ist er um Ihr leibliches Wohl besorgt. Kein Umzug, bei dem er nicht mithilft! Dieses Exemplar allerdings werden Sie niemals allein besitzen. Denn er kann nicht anders, er macht sich überall nützlich. Wenn Sie freie Abende zu schätzen wissen, ist dieser der richtige Partner für Sie. Er ist immer beschäftigt, denn irgendwo gibt es immer etwas zu ölen oder mit Holz zu verkleiden. Und kommt er dann nach Hause, ist er von seinen vielen Nebentätigkeiten so erschöpft, dass er schon auf dem Sofa einschläft.

Der Fanatiker

Sie begeistern uns durch ihren fast kindlichen Enthusiasmus oder ihr immenses Wissen. Schwärmen von ihrem Hobby oder können stundenlang über ein Thema referieren. Einer Sache widmen sie sich ganz und ohne Abstriche. Wenn Veganer, dann sind sie es mit Leib und Seele und mit allen Konsequenzen. Kaum haben sie mal den Sport für sich entdeckt, dann rennen sie dreimal wöchentlich ins Fitness-Studio und missionieren jeden, der das nicht auch tut. Fanatismus gepaart mit Intoleranz ist nicht nur politisch eine hochexplosive Mischung! Und ob Ernährungsexperte, Umweltschützer, Trennkostler – die Themen sind austauschbar und werden ab und zu gewechselt. Aber eins bleibt: ihr Fanatismus, denn Männer machen nicht viel, aber wenn sie etwas machen, dann machen sie es mehr als richtig!

Die stillen Wasser

Nichts ist anziehender als ein ruhiger, einigermaßen akzeptabel aussehender Mann mit schönen Augen. Seine Ruhe, seine Verschlossenheit umgibt ihn wie ein Geheimnis. Was hat er erlebt, was hat er zu verbergen, was denkt er? Die Schüchternen, Stillen, Netten bis hin zu den Langweilern, die wenig sagen, bieten jede Menge weiße Leinwand als Projektionsfläche für weibliche Interpretationen. »Er hat ja so viel Tiefe« heißt übersetzt, er ist stumm und autistisch. Nicht mehr und nicht weniger. Tauchen Sie in diese Untiefen und Sie finden nur Schlamm. Und falls Sie auf eine

Auster treffen, dann bleibt sie garantiert geschlossen. Kein noch so gutes Zureden wird sie öffnen, falls Sie Glück haben, gelingt es mit Hilfe stimulierender Drogen. Danach klappt sie wieder zu und Sie können, falls Sie an ihr tiefstes Innere rankommen, sich die Zähne an ihr ausbeißen! Der Geheimnisvolle ist vielleicht von seiner Mutter ungeliebt, vielleicht ein Philosoph, der sich nicht wie die anderen an dummen Gesprächen beteiligt. Auf die Frage: »Was denkst du?«, antwortet er: »Nichts.« Seine Gedanken sind zu komplex, als dass er sie in Worte fassen und mitteilen könnte. Heiraten Sie ihn und nach sieben Jahren der Stille werden Sie merken, dass er Recht hatte. Er hat wirklich nichts gedacht. Glauben Sie den Worten eines Mannes!

Der beste Freund

Der Film »Harry und Sally« ist bekannt für den besten vorgetäuschten weiblichen Orgasmus während eines Mittagessens. Beide sind miteinander befreundet, suchen den Partner fürs Leben und merken – Gott sei Dank – noch vor Ende des Film, dass sie ihn im anderen schon längst gefunden haben. Die alte Weisheit »Aus Freundschaft kann Liebe, aber aus Liebe nie Freundschaft werden« bewahrheitet sich hier wieder einmal. Welche Frau hat nicht solch einen Freund, oder hatte einen noch zu Schulzeiten, mit dem sie über alles reden und alles Mögliche unternehmen konnte. Sozusagen eine beste männliche Freundin. Nur einen Haken hat dieser Typ: ihm fehlt jegliche erotische Anziehung. Was nicht heißt, dass er sie generell nicht hätte, auf andere Frauen wirkt er vielleicht anders. Aber einen selbst lässt er auf diesem Gebiet vollkommen kalt. Ja, wenn Frau ehetechnisch zweigleisig fahren könnte, wäre er der ideale erste Mann. Zuverlässig, immer da, verständnisvoll, auf einer Wellenlänge. Ob sich aus Freundschaft Liebe entwickeln kann? Frau kann es ja zumindest mal versuchen! Nur ist das Risiko enorm: Geht es schief, haben Sie Ihren besten Freund verloren!

Achtung: Feldwebel

Endlich mal einer, der weiß, wo's für Sie langgeht! Auch wenn er den eigenen Weg vielleicht nicht kennt, so kann dieser Typus Ihre Probleme, beruflicher wie auch privater Art, sofort lösen. Er sagt Ihnen, was Sie dabei zu tun hätten und erwartet auch noch, dass Sie es tun. Er bietet nicht Hilfe an, er befiehlt, vielleicht auf eine subtile Art und Weise, getarnt als reizende Hilfsbereitschaft. Vielleicht eher militärisch, je nach Herkunft und beruflichem Hintergrund. Lehrer und Angehörige des Militärs tendieren genauso wie Angehörige anderer Berufsgruppen dazu, diesem Führungsstil zumindest in der Beziehung zum Erfolg zu verhelfen. Falls Sie diese Art von Erniedrigungserlebnissen brauchen und über einen geringen Selbstwert verfügen, mag er der Richtige sein. Falls Sie schon immer auf einen gewartet haben, der Ihnen zeigt, wo der Hammer hängt – dann haben Sie ihn jetzt gefunden. Falls Sie ganz gut selbst zurechtkommen und Ihren eigenen Weg gehen, dann wählen Sie diesen so, dass Sie diesem Typus nie wieder begegnen!

Der Aussichtslose

Noch aussichtsloser als aussichtslos ist ein verheirateter Mann mit Kindern, der Frau schon von Anfang an erklärt hat, dass er sich niemals scheiden lassen wird. Was sie jedoch in ihrer Hoffnung bestärkt, sind seine Erzählungen von der unglücklichen Ehe, den unverschämten Forderungen der Ehefrau und ihre Verständnislosigkeit. Der normale, gesunde Menschenverstand sollte hier spätestens das Signal »Nichts wie weg« geben. Aber was macht das zeitweise betriebsblinde Geschlecht? Fühlt sich geschmeichelt durch die Offenheit dieses armen verletzten und unverstandenen Ehekrüppels. Sie versteht ihn natürlich, natürlich kann er sich nicht scheiden lassen. Schon wegen der Kinder. Das spricht ja anscheinend auch für ihn. Wie verantwortungsvoll er doch ist. Wenn die Kinder erst in der Schule sind … wenn das Haus erst abbezahlt ist … die Schwiegermutter gestorben ist … Dann wird er sich scheiden lassen und zu ihr ziehen! Warum sollte er denn? Jetzt hat er Familie und Geliebte. Eine Scheidung würde Trennung von Familie, Haus und finanziellen Ruin bedeuten. Der Preis: ein Leben mit der Geliebten, Stress mit der Exfrau, reduzierter Lebensstandard. Er würde nur verlieren. Jetzt hat er ja alles. Und die Geliebte macht auch noch mit. Ein typisches Beispiel von Zeitverschwendung! Und dabei tickt ihre eigene biologische Uhr. Sie hätte gern selbst Kinder. Emotional ist sie auch blockiert, denn solange sie diesen Menschen liebt, ist sie nicht frei, eine andere Beziehung einzugehen. Darum: Finger weg von diesen aussichtslosen Männern! Stellen Sie ihm und vor allem sich selbst eine Frist von sagen wir mal zwei Monaten. Ist bis dahin keine Entscheidung mit einem ersten Schritt in Richtung Trennung gefallen, dann sollten Sie die Konsequenzen ziehen, das sind Sie sich selbst schuldig! Und vor allen Dingen sollten Sie sich vor Wiederholungen schützen!

Der Klasse-Mann

Dieser Typ ist so selten wie Schneefall im Juli. Aber es gibt ihn. Wenn ich ihn treffe, klingeln alle Glöckchen und die Geigen spielen. Es ist der intelligente, charmante, witzige und sehr geistreiche Typ Mann, der durch seinen Charme und sein Selbstbewusstsein auffällt. Beides ist nicht aufgesetzt oder dick aufgetragen, sondern locker zur Schau gestellt. Ein Klassetyp, dem nicht nur ich sofort zu Füßen liege. Er hat nur einen Fehler: Er ist bereits gebunden. Dieser Typus könnte Frauen haben wie Sand am Meer, und es würde mit ihm irgendetwas nicht stimmen, wenn er nicht längst zugegriffen hätte. Seine Frau ist reizend, mit ihr könnte man sich anfreunden und er ist Lichtjahre davon entfernt, sich von ihr zu trennen. Da Sie und ich intelligent genug sind, den Ärger einzuschätzen, den ein Fehltritt mit sich bringt, und wir diesen zur Stärkung unseres Egos absolut nicht benötigen, kommt man nicht mal für eine winzige Nacht in den Genuss dieser Männer. Ihre enorme Ausstrahlung führt dazu, dass körperliche Schwächen wie eine Halbglatze, die bis dahin für mich als unakzeptabel galt, im Nichts verschwinden. Gewandt im Umgang können sie sogar telefonieren oder nette Faxe schicken, und beherrschen auf ihre charmante Weise die Gratwanderung zwischen Begehren und Sachlichkeit. Ich bete sie an! Und wenn mir mal einer etwas näherkommen sollte, ich schwöre, ich werde ihn nicht mehr loslassen! Wie diese Spezies in anderen Bereichen brilliert, kann ich nur erahnen. Ich kann mir nicht vorstellen, dass dieser Typ irgendein Gebiet nicht beherrschen würde.

Finger weg von bindungsunfähigen Feiglingen

Man erkennt sie nicht an ihrem Äußern, aber es gibt sie überall. Es müssen keine Casanovas sein, die sich aus Überzeugung nicht festlegen wollen. Es kann genauso der gut aussehende Tennislehrer, der Anwalt von nebenan oder auch ein Malermeister sein oder ein Psychologe. Beruf und Alter spielen keine Rolle, aber eines haben sie doch gemeinsam: Aus irgendeinem Grund, der sich uns nie erschließen wird, den sie oft selbst nicht kennen, wollen und können sie sich nicht binden. Wenn's ernst wird, sind sie weg, wenn Verbindlichkeit droht, kriegen sie kalte Füße. Jahre zusammen und immer noch übernachtet er nicht bei ihr. Wenn sie es nicht genau wüsste, würde sie denken, dass er verheiratet sei und abends nach Hause müsse, berichtet Karen, 42 Jahre. Ihm reicht es wohl, dass er sie alle paar Wochen mal sieht, während sie sich täglich nach ihm sehnt. Dieses Spiel geht schon seit Jahren und eine Veränderung ist nicht in Sicht. Er versteckt sich hinter seinen traumatischen Eheerfahrungen und geschäftlichen Terminen und braucht jede Menge Ruhe. »Ich weiß nicht mal, ob wir überhaupt zusammen sind! Ich kann diese Beziehung nicht einschätzen, und er redet darüber nicht!« Wer seit vielen Jahren zusammenlebt und sich dennoch nicht festlegen möchte, scheint jede Menge Freiraum aus panischer Angst vor Abhängigkeit zu benötigen. Aber Liebe ist nun mal nichts für Warmduscher. Sie trägt ein großes Risiko in sich: zu scheitern! Wer das nicht riskieren kann und dafür Unverbindlichkeit und Unklarheit vorzieht, ist und bleibt unreif!

Stattdessen: Schätze erkennen

An den wahren Schätzen geht man oft vorbei, ohne sie auch nur eines Blickes zu würdigen. Vielleicht, weil sie durch das eigene »optische« Raster von »groß, schlank, blond« fallen oder wie immer es aussieht. Schätze kann man aber auch nur dann erkennen, wenn man in der Lage ist, das Echte vom Unechten zu unterscheiden. Nicht unbedingt das, was blitzt und glänzt ist auch wertvoll. Ein Rohdiamant von großem Wert kann sich unter einem Haufen Dreck verbergen. Nur wer genau hinsieht, wird ihn erkennen! Mit Männern scheint sich das ebenso zu verhalten, die wirklich wertvollen Exemplare werden leicht übersehen. Es sind keine Blender, sondern Männer, bei denen man sich schon die Mühe machen muss, sie richtig kennen zu lernen. Man erkennt sie oft erst, wenn sie den Hals einer anderen schmücken. Man schätzt sie oft erst richtig, wenn es zu spät ist und sie bereits vergeben sind.

Wer sucht, wird fündig

Sofern sie ohne festen Partner sind, sind Frauen, nach meiner Beobachtung, ihr Leben lang auf der Suche nach dem »Richtigen«. Selbst bei meinen allein stehenden Kundinnen jenseits der 70, die ich bei der Gestaltung ihrer Wohnung berate, soll ein eventueller neuer Partner mit eingeplant werden. Frauen scheinen die Hoffnung nie aufzugeben oder haben es schlicht und einfach nicht gelernt, mit sich allein glücklich zu sein. Unendlich viel Zeit und Energie, vom Geld gar nicht zu reden, wird vergeudet, endlich die Liebe im Außen zu finden. Nächtelang füttern Singles ihre Illusionen von der großen Liebe via Internet. Aber in den virtuellen Räumen finden sich oft auch nur als »virtuelle« Singles getarnte fest Gebundene.

Eigentlich geht es so einfach: Man müsste nur zur richtigen Zeit am richtigen Ort sein! Wenn Sie aber den Eindruck haben, zu oft zur falschen Zeit am falschen Ort zu sein, dann kann man ja dem Schicksal ein bisschen nachhelfen. Wichtig: Hören Sie auf, Ihre Zeit mit den falschen Männern zu verbringen! Ihre Zeit ist ein kostbares Gut, da Sie morgen weder jünger noch schöner sind! Lassen Sie Ihre Finger von den Fröschen, sie bleiben auch geküsst nur glitschige Viecher. Genug geküsst! Jetzt wird es Zeit, systematisch vorzugehen!

Wenn Sie Ihre Wohnung entrümpelt haben und nicht wollen, dass diese Wochen später wieder im Gerümpel versackt, gilt es, Strategien im Vorfeld zu fahren. So soll nichts

Neues ins Haus kommen, wenn man dafür nichts Altes loslässt! Um nicht auf die »Schnäppchen« reinzufallen, die Gerümpel von morgen sind, sollte man sich bei jedem Stück, das man kaufen möchte, die drei magischen Fragen stellen: Brauche ich dich wirklich? Erleichterst du mein Leben? Machst du mich glücklich? Was spricht dagegen, bei der Partnersuche nicht entsprechend vorzugehen? Um sich hier nicht den »Schrott« von morgen anzulachen, gilt es, bei der Suche gezielt und strategisch vorzugehen. Darum stellen Sie sich die drei magischen Fragen:

- Brauche ich ihn wirklich?
- Erleichtert oder bereichert er mein Leben?
  (Lohnt sich der Aufwand oder vergeude ich mit ihm meine kostbare Zeit? Stärkt oder schwächt er mich?)
- Macht er mich glücklich?

Selten genug passiert es wirklich: Es läuft Ihnen gerade der Mann Ihres Lebens über den Weg. Was tun? Egal – aber handeln Sie! Stellen Sie ihm ein Bein, gießen Sie ihm absichtlich ein Glas Rotwein aus Versehen übers Hemd, touchieren Sie seinen Wagen! Was zählt der Ärger eines kleinen Auffahrunfalls im Vergleich, den Mann Ihres Lebens getroffen zu haben! Unterstützen Sie Ihr Schicksal! Wunderbare Anregungen, Männer oder Frauen unkonventionell zur Strecke zu bringen, bieten die alten Hollywoodfilme. Leider kann man heutzutage selten einer Frau auf die Schleppe treten, aber dafür gibt es andere Möglichkeiten.

Der alte Taschentuch-Trick zieht bei Männern schon lange nicht mehr. Papiertaschentücher hebt eh keiner auf und außerdem muss er es fallen sehen. Wenn es liegt, liegt es und wird als totes Objekt vom Mann nicht mehr wahrgenommen. Ganz wichtig für Frauen zu wissen: Das männliche Beuteschema braucht Bewegung. Wer schießt schon auf ein totes Reh. Männer brauchen bewegliche Ziele, also sitzen Sie nicht still auf Ihrem Barhocker, sondern stehen Sie auf und laufen Sie direkt vor seine Flinte! Er kann nicht gleichzeitig schauen und reden, wie wir schon an anderer Stelle des Buches festgestellt haben. Also wenn er mit seinem Freund redet, kann es sein, dass er Sie gar nicht wahrnimmt. Übrigens ist das der wahre Grund, warum Frauen ständig zur Toilette rennen, damit sie sich bewegen können. Also lassen Sie sich einen starken Auftritt einfallen, den er nie wieder vergessen wird! Und wenn nichts daraus wird, haben Sie wenigstens eine Geschichte zu erzählen!

Er steht bereits im Telefonbuch

Sie suchen das Herrchen zum Hund? Den Züchter von Rennpferden werden Sie sicherlich nicht an der Wursttheke treffen. Sie suchen einen Arzt, dann brauchen Sie sich nur das Bein zu brechen oder zum Medizinerball zu gehen. Einen praktisch talentierten Handwerker kann man sogar im eigenen Haus, aber auch im Turnverein oder in der Kneipe an der Ecke kennen lernen, oder aber im Baumarkt. Dass Frau in der Spielbank nicht unbedingt nach dem Vater ihrer späteren Kinder suchen sollte, dürfte klar sein. Also kann man diesen Ort als »Jagdrevier« schon mal auslassen. Egal, was man sucht, es empfiehlt sich, die Hilfe von Bekannten und Freunden in Anspruch zu nehmen. Man kennt es doch von der Wohnungssuche: Wenn alle möglichen Leute aus der Umgebung informiert sind, findet sich die Wohnung irgendwann ganz von selbst. Man streut und strahlt damit das aus, was man anziehen will. Jeder hat einen Bekanntenkreis, in dem Singles lange allein leben, Paare sich scheiden lassen. Das Leben ist Wandel, also sollte man an diesem Wandel teilhaben und sich nach »gewandelten«, sprich geschiedenen, Partnern umschauen. Wer keinen Partner mit »Vorgeschichte« haben will, der hat ein Problem. Doch wer noch nie eine Beziehung hatte und immer noch bei Mutter wohnt, hat ein anderes Problem. Lassen Sie bloß die Finger von diesen mutterfixierten Männern! Die machen Sie mal irgendwann zur Mutter, indem sie sich eine Geliebte zulegen! Beziehungsgescheiterte sind immerhin beziehungserprobt, und das kann von Vorteil sein.

Es ist im Übrigen keine Frage des Aussehens oder des Alters, mindestens ein passender Partner muss irgendwo auf diesem Planeten doch zu finden sein! Beruhigend ist: Es gibt ihn schon, er ist irgendwo da draußen, vielleicht weiter weg, vielleicht laufen Sie ihm bereits täglich über den Weg? Tatsache ist: Er steht im Telefonbuch! Ob im Örtlichen oder dem von Sydney wird sich zeigen! Aber warum so weit reisen, das Gute liegt oft so nah, dass man es nicht wahrnimmt! Denken Sie doch mal zurück: Wo haben Sie bisher Bekanntschaften geschlossen, aus denen eine Beziehung wurde? In den wenigsten Fällen geschieht das in den öffentlichen Balzbereichen wie Kneipen oder Discos. Schon allein der Schallpegel verhindert jegliche Kommunikation. Über Freunde und Bekannte kommen leicht nicht nur geschäftliche, sondern auch private Kontakte zustande. Also lassen Sie keine Party aus, vor allen nicht bei Freunden! Denn genau dort findet man die netten Männer, die einem vor Jahren schon mal angenehm ins Auge gefallen sind, aber damals noch liiert waren. »Oh, ihr habt euch getrennt? Wie schade!« Und schon kann die Attacke losgehen. Einen Vorteil hat diese Art der Kontakte – man kennt denjenigen schon einigermaßen, weiß, dass es sich zumindest nicht um einen Massenmörder handelt, so dass man sich umfangreiche Recherchen ersparen kann. Ebenso nahe liegend sind Büro und Beruf als Berührungspunkt. Wer die Regel einhält, »niemals mit Kollegen«, ist sicher gut bedient. Die Nachteile einer Bürobeziehung liegen auf der Hand. Sollte die Beziehung scheitern, so ist man im Extremfall den Partner und den Job los!

Der Erfolg gibt dem Klischee Recht: Im Urlaub werden nicht nur lose Bekanntschaften geschlossen. Einige meiner Freunde haben sich im Urlaub kennen gelernt und sind seitdem zusammen. Wenn Sie Ihre Ferien strategisch in diese Richtung planen wollen, dann sollten Sie jedenfalls nicht zum Seidenmalen in die Toskana fahren. Überlegen Sie doch mal, wo zieht es allein reisende männliche Singles hin? Zu einer Motorradtour durch die Alpen beispielsweise! Männlicher Überhang ist hier garantiert, jedoch keine Garantie für den Erfolg des Unternehmens! Männliche Sportarten wie Paragliding und Segeln sind als Urlaubskurse ebenso erfolgversprechend wie sportliche Aktivitäten an sich. Je nach Zielgruppe bieten sich hier Surfen, Skaten, Polospielen oder Golfen an.

Er steht in der Zeitung

Sollten Sie von der absoluten Langeweile geplagt sein, ein Hobby für lange Winterabende suchen, so bieten sich Kontaktanzeigen an. Aber nur, wenn Sie selbst gern Briefe schreiben und eine hohe Frustrationstoleranz mitbringen. Auf Anzeigen zu antworten setzt voraus, dass man sich selbst, seine Telefonnummer oder Adresse und eventuell sogar noch sein Foto einem völlig fremden Menschen preisgibt, ohne Anspruch auf Antwort und ohne Garantie auf Diskretion. Eine eigene Anzeige zu schalten ist zwar teuerer, aber immer vorzuziehen. Sie sind hierbei in der stärkeren Position und können frei agieren. Erfolgsgarantien gibt es in keinem Fall. Aber warum sollte man nicht, wenn man etwas sucht, diesen Weg gehen? Ein gebrauchtes Auto findet sich ja auch unter »Automarkt«, ein Haus unter »Vermietungen«. Nur mit dem Unterschied, dass dort die Realität mit dem angebotenen Objekt einigermaßen übereinstimmt. Allerdings lässt sich vom »Automarkt« etwas lernen: Selbst wenn man auf der Suche nach einem Partner ist, sollte man diesen mit Erwartungen nicht überfrachten. Denn den Porsche mit dem Kofferraum eines Kombis und dem Spritverbrauch eines Fiats gibt es nicht!

Virtuelle Seitenspringer

Virtuelle Räume erzeugen virtuelle Persönlichkeiten. Die Partnersuche via Internet ist vor allem Tummelplatz gebundener, gelangweilter Frauen wie Männer. Aus verheirateten Familienvätern werden im Net attraktive Singles. Unter falscher Flagge segeln hier Tausende Tag für Tag. Erschwerend hinzu kommt, dass Kontakte über dieses Medium eine Nähe vorspiegeln, die in der Realität nicht zu halten ist. Denn spätestens, wenn es um ein persönliches Treffen geht, fliegen diese »falschen« Vorspiegelungen auf. Das Internet als »Heiratsmarkt« erweckt den Eindruck, als sei das Angebot gigantisch. Jeden Tag kommen neue Interessenten auf den »Markt«, und wie in unserer konsumorientierten Warenwelt kann man sich auch hier ganz schlecht entscheiden. »Vielleicht kommt ja noch was Besseres nach« – diese Hoffnung schwingt in der Schnelligkeit des Mediums mit. Sich festzulegen wäre eventuell ein Fehler und so kann aus der anfänglichen abendlichen Suche eine nächtelange Sucht werden. Selbst wenn man seine Partnerin gefunden hat, wird im Netz weiter gechattet und gesurft. Das Medium erzeugt Abhängigkeiten, die eine Bindungsfähigkeit nicht gerade unterstützen. Eine Aneinanderreihung von Treffen, Telefonaten mit möglichen Partnern wird bald zwanghaft, Teil des eigenen »Lifestyles«. Partnersuche kann hier ganz schnell von einer Sehnsucht zu einer Abhängigkeit werden, die niemals befriedigt werden kann.

Das Internet als nächtlicher Spielplatz gebundener Menschen, die sich dort den Kick holen, den sie in ihrer Partnerschaft vermissen. Hygienischer als tatsächliches »Fremdgehen«, aber nicht weniger gefährlich! Denn wenn das virtuelle Verhältnis »auffliegt«, ist die Kränkung beim Partner die gleiche wie im tatsächlichen Leben. Die Statistiken schweigen sich aus über die Anzahl der Trennungsopfer via Internet. Ich selbst kenne in meinem Bekanntenkreis drei Krisen mit anschließenden Trennungen, die aufgrund der virtuellen Seitensprünge entstanden sind. Partnersuche im Netz ist schon lange ein Wirtschaftsfaktor! Falls Sie dort jemanden kennen lernen, der Sie wirklich interessiert, sollten Sie so schnell wie möglich eine Begegnung in der »realen« Welt vereinbaren. Checken Sie dann, ob das »Angebot« mit der Realität übereinstimmt!

Selbstredend ist bei dieser Art von Treffs größte Vorsicht geboten: Nicht in fremde Autos steigen, sich nur an »neutralen« öffentlichen Orten mit Publikumsverkehr wie Restaurants oder besseren Cafés treffen. Denn wenn er Ihnen nicht gefällt, halten Sie eine »Kaffeelänge« allemal durch, aber nicht unbedingt ein Viergängemenü! Informieren Sie vorher eine Person Ihres Vertrauens, wo Sie sich mit wem verabredet haben und denken Sie an den Plan B: Erzählen Sie ihm, Ihr Hund hätte die Grippe oder Ihre Kinder die Masern und lassen Sie sich nach einer halben Stunde anrufen. Falls Ihnen Ihr Gegenüber nicht gefällt, ist das der ideale Abgang aus einem langweiligen Abend.

Er von A bis Z

Kein Pilot rollt auf die Startbahn, ohne den Flieger vorher gecheckt zu haben. Die Prozedur dauert zwar einige Minuten, garantiert aber einen sicheren Flug und kann lebensrettend sein! Was aber tun die meisten Frauen? Sie stürzen sich Hals über Kopf in eine Beziehung, heben ab, ohne vorher überhaupt gecheckt zu haben, ob der Tank voll ist und die Fallschirme an Bord sind. Stürzen sie dann aus 2000 Meter Höhe ab, jammern sie über die unsanfte Landung. Darum werfen Sie auch bei Beziehungen vor dem Abheben kurz einen Blick auf die eigene »Checkliste«! Um im ersten Blindflug der Gefühle nicht ganz den Verstand oder zumindest den Überblick zu verlieren, hilft es, die wichtigen Punkte aufzulisten.

Ein kleiner Check kann späteren Ärger und auch Zeit ersparen. Also studieren Sie bereits in den ersten Tagen Ihren neuen Verehrer gleich etwas genauer, nehmen Sie seine Angewohnheiten und Eigenschaften ernst und vor allem nehmen Sie von dem Gedanken Abstand: »Das wird sich schon noch ändern.« Eins ist sicher, das tut es nicht! Ganz im Gegenteil, es potenziert sich. Schlechte Angewohnheiten schleifen sich ein, Verhaltensmuster erstarren und im Laufe der Zeit wird auch kaum einer jünger oder schöner! Also machen Sie sich eine Checkliste! Die nachfolgenden Punkte sind nur als Anregung gedacht. Stellen Sie sich eine eigene auf. Gehen Sie von außen nach innen oder von unten nach oben, aber in jedem Fall systematisch vor! Zusammen mit

Ihren Freundinnen kann das Zusammenstellen amüsant werden, später einmal kann so ein Check Zeit sparend bis lebensrettend sein!

Anziehung

Besteht eine Art magische Anziehung zwischen Ihnen, die nicht einseitig ist? Spüren Sie ihn, wenn er in Ihrer Nähe ist? Ahnen Sie, dass er an Sie denkt, bevor das Telefon klingelt? Leiden Sie an einer Palette unerklärlicher Symptome wie Schwindel, Herzrasen und Hitzewallungen? Falls diese magischen Momente und panischen Zustände nicht einmal in der ersten Phase der Verliebtheit existieren, werden sie wohl kaum mehr später folgen!

Ausbildung

Lassen Sie sich nicht irgendwelche Bären aufbinden! Aus manchem Hochschulabsolventen wird im Laufe der ersten Begegnung ein ungelernter Arbeiter. Falls er Sie hier »beschwindelt« hat, vergessen Sie ihn gleich! Vorsicht auch bei »Minderqualifizierten«! Falls er Ihren Formalqualifikationen unterlegen ist, kann dies zu langfristigem Stress in Form von Minderwertigkeitsgefühlen seinerseits ausarten! Denken Sie daran: Es ist sein Problem, machen Sie es nicht zu dem Ihrigen!

Aussehen

Wer behauptet, dass ihm das Aussehen egal ist, der lügt! Jeder von uns ist mehr oder weniger von Äußerlichkeiten abhängig oder beeinflussbar. Das Äußere eines Menschen ist Spiegelbild für Charakter und Haltungen, Werte und Ziele. Werden Sie sich darüber klar, wie stark Sie sich von Äußerlichkeiten »blenden« lassen. Seien Sie ehrlich: Was spricht Sie an und was stößt Sie ab? Die meisten Frauen schauen als Erstes auf seine Augen. Diese sind der direkte Weg in seine Seele, also schauen Sie genau hin!

Authentizität

Ist sein Handeln und sein Reden deckungsgleich? Oder entdecken Sie Brüche? Wäre er gern ein anderer oder steht er zu sich? Ist er »echt« oder gibt er vor, ein anderer zu sein? Lebt er über seine Verhältnisse? Passt sein Äußeres zu seinem Innern? Will er Sie verändern oder liebt er Sie, genauso wie Sie sind? Gibt er viel auf die Meinung anderer?

Auto

Es ist zwar eine Äußerlichkeit, aber sein Auto sagt viel über ihn aus. Er fährt im Alter von 37 Jahren noch den Kleinwagen seiner Mutter? Spricht nicht gerade für seine Eigenständigkeit! Rast er wie ein Geisteskranker? Sicher ist er auf anderem Gebiet auch immer Erster! Eher der Kombi-Typ mit Familiensinn oder ein Cabriofahrer, der auf Status Wert legt? Und nicht zuletzt: Ist der Porsche bezahlt oder auf Pump?

Benehmen

Weiß er sich zu benehmen und das nicht nur außer Haus? Oder ist er eher der rustikale Typ Wildsau. Achtet er auf

Sie? Ist er rücksichtsvoll nicht nur Ihnen gegenüber? Hat er seine Körperfunktionen unter Kontrolle? Wie sind seine Tischmanieren? Alles Kleinigkeiten, die man anfangs süß und später nur noch fürchterlich findet.

Beruf

Wie zufrieden ist er in diesem Bereich seines Lebens? Welchen Stellenwert nimmt er ein? Ist er Ihrer Ausbildung formal überlegen oder unterlegen? Wie wirkt sich der Beruf auf das soziale Leben aus? Reist er beruflich viel? Interessieren Sie sich für das, was er beruflich macht oder lehnen Sie seine Tätigkeit aus welchen Gründen auch immer ab?

Einrichtung

Seine Wohnung sagt mehr über ihn als seine Kleidung, also sehen Sie sich diese so bald wie möglich an. »Eiche-Rustikal« kann nicht lügen, Sperrmüll noch weniger! Sie werden aus beiden Typen schwerlich einen »Loftbewohner« machen können!

Emotionale Kompetenz

Wie kommt er mit sich selbst klar, wie steht es um seine Selbsterkenntnis? Was tut er für sein mentales Wohl? Wie drückt er Gefühle aus und wie nimmt er sich selbst wahr? Welche Prioritäten hat er? Wie sieht sein Wertesystem aus? Ist er beziehungsfähig und -willig? Kann er »Ich liebe dich« aussprechen?

Erotik

Spielen Geigen und singen Engelchen, wenn Sie in seiner Nähe sind? Harmonisieren Sie auf diesem Gebiet? Teilen Sie die Vorlieben für gewisse sexuelle Praktiken?

Familie

Wie ist die Beziehung seiner Eltern? Sind die Eltern geschieden? Elternbeziehungen prägen! Welches Verhältnis hat er zu seiner Mutter? Macht sie ihm noch die Wäsche oder kocht sie jeden Sonntag für ihn? Finger weg von Muttersöhnchen! Wie sind seine religiösen Wurzeln? Diese sind prägend, auch wenn der Glaube keine große Rolle im Leben zu spielen scheint.

Freunde

Schauen Sie sich seine Freunde an: Sie sind Teil seiner Realität. Mit ihnen werden Sie Feste feiern und gemeinsame Zeit verbringen. Falls Ihnen seine Freunde nicht gefallen, sollten Sie sich ihn nochmals genauer ansehen!

Geld

Welche Beziehung hat er zum Geld? Ist es ihm so unwichtig, dass er die meiste Zeit kein Kleingeld dabei hat und Sie bezahlen lässt? Finger weg von geizigen Typen! Man sieht es auch bereits den Annoncen an, ob einer jeden Euro umdreht: 44/178/80 attr. schl. Akad. su. weibl. schl. zw. 30 u. 40.

Gemeinsamkeiten

Haben Sie gemeinsame Vorlieben für bestimmte Aktivitäten, gemeinsame Interessen und gemeinsame Ziele im Leben? Oder definieren Sie sich nur über Ihre Unterschiede? Es muss bestimmt nicht alles hundertprozentig übereinstimmen, aber fünfzig/fünfzig wäre für eine langfristige Partnerschaft nicht von Nachteil! Sind Sie Tierschützerin und er ist Jäger? Eine sicherlich geladene Mischung!

Geruch

Wir können den anderen »riechen«, auch wenn wir keinen »Geruch« wahrnehmen. Unsere Instinkte regeln das für uns! Die richtigen Pheromone ziehen einander magisch an und die falschen lassen uns völlig kalt! Aber selbst wenn er ein für Sie schlecht riechendes Parfum benutzt, spricht das dafür, dass Sie nicht die gleichen Vorlieben für Gerüche haben. Trauen Sie Ihrer Nase und wenn diese Flucht signalisiert, dann nichts wie weg!

Hobbys

Hat er bestimmte Hobbys, die seine freie Zeit beanspruchen und die wichtiger als alles andere sind? Muss er jeden Samstag die Sportschau sehen oder am Sonntag Golf spielen? Ist er ein leidenschaftlicher Segler und Sie sind wasserscheu? Haben Sie in dieser Hinsicht Gemeinsamkeiten?

Humor

Teil er Ihren schrägen Humor oder geht er zum Lachen in den Keller? Anfangs findet er es noch ganz amüsant, über Ihre Witze zu lachen, und später ist es ihm in der Öffentlichkeit peinlich! Hat er überhaupt etwas zu lachen oder macht er Ihnen mit seiner Ernsthaftigkeit schon fast Angst? Meine Regel lautet: Wer mich am ersten Abend nicht zum Lachen bringt, mit dem gehe ich kein zweites Mal aus!

Intelligenz

Frau erträgt auf Dauer keinen Mann, der dümmer ist als sie selbst. Meist bemerkt sie das sofort, aber geblendet von seinen anderen Qualitäten, versucht sie ihre eigene Intelligenz herunterzuspielen! Dummheit erscheint ihr anfangs »so schön natürlich«, naive Fragen »witzig und frisch«. Aber Vorsicht! Wenn alle anderen Vorzüge sich so langsam abnutzen, werden seine geistigen Fähigkeiten umso wichtiger. Darum checken Sie gleich anfangs, ob er Ihnen intellektuell gewachsen ist!

Kleidung

Ist er in der Lage, auch ohne Frau einigermaßen vernünftig angezogen zu sein oder neigt er zur Verwahrlosung? Wenn Sie denken, dass Sie erst mal mit ihm einkaufen gehen müssten, vergessen Sie es! Neu eingekleidet, hält das Erscheinungsbild eine Weile. Aber wenn die Phase der Werbung vorbei ist, lässt er sich garantiert wieder gehen! Seine Schuhe sprechen zu Ihnen: Turnschuhträger sind schneller weg, als Sie schauen können. Socken mit kleinen Tieren stehen für kindisches Verhalten und Unreife!

Körper

Die Körpersprache übermittelt uns Signale, die wir nicht auf bewusster Ebene entschlüsseln. Aber wie sich jemand bewegt, zieht uns an oder stößt uns ab. Auch wenn Sie es nicht begründen können: Wenn Sie irgendetwas stutzig macht, gehen Sie dem nach! Er kratzt sich ständig an der Nase oder berührt diese? Vielleicht schwindelt er ja ein bisschen?

Kommunikation

Ist er kommunikativ, kann er sprechen oder ist er eher introvertiert? Tendieren Sie beide zu Missverständnissen oder verstehen Sie sich auch nonverbal? Redet er gern und welche Themen teilen Sie?

Kultur

Kann er oder lässt er lesen? Teilt er Ihre Vorliebe für die Oper oder will er schon nach der »Halbzeit« gehen? Wie ist sein kultureller Hintergrund? Wo ist er aufgewachsen? Andere Kulturen mögen anfangs sehr spannend sein, aber sie bergen sowohl Bereicherung als auch Konflikte in sich.

Lappalien

Zahnpastatuben und Milchtüten sind die wahren Prüfsteine einer jeden Beziehung. Das sind die einzigen und wahren Scheidungsgründe.

Macken und Angewohnheiten

Er kaut Fingernägel, er raucht, er hat ein Faible für Flohmärkte. Kommen Sie damit klar? Fährt er im Urlaub immer nur in dasselbe Ferienhaus, kann nur bei Licht einschlafen? Beobachten Sie ihn genau in allen Lebenslagen!

Probleme

Vor einer ernsthaften Bindung sollten Sie über seine Probleme finanzieller, gesundheitlicher und psychischer Art informiert sein! Diese werden zur Hälfte auch die Ihrigen werden!

Schuhe

Schauen Sie sich seine Schuhe an. Legt er Wert auf gutes Schuhwerk? Das spricht für seine Bodenständigkeit. Pflegt er sie? Dann ist er eher zuverlässig. Oder trägt er am liebsten Turnschuhe, die dazu noch ungepflegt sind? Lassen Sie ihn bloß gleich wieder laufen! Ebenso Finger weg von den Männern mit Slippern, die mit Bommeln verziert sind. Diese Schuhe sind genauso schnell aus- wie auch angezogen.

Soziale Kompetenz

Wie geht er mit den Menschen in seiner Umgebung um? Wie verhält er sich im Restaurant dem Personal gegenüber? Wie verhält er sich Ihren Freunden gegenüber? Wie verbindlich ist er? Steht er zu seinen Terminen oder lässt er Sie warten? Wer den anderen warten lässt, missachtet ihn. Gehen Sie nach einer Viertelstunde und machen Sie sich allein einen schönen Abend! Vertröstet er Sie? Dann ist zwei Mal genug! Er hat wenig Zeit? Wer an Ihnen interessiert ist, hat auch Zeit für Sie. Alle anderen sind aussichtslos. Also weg damit!

Vergangenheit und Vorgeschichte

Wie stark beeinflussen ihn noch seine »Altlasten«? Hat er diese verarbeitet? Eventuell mit Hilfe von außen? Hatte er schon längere, ernsthafte Beziehungen? (Spricht für Bindungsfähigkeit.) Wie redet er über seine Ex? Macht er sie schlecht? (Dann wird er später Sie genauso behandeln!) Warum reden Sie nicht mal mit ihr! Sie hat Ihnen sicher viel zu erzählen! Hat er Kinder? (Sie werden Ihre Wochenenden mit ihnen teilen müssen.)

Vorlieben und Abneigungen

Er hasst Hunde, liebt dafür Fische und Ihnen geht es genau andersrum? Vergessen Sie ihn! Er liebt Kakteen und Sie lieber gar keine Zimmerpflanzen? Er steht auf Chansons und Sie auf Techno?

Ziele und Zukunft

Wie sehen seine Ziele aus? Wo will er in fünf Jahren sein? Haben Sie und Ihre eigenen Ziele in seinem Leben dabei einen Platz?

Sonstiges

Ergänzen Sie diese Liste mit den Punkten, die Ihnen ganz persönlich wichtig sind! Notieren Sie sie schnell. Wenn Sie erst mal wieder auf Wolke sieben schweben und Ihre Wahrnehmung hormongetrübt ist, kann es zu spät sein!

Auf der Teststrecke

Diese Liste ist eine ideale Ergänzung Ihres persönlichen Eindrucks. Vertrauen Sie Ihrer eigenen Wahrnehmung, diese ist Ihr innerer Seismograph! Zusammen mit der Checkliste wird schnell deutlich, wie Ihr ganz persönlicher Wunschtypus vom tatsächlichen Ist-Zustand abweicht. Nicht vergessen: Der Mensch an Ihrer Seite soll Ihr Leben bereichern, wie Sie das seine bereichern und es nicht noch unnötig belasten wollen. Also ab mit ihm auf Ihre Teststrecke! Was in vertrauter Umgebung und bei schummriger Beleuchtung ganz nett sein kann, muss nicht unbedingt alltagstauglich sein. Und falls Sie einen Partner nicht nur für romantische Stunden suchen, sollte Ihre Teststrecke bei den Banalitäten des Alltags beginnen! »Was interessiert mich Segeln, Tennis, Surfen? Ich suche einen Mann, mit dem ich auch zusammen bei Aldi an der Kasse anstehen kann«, bringt es Elke, 51 Jahre, auf einen Nenner. Nehmen Sie ihn mit zu den Geburtstagsfeiern Ihrer Familie und zu Ihren Freundinnen. Falls er das übersteht, liegt ihm wirklich was an Ihnen!

Bei dieser Gelegenheit können Sie gleich auch noch die Meinung Ihrer Freunde einholen. Manchmal will man es selbst nicht wahrhaben, was einem andere offen und ehrlich ins Gesicht sagen. »Was willst du denn mit dem?« Sollte einem schon zu denken geben. Falls er umgekehrt Sie nach einigen Monaten immer noch nicht seinen engen

Freunden oder seiner Familie vorgestellt hat, sollte Sie das nachdenklich machen. Wenn Sie dann noch das Gefühl haben, dass er Sie aus seinem Privatleben raushalten will, sind Sie vielleicht nicht die Einzige in seinem Leben.

Teststrecke Urlaub

Nirgendwo lernt man sich schneller kennen als auf engem Raum oder in Ausnahmesituationen. Im Auto auf der Fahrt in den Urlaub und vielleicht dann noch im Stau; im kleinen Hotelzimmer an einem verregneten Wochenende. Hier wird deutlich, welche »Macken« und Besonderheiten der andere hat, wie er die Zahnpastatube ausdrückt, ob er sich entscheiden kann, an einer Kreuzung rechts oder links zu fahren. Ein gemeinsames Wochenende zeigt, wie er sein Ei aufschlägt, das Bad blockiert und was ihn auf die Palme bringt. Gemeinsame Wochenenderfahrungen sind konzentrierter als unzählige Wochen im Alltag. Hätte ich damals die Anzeichen während des ersten gemeinsamen Urlaubs mit meinem späteren Mann ernst genommen, hätte ich ihn nicht heiraten dürfen. Schon damals konnte man Probleme mit ihm nicht bereden, schon damals zog er sich zurück, schwieg und schmollte. Doch, typisch weiblich, suchte ich die Schuld der Krise bei mir und dachte, dass ich diese Reaktionen seinerseits durch ein entsprechendes Verhalten meinerseits verhindern könnte. Weit gefehlt!

Testlauf: Seine Familie

Zu sehen, aus welchem »Stall« er kommt, kann sehr aufschlussreich sein! »Kein Wunder, dass seine Wohnung immer wie ein Keller aussieht! Im Hause seiner Eltern hat er im Souterrain gewohnt«, erzählte Dagmar, 35 Jahre, nach ihrem ersten gemeinsamen Besuch bei der Familie ihres Freundes in Frankreich. Man rät Männern, sich die Schwiegermutter anzusehen, weil die Frauen im Laufe der Jahre ihren Müttern immer ähnlicher werden, ich rate den Frauen, ihre Schwiegerväter genau ins Auge zu fassen. Sind diese stur, glatzköpfig, athletisch? So in etwa wird Ihr Liebster in einigen Jahren auch aussehen. Nicht nur Eltern, sondern auch Geschwister können ein nicht zu unterschätzendes Konfliktpotenzial darstellen. Sie kommen nicht umhin: Wenn Sie ihn wollen, bekommen Sie seine Familie noch gratis dazu!

Noch mal Glück gehabt

»Ein Unglück verhindert oft ein noch größeres!« Dieser Spruch meiner Großmutter tröstet mich immer bei meinen scheinbaren »Misserfolgen«. Im Nachhinein betrachtet, ist es schon gut, dass sich nicht alle Wünsche erfüllt haben. Was wäre beispielsweise mit mir geworden, wenn sich mein Traum von meiner großen Liebe erfüllt hätte? Ich würde jedenfalls nicht an meinem PC sitzen und Bücher schreiben. Ich wäre wahrscheinlich um diese Uhrzeit schon im Bett, sauer oder traurig, weil er nicht neben mir liegt, weil er mal wieder auf dem Sofa vor dem Fernseher eingeschlafen ist. Ich würde morgens sehr früh aufstehen, ihm das Frühstück machen, damit ich ihn überhaupt sehe, denn abends kommt er eh spät nach Hause. Ich würde mich zusammenreißen und ihn nicht stören, denn ich weiß, er redet morgens wenig. Ich würde mich zurücknehmen und mich danach dafür hassen! Ich wüsste nach vier Wochen selbst nicht mehr so genau, wer ich eigentlich bin! Ich würde plötzlich wieder ein Leben führen, das ich mir bewusst so nicht ausgesucht hatte. Mein altes Leben hätte ich eingetauscht, vielleicht gegen ein Haus im Grünen, zugegeben mein großer Traum, aber für welchen Preis?

Jetzt oder nie?!

Sich spontan zu binden, gar zu heiraten, obwohl man sich kaum kennt, kommt heutzutage selten vor. »Drum prüfe, wer sich ewig bindet, ob er nicht noch was Besseres findet.« Der Gegenpol zum ewigen Abwägen, neu Suchen, Ausprobieren und so weiter kann die spontane Entscheidung sein, zu heiraten. Warum nicht, wenn das Gefühl so stark ist? Und es anscheinend beide gepackt hat? »Mich hat an meinem damaligen Freund beeindruckt, dass er mich, nachdem wir uns eine Woche kannten, seinen Eltern vorstellte. Und nach einer weiteren Woche den Wunsch äußerte, mit mir leben zu wollen. Das fand ich bestechend und mutig. Ich habe dem zugestimmt.« (Mira, 42 Jahre) Obwohl auch diese Beziehung nur drei Jahre hielt, war sie immerhin einen Versuch wert!

Die Liebe auf den ersten Blick ist ein völlig magisches Erlebnis und führt in erstaunlich vielen Fällen zum Erfolg. Manchmal auch erst im zweiten Anlauf oder mit Jahren dazwischen. Aber der erste Eindruck ist, gerade bei Frauen, oft ein »einschlagender«. »Als ich meinen Max zum ersten Mal sah, stand er zehn Meter vor mir entfernt und sah sich in der Gegend um. Noch ehe sich unsere Blicke trafen, schlug bei mir der Blitz ein! Ich war wie gelähmt und wusste, irgendetwas ist gerade passiert.« (Sonja, 44 Jahre) Sieben Jahre später heirateten die beiden, sieben Jahre danach ließen sie sich wieder scheiden. Was nichts an der Einzigartigkeit der Begegnung ändert. »Hätte er mich bei dieser ersten Begegnung gefragt, ob ich mit ihm ans Ende der Welt gehe, ich wäre ihm sofort überallhin gefolgt!«

Wer sich, aus welchem Grund auch immer, innerlich nicht für wert genug hält, einen Partner zu finden, der kann ewig allein bleiben. Wer das Muster »Ich bin nicht schön genug, mich liebt ja doch keiner« verinnerlicht hat, braucht sich über seine Misserfolge nicht zu wundern. Kann es sein, dass Ihr Pech in der Partnerschaft damit zusammenhängt, dass Sie sich selbst boykottieren und sich überhaupt keine Beziehung gönnen? Stellen Sie sich doch mal ernsthaft diese Frage!

Manche menschliche Begegnung klappt erst im zweiten Anlauf. Man kennt sich schon lange, ist vielleicht befreundet und bemerkt eines Tages, dass man sich eigentlich liebt! Auch Männer können romantisch sein: »Ich sah ihre Augen und sah in ihnen die Augen meiner Kinder. Ein komischer

Gedanke, den ich bei keiner anderen Frau bisher hatte.« Egal, wer mit wem und wo. Wenn es sein muss, klappt es! Wer an die Magie der Liebe glaubt, weiß, dass alles seine Zeit hat. Ob Zufall, nachgeholfener Zufall oder arrangierte Begegnungen. Wenn es passt, passt es – er oder sie finden einander ganz von selbst! Und dessen bin ich mir sicher: Zur richtigen Zeit am richtigen Ort erfüllen sich Wünsche, von denen man bis dahin noch nicht mal wusste, dass man sie hatte!

Checkliste

Anziehung • Ausbildung • Aussehen • Authentizität • Auto • Benehmen • Beruf • Einrichtung • Emotionale Kompetenz • Erotik • Familie • Freunde • Geld • Gemeinsamkeiten • Geruch • Hobbys • Humor • Intelligenz • Kleidung • Körper • Kommunikation • Kultur • Lappalien • Macken und Angewohnheiten • Probleme • Schuhe • Soziale Kompetenz • Vergangenheit • Vorlieben und Abneigungen • Ziele und Zukunft • Sonstiges

Partner-Prioritätenliste:

1. Was hat erste Priorität, wäre also absolut unverzichtbar? Sollte Ihr Partner beispielsweise die gleichen Werte wie Sie haben?
2. Was hat zweite Priorität? Was wünschen Sie sich

von einer Beziehung? Was wäre schön, muss aber nicht unbedingt sein?
3. Was hat dritte Priorität, worauf könnten Sie zur Not verzichten! Wo würden Sie Abstriche machen?

Zusammengefasst:

- Lassen Sie nicht jeden in Ihr Haus und erst recht nicht in Ihr Leben!
- Lassen Sie halblebige oder bereits beendete Beziehungen los!
- Ganz oder gar nicht! Denn nur das, was man mit vollem Einsatz fährt, hat auch Chancen auf Erfolg.
- Verschwenden Sie nicht Ihre Gedanken, Ihre wertvolle Zeit und Energie an einen Partner, der Ihre Werte nicht zu schätzen weiß!
- Weg mit den Kontakten, die Ihnen schon längst keinen Spaß mehr machen! Das Leben ist zu kurz, um es mit Menschen zu verbringen, die man nicht mag!
- Fragen Sie sich auch bei Beziehungen: Lohnt sich der Aufwand oder vergeude ich meine kostbare Zeit? Hat diese Beziehung Zukunft? Will ich mit diesem Mann alt werden?
- Auch bei Personen gilt: Es kann nichts Neues kommen, wenn nichts Altes geht.
- Wer sich für seine Mitmenschen interessiert, bekommt diese Aufmerksamkeit zurück.

- Weder an den Umständen noch an den beteiligten Personen lässt sich etwas verändern. Das Einzige, das Sie langfristig ändern können, ist Ihre eigene Einstellung.
- Sind Sie eigentlich ein idealer Partner?
- Sie wünschen sich eine Beziehung, aber was sind Sie bereit, dafür loszulassen? Was könnten Sie aufgeben? Worauf könnten Sie stattdessen verzichten?
- Setzen Sie neue Prioritäten in Ihrer Partnerschaft!
- Klären Sie Unausgesprochenes oder Unerledigtes in Ihren Beziehungen! Das befreit!
- Ihre Erfahrungen und früheren Beziehungen sind Ihre ganz persönlichen Schätze.

- Auch bei Personen gilt: Man gelangt dorthin, wohin man sich orientiert. Also blicken Sie nach oben!
- Man muss nicht jeden lieben und nicht von jedem geliebt werden.
- Schätzen und pflegen Sie Ihre Familie, Ihren Partner und Ihre Freunde!
- Gönnen Sie sich überhaupt eine Beziehung, oder boykottieren Sie sich selbst?
- Seien Sie besonders nett zu sich selbst, und behandeln Sie sich mit Nachsicht!
- Seien Sie vorsichtig mit Ihren Wünschen! Sie könnten in Erfüllung gehen!

7. Allein glücklich oder gemeinsam einsam?

Spielen Sie ab und zu mit dem Gedanken, sich zu trennen? Haben Sie Angst vor dem Alleinsein? Oder leben Sie allein mehr oder weniger glücklich und sehnen sich insgeheim nach einem Partner?

»Ich halte das nicht mehr aus, so mache ich das nicht mehr mit, diesmal trenne ich mich aber wirklich von ihm.« Wer kennt sie nicht, die Klagen und Beschwerden von Freundinnen, die seit Jahren von nur einem scheinbaren Ziel im Leben sprechen: sich endlich zu trennen! Ein frommer Wunsch, nichts weiter als eine Illusion! Trennung – und was dann? Ein völlig neues Leben, das sich über Nacht in ein erfülltes, harmonisches verwandelt. Dass mit einer Trennung das Drama oft erst anfängt, weil eine Trennung nie ohne Schmerz abläuft, wird leicht übersehen. Also was hält Sie davon ab, dieses glückliche, völlig neue Leben nicht auch jetzt schon zu führen? Wer sein Leben in die eigenen Hände nimmt, verantwortlich zu seinem Glück steht, der kann jederzeit mit oder ohne Partner zufrieden und erfüllt leben. Wenn es aber nur der andere ist, der einen von einem scheinbar perfekten Leben trennt, dann räumt man ihm zu viel Macht über sich ein und erklärt sich selbst für unfähig.

Diskussionen, Auseinandersetzungen und Krisen sind Teil des Lebens und einer jeden normalen Beziehung. Sie sind die alltäglichen Herausforderungen, mit denen ein Paar klarkommen muss. Sie zu meistern bedeutet, zu wachsen und zu reifen. Für manche sind Auseinandersetzungen mehr oder weniger Teil des täglichen Beziehungsprogramms. Sie brauchen das Drama, den Streit, die Heulerei schon fast zum eigenen Wohlbefinden. Vielleicht weil das Drama eine andere Art von Leidenschaft darstellt? Trösten Sie sich, so lange man sich noch streitet, ist die Beziehung am Leben! Tritt erst die Sprachlosigkeit ein, dann hat keiner mehr Interesse am anderen und die Beziehung stirbt. Fehlt das Drama, weil der Partner das Weite gesucht hat, empfindet die Verlassene meist eine äußere wie auch innere Leere. Diese ist nicht nur durch die Abwesenheit des Partners, sondern durch die Abwesenheit des geliebten Dramas bedingt. Das Drama ist Lebensinhalt und worüber kann man jetzt klagen? Gerade bei älteren Menschen, die ständig über ihren Partner schimpfen, kann man beobachten, wie hilflos und allein (nicht etwa froh!) sie nach dessen Tod sind.

Krisen als Chance

Ändern Sie doch mal Ihre Sichtweise und betrachten Sie Krisen als das Salz in Ihrer Beziehungssuppe. Ohne Salz wäre sie fad und es würde etwas fehlen. Offen ausgetragene Konflikte sind auch ein Ausdruck für fehlende Inhalte beziehungsweise mangelnde Abwechslung in einer Beziehung. Dass der Streit zu nichts führt, verstärkt die Aggression. Es geht schon lange nicht mehr um ein spezifisches Thema. Der Zoff ist Selbstzweck, so wie sich Jugendliche aus Langeweile prügeln. Also weg vom scheinbaren Streitthema, durchbrechen Sie Ihre alten Gewohnheiten! Gehen Sie zusammen raus, suchen Sie sich ein gemeinsames Erlebnis, über das Sie dann wieder sprechen können. Suchen Sie sich ein gemeinsames Hobby und sorgen Sie auch dafür, dass jeder allein für sich etwas erlebt. Durch die Spannung aus Gemeinsamkeit und Freiräumen können wieder neue Themen in eine Beziehung einfließen.

Eine Beziehung braucht Aufmerksamkeit und Pflege. Denken Sie doch mal an Ihr Auto: Wie oft waschen Sie es? Einmal wöchentlich? Und wie »pflegen« Sie Ihren Partner? Haben Sie einen festen Termin, sagen wir Freitagabend, an dem Sie gemeinsam ausgehen? Abwechselnd ist jeder für die Gestaltung zuständig. Mal sucht er das Kinoprogramm aus, mal legt sie fest, in welches Restaurant man geht. Der andere muss nichts, aber auch gar nichts tun und darf sich auf einen Überraschungsabend freuen. Streiten können Sie später immer noch!

Keine Freude ohne Leid, kein Licht ohne Schatten. Was wäre eine Versöhnung ohne Streit? Ein Leben ohne Krisen? Dieses sind Meilensteine des Lebens und man fühlt sich gestärkt, wenn man sie überwunden hat. Überwinden ist nicht gleichbedeutend mit Verdrängung, sondern es bedeutet, den Berg zu besteigen und von oben die Aussicht zu genießen. Kapitulieren heißt, sich feige vor der Herausforderung zu drücken. Um den Berg herumzulaufen ist sicherlich einfacher. Aber Sie verpassen eine wundervolle Aussicht! Krisen zu meistern heißt, sie zunächst zur Kenntnis zu nehmen. »Hallo, da bist du ja wieder« und zu sehen, wie man da wieder rauskommt. Dabei bringt es nichts, sich zu fragen, warum und wieso. »Warum streiten wir uns ständig?« Was bringt Ihnen die Antwort auf diese Frage? Nichts! Fragen Sie sich lieber: »Wie können wir sinnvoller streiten, wie kommen wir aus unserem Beziehungschaos raus?« Wühlen Sie nicht in der Vergangenheit herum, fragen Sie sich, was Sie jetzt sofort anders machen können. Treten Sie sofort auf die Handlungsebene und werden Sie aktiv! Die Frage: »Wie kann ich die momentane Situation ändern, wie kann ich es in Zukunft besser machen?« bringt Sie weiter. Im »Warum« bleiben Sie nur im alten Sumpf stecken!

Wenn Sie des Öfteren »Trennungsfantasien« haben, könnten Sie sich selbst in einer ruhigen Minute folgende Fragen stellen:

- Will ich mich tatsächlich trennen?
- Was bringt mir die Beziehung noch?
- Was bringt mir die Trennung?
- Was für Vor- und Nachteile entstehen mir dadurch?
- Wie geht es mir ohne ihn?

- Wie verändert sich dadurch mein Leben?
- Woran merke ich, dass es mir besser geht?
- Kann ich das auch innerhalb der Beziehung erreichen?
- Stimmt die Bilanz?

Von wegen: »Beim nächsten Mann wird alles anders«

Krisen und Trennungswünsche sind nicht unbedingt Ausdruck hoffnungsloser, sondern unbefriedigender Beziehungen. Scheinbare Gründe wie »Er hat sich ja so verändert« oder »Wir haben uns auseinandergelebt« müssen dafür herhalten, die Flucht zu rechtfertigen. Sich aus dem Staub zu machen, sobald es anstrengend wird, um sich etwas Neues zu suchen, ist feige! Diese »Ex-und-Hopp-Mentalität« spiegelt ein typisches Verhalten unserer Wegwerfgesellschaft, das auch auf der Beziehungsebene zur Unverbindlichkeit tendiert. Der Absicht, sich zu trennen, geht meist die Illusion voraus, dass mit dem nächsten Partner alles ganz anders wird. Aber eine Trennung ist oft nur eine scheinbare Lösung des Problems, eine Verlagerung hinein in die nächste Partnerschaft und führt selten zu einer qualitativen Verbesserung. Zum einen zieht man immer wieder denselben Typ an und zum anderen ähneln sich die männlichen Verhaltensweisen sowieso.

Stattdessen: Sich Zeit lassen

Allein die Erkenntnis, dass Trennung nicht die Lösung des Problems ist, kann erleichternd bis desillusionierend wirken. Warum sich also entscheiden müssen? Man kann sich genauso gut Zeit lassen und sich später trennen. Trennungsabsichten treten, zumindest für viele Frauen, oft an Stelle eigener Visionen. »Wenn«... der Sohn groß ist, sie endlich eine Wohnung gefunden haben, die Kinder erst in der Schule sind... dann trennen sie sich! Solange leben sie im Krieg mit ihrem Partner in einem Schützengraben unter einem Dach. Die Trennung ist hier pure Illusion, und wenn der andere den ersten Schritt in diese Richtung tun würde, wäre die Überraschung groß. Bleibe ich oder gehe ich, diese andauernde Ambivalenz lähmt, macht handlungsunfähig. Zudem wird man total unglaubwürdig, wenn man seit Jahren damit droht. Also: Gehen! Oder doch lieber bleiben? Nehmen Sie Druck aus dieser Situation raus. Entscheiden Sie sich doch jeden Tag neu: »Heute bleibe ich noch bei ihm, morgen kann ich mich neu entscheiden!« Innerlich wissen Sie vielleicht, dass Sie sich noch gar nicht entscheiden können. Belassen Sie es dabei, entscheiden Sie sich doch dafür, sich noch nicht zu entscheiden!

Überraschende Trennung

Ich kenne keine Frau, die morgens mit dem Gedanken aufwacht: »Ach, was mach ich denn heute, eigentlich könnte ich zur Abwechslung mal meinen Mann verlassen.« Aber ich kenne mehrere Männer, denen der Auszug ihrer Frau als ein spontaner und somit völlig unüberlegter Akt vorkam. »Am Frühstück eröffnete sie mir, dass sie gerade ihre Sachen packt und heute noch auszieht.« Immerhin sagen Frauen noch vorher Bescheid, während das »Ich geh mal eben Zigarettenholen« nicht nur in schlechten Filmen, sondern tatsächlich vorkommt. In beiden Fällen gab es sicherlich Signale, die nicht wahr oder ernst genommen wurden.

Aber was tun, wenn man eine »schleichende« Entfernung des Partners wahrnimmt? Der merkt es vielleicht selbst noch nicht einmal! Sie kennen vielleicht dieses feine Gespür, diesen siebten Sinn, der einem zuflüstert: »Da stimmt was nicht.« Ich selbst verfüge über eine derartige Intuition, dass ich mir vorgenommen habe, den nächsten Mann nicht erst dann zu verlassen, wenn er mich betrogen hat, sondern sobald ich das Gefühl habe, das er mich betrügt. Meine Erfahrung hat gezeigt, dass bestimmte Absichten selbst telefonisch wahrgenommen werden können. Männer mögen geschickter lügen, aber Frauen nehmen sensibler wahr! Die meisten Frauen, die ich kenne, besitzen derartig »subtile« Antennen. Obwohl man diese »Vorahnungen« oft selbst nicht erklären und daher auch nicht wahrhaben will, ist die eigene Intuition ein zuverlässiges Frühwarnsystem.

Stattdessen: Jetzt bleibe ich cool

Falls Sie der Typ sind, der dazu neigt, sofort zu explodieren und eher überstürzt emotional zu reagieren, können Sie ja mal etwas Neues ausprobieren: Üben Sie Selbstkontrolle! Anstatt auf seine Anschuldigungen sofort wieder mit Geschrei zu reagieren, sagen Sie sich selbst: »Moment mal, stopp!« Nehmen Sie sich die Zeit, nachzudenken! Halten Sie den Film immer dann an, wenn Sie das Gefühl haben, dass etwas schief oder in die falsche Richtung läuft! Machen und vor allem sagen Sie zur Abwechslung mal – nichts! Warten Sie ab und geben Sie sich selbst ungefähr fünf Minuten Zeit, sich zu ärgern oder sauer zu sein. Fünf Minuten sind lang, schauen Sie auf die Uhr! Danach sieht alles ganz anders aus! Innezuhalten und für fünf Minuten »Stopp« zu sagen distanziert Sie von Ihrem Ärger und bringt Sie ins Hier und Jetzt.

Anstatt gleich zu Anfang viel Porzellan zu zertrümmern und vollendete Tatsachen zu schaffen, die sich nicht mehr reparieren lassen, ziehen Sie Ihre innere Handbremse an. Reagieren Sie cool und verlassen Sie die Situation, indem Sie einen Spaziergang machen oder durch den Wald rennen. Durch das Laufen wird Adrenalin abgebaut und Körper und Geist beruhigen sich. Darüber hinaus entstehen im Gehen die besten Ideen! Lassen Sie sich nicht provozieren! Der andere wartet vielleicht nur darauf, dass Sie explodieren und emotional reagieren. »Ich sage jetzt gerade gar nichts dazu« ist eine gute Reaktion auf Vorwürfe. Ich visualisiere mir in solchen Momenten einen gelben Regenmantel und lasse den Ärger an ihm abperlen!

Distanz bringt keine Nähe

Um Krisen zu meistern raten selbst manche Therapeuten zur zeitlich befristeten Trennung und oft auch zum Auszug. Diese Idee ist meist weiblich: »Ich brauche Abstand, ich ziehe jetzt erst mal aus. Vielleicht kommen wir uns so wieder näher!« Zugegebenermaßen eine schöne Vorstellung. Aber warum soll räumliche Trennung plötzlich emotionale Nähe bringen? Frauen unterschätzen hier auch die Kompetenz der Männer, vollkommen im Hier und Jetzt aufzugehen. Kaum ist man weg, fällt ihm vielleicht abends ein: »Da war doch mal was«, aber ob aus diesem Gedanken zehrende Sehnsucht wird, sei dahingestellt. »Wenn ich nicht mehr da bin, merkt er erst, wie sehr ich ihm fehle.« Kann schon sein, aber was ist, wenn ihm gar nichts fehlt? Mit Distanz zu spielen kann gefährlich werden. Wer auch immer auszieht oder sich räumlich vom anderen trennt, riskiert eine endgültige Trennung oder vollzieht sie quasi in dieser Minute. Wenn der andere dann auch innerlich geht, gibt es kein Zurück mehr. Verletzungen und andere schlechte Erfahrungen führen dazu, dass wir dichtmachen, unser Herz verschließen. Aus reinen Schutzmechanismen heraus geht die Klappe zu, sobald einer zu nahe kommt. »Vorsicht, möglicher Feind« melden alle Alarmsysteme. Eigentlich wünscht sich jeder Nähe, vom anderen in den Arm genommen, getröstet zu werden. Stattdessen kapseln wir uns immer mehr ab und unser Panzer wird härter und härter. Aber nur einer kann Ihren Panzer öffnen: Sie selbst! Und wenn Sie sich nicht öffnen, öffnet sich der andere auch nicht!

Stattdessen: Einfach aufgeben

Sie kennen sicher die Situation: Sie haben alles versucht, für Ihre Beziehung gekämpft, über Lösungen gebrütet, sich Hilfe von außen geholt, Bücher gelesen und jetzt sind Sie am Ende, Sie wissen nicht weiter. An diesem Punkt die Waffen zu strecken und zuzugeben: »Ich bin am Ende meiner Kräfte und weiß nicht mehr weiter« kann ein erster Schritt in eine andere Richtung sein. Dieser Schritt erfordert mehr Mut als der Kampf. Wenn Sie darüber hinaus signalisieren, dass Ihr Aufgeben nicht bedeutet, dass Sie fortgehen, kann eine Veränderung eintreten. Mit der Aussage: »So halte ich es zwar nicht mehr aus, aber ich bleibe trotzdem bei dir!«, schwenken Sie die weiße Fahne und Ihr Partner wird Sie so nicht angreifen, weil er sich selbst nicht angegriffen fühlt. Die eigene Schwäche zuzugeben, indem man aufgibt, kommt energetisch der »Hingabe« gleich. Soll er sich wie auch immer entscheiden oder tun, was er will. Lassen Sie alles los! Konzentrieren Sie sich auf etwas anderes und belassen Sie Ihre Beziehung in diesem leeren Raum. Gerade die Leere ist dazu geeignet, sich wieder mit etwas zu füllen. Was auch immer geschehen mag, es wird sich etwas tun!

Das Nichtstun ist ebenso ein Handeln wie das bewusste Agieren. Gerade wenn Sie sich schwach fühlen und das Gefühl haben, gelähmt zu sein. Wenn die Zeit für eine Lösung noch nicht reif ist, ist es einfach so. Nehmen Sie diese unsichere, instabile Situation doch einfach zur Kenntnis und wehren Sie sich nicht dagegen. Seien Sie nachsichtig mit sich selbst, verlangen Sie nicht zu viel von sich selbst und akzeptieren Sie eine Zeit der Schwäche und geben Sie auf! Übergeben Sie die Lösung des Problems in die Hände einer höheren Instanz und seien Sie sicher: Was auch immer passiert, es wird zu Ihrem Besten sein!

Seitensprung als Trennungsgrund?

Dass Männer fremdgehen oder dazu tendieren ist so alt wie die Menschheit. Wenn das ein Grund zur Trennung wäre, gäbe es so gut wie keine Zweierbeziehungen auf diesem Planeten. Die Gründe sind unterschiedlich: Der eine hat eine großzügige Auffassung von Treue, der andere braucht vielleicht einen »Kick«. Auch Beziehungen, die zu harmonisch sind, können leicht vor Langeweile absterben. Im Wort »Leidenschaft« steckt nicht umsonst das Wort »Leiden«. Schönes Wetter ist ohne ein Zwischentief ebenso eintönig wie eine Bilderbuchehe aus dem Werbefernsehen. Die Gründe zum Fremdgehen sind vielfältig: Vielleicht fehlt Männern in ihrer Beziehung die Abwechslung oder die Tendenz zum Seitensprung ist genetisch und hormonell bedingt (was keine Entschuldigung sein soll), bei Frauen spielt die emotionale und körperliche Vernachlässigung durch den Partner mit eine große Rolle. Interessant fand ich einen anderen männlichen Fremdgeh-Grund: Nicht »Nein« sagen zu können.

Und das ist gar nicht so selten! Frauen haben es aufgrund ständigen Trainings gelernt, gegen die »Anmache« anzugehen und zumindest hier »Nein« zu sagen. (Jedenfalls die meisten Frauen!) Die meisten Männer haben diesbezüglich so gut wie keine Übung und werden daher von weiblichen Avancen überrollt, überrascht und geschmeichelt zugleich.

Männer gehen gern fremd, wenn sie ein »Sprungbrett« brauchen, um die jetzige Beziehung zu verlassen. Das ist dann daran zu erkennen, dass der Seitensprung entdeckt oder gebeichtet wird. Die Frage: »Was hat sie, was ich nicht habe?«, können Sie sich sparen! Denn mit großer Wahrscheinlichkeit hat dieser Akt nichts mit Ihrer Person zu tun! Die meisten Männer sind seriell monogam und leben nach der Regel: Lass dich bloß nicht erwischen. Manche Berufsgruppen sind per se mehr oder weniger geeignet, diesen Lebensstil entsprechend zu kaschieren. Ermittelnde und reisende Berufe, wie Kripobeamte, Außendienstler und Selbstständige können ihre Aktivitäten beruflich tarnen. Abendliche Kurse und Weiterbildungen eignen sich genauso gut wie Seminare und Messen. Tröstlich, dass Frauen (zumindest statistisch gesehen) nachziehen. Allerdings löst sich dadurch nicht das eine Problem, es kommt ein zweites hinzu.

Wer lügt, hat meist auch einen guten Grund. Und Männer lügen anders als Frauen. Vielleicht lügen sie weniger, aber auch nur, weil Männer weniger fragen. Frauen riskieren oft schon aufgrund ihrer komplizierten Fragen, angelogen zu werden. Also wenn wir nicht wollen, dass Männer lügen, dürfen wir ihnen bestimmte Fragen eben nicht stellen! Die weibliche Suche nach der Wahrheit gleicht manchmal einer Sucht. Frauen lügen doch auch, oder sagen eben nicht ganz die Wahrheit, oder erzählen bestimmte Dinge nicht. Mit dem Unterschied, dass uns Männer bestimmte dusslige Fragen schon gar nicht stellen. Sie haben nämlich anderes zu tun, als über »Was wäre wenn ...« nachzudenken. Männer leben im Hier und Jetzt. Davon sollten wir uns eine Scheibe abschneiden. Wohin führt die Frage: »Was würdest du tun, wenn ich morgen mit einem jüngeren Mann abhaue?« Die Antwort auf die Frage bekommt Frau dann, wenn Brad Pitt an der Tür klingelt und er öffnet. (Wahrscheinlich setzen sich dann beide mit einer Flasche Bier vor den Fernseher und verstehen sich hervorragend!)

Stattdessen: Ausgleich statt Rache

Ihr Partner hat Sie verletzt, enttäuscht oder betrogen? Passiert ist passiert, Sie werden die Vergangenheit, auch wenn sie erst zwei Tage vorbei ist, nicht verändern können. Also was werden Sie tun? Sich wie in einem drittklassigen Film rächen? Ihre Rivalin erschießen? Ihn erschießen oder sich selbst? An seine Hauswand »Hier wohnt ein Schwein« schreiben, mit Ölfarbe natürlich und großem Pinsel? Ich will Sie ja nicht auf dumme Gedanken bringen, die hat jede verletzte Frau von ganz allein. Da entwickeln wir jede Menge Fantasie! Auf diese Fähigkeit sollten Sie sich besinnen, bevor er sich danebenbenimmt, vielleicht hätte er dann keinen Grund mehr!

Derjenige, der »schuldig« ist, fühlt sich nicht viel besser, denn er weiß nicht, wie er seine »Schuld« ausgleichen kann. Und die arme Betrogene ist eigentlich die Starke, kann ihm jeden Tag von neuem das Gefühl geben, dass er ein Schwein ist. Auf Dauer keine gesunde Atmosphäre! Der Kreislauf muss durchbrochen werden! Was immer war, ein Schlussstrich muss her! Und dieser Strich kann nicht heißen »Ich verzeihe dir.« Das klappt nicht, dann sind Sie nämlich die Gnädige und der »Betrüger« ist plötzlich der Arme. Wollen Sie das? Sicher nicht! Wie könnte eine gesunde »Rache« aussehen? Ein Kuhhandel? Sie könnten für sich in Anspruch nehmen, das Gleiche zu tun oder Ähnliches. Fremdgehen gegen fremdgehen – wenn Ihnen das gefallen würde, wäre es zumindest ein gesunder Ausgleich. Nur kann das total danebengehen. »Ich habe ihn während unserer Ehe ein Mal betrogen und dachte mir, einen ›Schuss‹ hat er jetzt auch frei. Nur ging dieser Schuss nach hinten los, denn er ist nicht einfach nur fremdgegangen, sondern hat mich wegen dieser Kuh auch noch verlassen« (Julia, 38).

Also wünschen Sie sich für das, was er getan hat, etwas als Ausgleich, ein Opfer, das er Ihnen bringen muss? Wie wäre es mit einem Einkaufsbummel und einem Paar neuer Schuhe? Für ihn, der Einkaufen hasst, bestimmt ein Opfer. Oder ein gemeinsamer Abend in der Oper. Extra für Sie muss er sich chic machen! Oder wie wäre es mit einem Urlaub, etwas, wo Sie beide was von haben, danach quitt sind und sich versöhnt haben? Wichtig ist: Mit diesem Ausgleich ist das Thema und Ihr ständiges Nachtragen vom Tisch! Damit ist alles ausgeglichen. Bis zum nächsten Mal!

Wahrheit um jeden Preis?

Nach einem Seitensprung verliert man oft den Menschen, den man liebt, wenn man ihm die Wahrheit serviert. Fakt ist nun mal, Menschen lügen und gehen fremd. Wenn sie es getan haben, kann man nichts mehr daran ändern. Also überlegen Sie sich genau, ob Sie auch wirklich die Wahrheit vertragen und was sich bei Ihnen dadurch verändern wird. Ebenso sollte er oder sie sich überlegen, ob man dem anderen um jeden Preis die Wahrheit beichten muss. Nur um der Wahrheit willen? Wie kommt er damit klar? Warum wollen Sie ihm die Wahrheit sagen? Um als »guter« Mensch dazustehen, der ihn oder sie zwar verletzt hat, aber wenigstens heldenhaft zu seinen Schandtaten steht? Oder nur um das eigene schlechte Gewissen zu erleichtern? Es lebt sich nämlich verdammt schwer mit einer »Sünde«, die man nicht beichten darf! Sie haben die Wahl, entweder zu schweigen oder den anderen zu verletzen. Alles hat zwei Seiten!

Stattdessen: Jetzt entscheide ich mich

Gesine, 52 Jahre alt, engagierte mich für eine energetische Raumklärung. Auslöser war der Tod der Mutter, die mit im Haus lebte. Sehr schnell merkte ich, dass ein ganz anderes Problem »im Busch« lauert. Sie wollte mit dieser »Raumklärung« die Voraussetzung im Haus schaffen, dass ihr Mann entscheidungsfreudiger wird. Da ihr Mann nicht da war, konnte ich ihn leider auch nicht dazu befragen. Aber sehr schnell erzählte sie mir die Hintergründe: Seit über 20 Jahren hat ihr Mann verschiedene außereheliche Beziehungen. Sie selbst war auch schon mal aus dem schönen Haus ausgezogen, zog aber dann wieder ein. Mit einer seiner Geliebten hat er sogar einen gemeinsamen Sohn. Jetzt hält Gesine den Zustand nicht mehr aus. »Ich will, dass er sich endlich entscheidet.« Entscheidungen von anderen zu erwarten, kostet eine enorme Energie. Natürlich will sie, dass er sich ganz für sie entscheidet, dabei hat er sich längst entschieden: Für ein Leben mit mehreren Frauen. Ihr Kampf richtet sich gegen sie selbst, sie reibt sich daran auf und vergeudet ihre Energien.

Erwarten kann man viel! Nicht umsonst steckt das Wort »warten« darin. Wozu soll sich der Mann denn entscheiden, er hat von allem nur das Beste! Ihre jahrelangen Drohungen nimmt er längst nicht mehr ernst, sein Leben ist für ihn vollkommen in Ordnung. Die Einzige, die hier etwas entscheiden kann, ist Gesine selbst. Bleibe ich oder gehe ich? Halte ich es aus oder ist die Situation unerträglich? Und wenn ich gehe, kann und will ich dann mit den Konsequenzen (niedriger Lebensstandard, kleinere Wohnung, Singledasein) umgehen? Alles hat seinen Preis, alles hat zwei Seiten! Ihre Freundinnen raten ihr längst zum Auszug! Sie haben leicht reden, denn mit den Konsequenzen müssen sie nicht klarkommen. Hier hilft nur die Antwort auf die Frage: Was ist mir persönlich wichtiger im Leben? Abgesichert zu sein? Oder persönliche Freiheit? Wo liegen meine Prioritäten? Entscheiden kann hier nur Gesine ganz für sich allein. Und so viel ist klar, in ihrem Leben wird sich erst dann etwas Neues öffnen, wenn sie etwas Altes gehen lässt!

Lieber ein Ende mit Schrecken

Wenn nichts mehr zu retten ist, sollte man dem Schrecken ein möglichst schnelles Ende setzen. Im Falle einer Scheidung, und vor allem mit Kindern, sollte man nicht darauf bauen, dass man sich als »Freunde« trennen wird. Die gemeinsame Miteinbeziehung eines Anwalts und das Regeln der Formalien kann eine freundschaftliche Trennung fördern. Aber geben Sie sich hier keinen Illusionen hin, eine Trennung ist immer schmerzhaft und Stress entsteht zwangsläufig. Ich wundere mich immer wieder, wie viele Menschen den Bund fürs Leben eingehen, ohne sich über die rechtlichen Folgen im Klaren zu sein. Man erwirbt nicht nur Rechte, sondern übernimmt auch Verpflichtungen. Hier bietet sich eine ehevertragliche Regelung in der Zeit vor den großen Auseinandersetzungen an! Das entlastet eine Ehe ungemein! Jeder weiß, woran er ist und was er im Falle einer Trennung zu erwarten hat. Im Übrigen ist ein Ehevertrag jederzeit im Laufe einer bestehenden Ehe abschließbar und verhindert unter Umständen Rosenkriege! Kommt es zur endgültigen Trennung, werden Gefühle wie Enttäuschung und Wut eine Rolle spielen. Würde die Trennung leicht und locker vonstatten gehen, spräche das nicht gerade für die Tiefe der gescheiterten Beziehung! Trauer ehrt einen, denn das beweist, wie sehr man geliebt hat! Sollten Kinder involviert sein, geht eine Trennung immer auf ihre Kosten.

Eine Trennung sollte anstehen, wenn man seit Jahren das Gefühl hat, seine Zeit zu verschwenden, nicht seinem Herzen zu folgen. Wenn Menschen Ihnen nachhaltigen Schaden zufügen, Ihnen nicht guttun oder auch Gewalt im Spiel ist, wenn das Vertrauen nachhaltig gestört ist, sollte man sich im gemeinsamen Gespräch mit Dritten darüber klar werden, ob Veränderung möglich oder Trennung nötig ist. Wer dabei lieber warten will, bis der andere geht, mag lange warten müssen. Verlassen werden hat den Vorteil, dass man sich als armes Opfer fühlen kann und von seiner Umwelt entsprechend bemitleidet wird. Das aktive Verlassen verlangt mehr Mut. Man muss mit einem »Täter-Image« und schlechtem Gewissen leben können. Die Verlassenen sind die Stärkeren, obwohl sie sich als Schwache darstellen!

Männer haben oft andere Trennungsgründe als Frauen: Wie Marius, 37 Jahre alt. Sie ist ihm plötzlich zu dick. Aber das fällt ihm erst ein Jahr nach ihrer Hochzeit auf. Dabei hat sie all die Jahre ihr Gewicht relativ konstant gehalten. Sie war figürlich schon immer ein Rubensweib und keine zierliche Fee. Die Verlassene fragte sich zu Recht: »War er all die Jahre mit Blindheit geschlagen? Waren seine Kontaktlinsen damals nicht in Ordnung? Oder was?« Wobei es sich hier um einen rein äußerlichen Vorwand handeln kann, hinten dem in Wahrheit eine andere Frau steckt! Frauen haben oft das Gefühl der emotionalen Kälte: »Er liebte mich nicht mehr, er fasste mich nicht mal mehr an!« Ein anderer Grund ist die fehlende Bereitschaft, sich ebenso »weiterzuentwickeln« oder sie praktisch und emotional zu unterstützen: »Er lehnte meine Ausbildung ab, machte meine Interessen lächerlich.«

Jetzt gehe ich bewusst meinen Weg!

Während der Trennung von meinem Mann fuhr ich zum ersten Mal allein in die Alpen (und das auch nur, um ihn zu Hause in Ruhe zu lassen, weil ich ihn durch meine Heulerei nicht stören wollte). Ich stieg auf einen Berg und hatte oben angekommen die Wahl, durch den Wald wieder ins Tal zu gehen oder mit der Seilbahn hinunterzufahren. Ich war in einer psychisch sehr schlechten Verfassung und war mir nicht sicher. Also diskutierte ich mit mir: »Hast du Angst, allein durch den Wald zu gehen? Dann nimm die Bahn! Entscheidest du dich für den Weg zu Fuß, dann entscheidest du dich auch gegen die Angst!« Ich ging zu Fuß und ich erinnere mich sehr gut an diesen Weg. Ich konnte stehen bleiben, wo ich wollte, ohne zu hören »Was tust du da? Wo bleibst du denn.« Ich konnte rennen oder langsam laufen, ohne dass mich jemand fragte, was ich da schon wieder mache. Es war ganz allein mein Weg, den ich ganz und gar allein genießen konnte. Dieser Abstieg war ein Sinnbild für mein Leben, das vor mir lag. Egal, wie der Weg aussah, ich kann mich entscheiden, wie ich ihn gehe. Ich kann mich für oder gegen meine Angst entscheiden und ich allein entscheide mich auch für Umwege! Ich weiß vielleicht noch nicht, wo er genau hinführt, ich weiß vielleicht auch noch nicht genau, mit welchem Verkehrsmittel ich reisen werde. Und wenn es Umwege sind oder ich im Zickzack laufe! Aber es ist mein ganz eigener Weg! Die Entscheidung zu treffen, sich selbst treiben zu lassen und nicht von einem anderen getrieben zu werden, ist schon mal der erste Schritt!

Trauer heilt

Wenn man davon ausgeht, dass die Verarbeitung einer Beziehung so lange dauert, wie die Beziehung selbst, dann hat man nach einer Trennung eine ganz schöne Aufgabe vor sich. Vielleicht geht es schneller, aber um das eine »Trauerjahr« kommt keiner rum. Also lassen Sie sich Zeit, setzen Sie sich nicht selbst unter Druck, und erlauben Sie sich jede Menge Traurigkeit. Diese wird in Schüben kommen. Um nicht ganz in ein tiefes Loch zu fallen, sollte man diese Schübe zeitlich begrenzen. »Ich darf bis heute Abend sechs Uhr weinen, danach gehe ich mit Freunden zum Essen«, ist eine gute Mischung aus Verarbeitung und Weiterleben. Verlieren Sie trotz Trennungsschmerz nicht Ihre eignen Wünsche und Ziele aus den Augen. Selbstvorwürfe und selbstquälende Fragen wie »Was habe ich bloß falsch gemacht?« führen zu nichts. Schauen Sie nach vorn und überlegen Sie, wie Sie diese schwere Zeit überstehen. Diese Einstellung ist konstruktiv und führt zur Aktion. Jetzt ist es Zeit, dass Sie sich mal nur um sich selbst und erst dann um andere kümmern. Also fragen Sie sich: »Was ist das Beste für mich? Und wie komme ich dahin?« Schauen Sie nach einer Antwort in Ihrem Inneren, denn jeder trägt die Antworten auf seine eigenen Fragen, die Lösungen für seine eigenen Probleme bereits in sich selbst! Zusätzlich kann die mentale Unterstützung durch gute Freunde nicht schaden. Sie müssen keine Lösungen mitbringen. Aber allein schon, dass sie da sind und sich Ihre Geschichte immer und immer wieder anhören, ist Hilfe genug!

Stattdessen: Loslassen und transformieren

Wenn es sich nicht vermeiden lässt, die Trennung eine Tatsache ist, sollte man auch die Tatsache akzeptieren, dass man selbst darüber hinwegkommt. Die Welt dreht sich weiter, obwohl es einem erscheint, als würde sie anhalten. Nichts ist mehr so, wie es war. Und nichts ist schlimmer als der Rat guter Freunde: »Das Leben geht weiter« und »Du wirst schon darüber hinwegkommen«. Fakt ist: Es ist eine schlimme Zeit und man kann sich nicht vorstellen, dass sie vorbeigeht.

Doch irgendwann ist es Zeit, loszulassen, rauszugehen und dem Leben wieder ins Gesicht zu sehen. Und es ist Zeit, sich von der Beziehung zu verabschieden.

Im Idealfall wäre eine Verabschiedung ähnlich wie bei einer Reise denkbar, in der sich jeder beim anderen für die gemeinsam verbrachte Zeit bedankt, den anderen freigibt und ihm und ihr für die Zukunft alles Gute wünscht! Ist dieses Gespräch mit dem Expartner nicht möglich, kann man selbst einen Vorstoß in diese Richtung machen, indem man sich schriftlich für die gemeinsame Zeit bedankt und verabschiedet. Am einfachsten wäre es, einen Brief zu schreiben, indem man sowohl die positiven als auch die negativen Punkte in der Beziehung anspricht. Dieser Brief muss nicht abgeschickt werden, er kann sozusagen dem Universum übergeben werden. Allein die Tatsache, dass Sie sich verabschiedet und bedankt haben, hilft bereits, die Energien in eine andere Richtung fließen zu lassen.

Verabschieden kann auch bedeuten, die alte Beziehung den Elementen anzuvertrauen. Je nachdem, welche Sie vorziehen, können Sie beispielsweise aus diesem Brief einen kleinen Flieger basteln und ihn von einem Berg aus fliegen lassen, also dem Element Luft anvertrauen. Vielleicht liegt Ihnen das Element Feuer eher? Dann verbrennen, also transformieren Sie Ihre Botschaft. Vergraben Sie den Brief in der Erde oder falten Sie ein Schiffchen daraus und vertrauen Sie dieses dem Wasser an! So können Sie Ihre alte Beziehung verabschieden und damit loslassen. Das Festhalten an alten, nicht mehr zu verändernden Tatsachen lehnt den Wandel ab. Aufzuhalten ist er dennoch nicht und so verhärtet sich eine Situation, die Ihnen nicht gerade gut tut.

Lieber allein als einsam zweisam

Die Angst vor Einsamkeit ist für manche Paare der einzige Grund, ihre desolate Beziehung aufrechtzuerhalten. Solange Auseinandersetzungen in einer Partnerschaft zum Alltag gehören, ist die Beziehung noch nicht verloren. Tritt aber an Stelle von Streit Schweigen und hält sich diese Stille über Jahre hinweg, dann ist die Eiszeit in die Beziehung eingezogen. Man sitzt schweigend am Tisch, liegt schweigend zusammen im Bett oder hat längst getrennte Bereiche. Nur noch nach außen hin wird die Beziehung aufrechterhalten. Eisig auch die Stimmung, die Gefühle eingefroren. Was ist schlimmer als allein zu leben? Zweifellos zu zweit zu sein und sich völlig verloren und verlassen zu fühlen. Viele scheuen die Trennung, weil ihre Angst vor dem Alleinsein größer ist als ihr Leidensdruck. Angst entsteht immer vor unbekannten Situationen. Selbst schmerzhafte, aber bekannte Beziehungen zieht der Mensch dem Unbekannten vor. Manchmal kann man es sich nicht mehr aussuchen: Verlassen steht man da, und hat nur noch die Wahl, allein unglücklich zu bleiben oder glücklich zu werden.

Stattdessen: Allein glücklich leben

In einer Paarbeziehung zu leben entspricht immer noch eher der gesellschaftlichen Norm, als allein zu sein. Hierbei ist man dem Druck von zwei Seiten her ausgesetzt: Seitens der Gesellschaft, Familie und Freunden und auf der anderen Seite setzt man sich selbst unter Druck. Wenn Männer verlassen werden oder selbst gegangen sind, werden sie von ihren Freunden eher beneidet. »Sei froh, dass du die los bist. Endlich hast du deine Freiheit wieder. Jetzt kannst du mal wieder so richtig auf den Pudding schlagen, die Welt ist voll von tollen Frauen!« Frauen dagegen erfahren von ihren Freundinnen eher Bedauern: »Dieses Schwein hat dich verlassen, wie konnte der! Aber du findest sicher bald wieder jemanden!« Bald darauf folgen die weiblichen Verkuppelungsversuche, wie »Du, ich habe da einen Kollegen ...«. Die überwiegend paarweise vorkommenden Freunde können einen Single in ihrer Umgebung ganz schwer ertragen! Ich glaube, dass manche in Anbetracht geschiedener Freunde ihre eigene desolate Beziehung vor Augen haben und ihrer eigenen Angst begegnen.

Fakt ist, ob wir es zugeben oder nicht, dass die meisten Alleinstehenden auf der Suche nach einer Beziehung sind oder zumindest nicht abgeneigt wären, sich wieder zu binden. Die allerwenigsten haben ihre alten Beziehungen verarbeitet, sind mit sich selbst im Reinen und wollen keine, aber auch wirklich keine Beziehung mehr. Wer von denen dennoch dieses Buch liest, ist wohl versehentlich darüber gestolpert. Viele betrachten ihr Singledasein als ein kurzfristiges Gastspiel zwischen zwei Engagements, wobei dieser Soloauftritt länger dauern kann als erwartet. Alleinsein wird als moderner Lebensstil propagiert, der Freiheit, Spaß und Party verspricht. Aber nur in der Werbung. Das Leben ist nun mal keine dauernde Party und darum sollte jeder, der freiwillig oder unfreiwillig in dieser Lebensform gelandet ist, das Beste daraus machen. Und das beginnt damit, dass man sich selbst nicht als eine halbe Portion begreift, der eine andere Hälfte fehlt. Nur wer sich selbst solo akzeptiert, im Außen dazu steht und das Beste draus macht, wird erfahren, dass das Alleinsein eine legitime Lebensform ist – mit steigender Tendenz!

Jetzt freunde ich mich mit mir selbst an!

Können Sie sich auch mit sich selbst vergnügen? Können Sie einen Abend vor dem Fernseher genießen, auch allein lachen? Falls nicht, wird es höchste Zeit, das zu trainieren! Also lernen Sie sich selbst kennen! Interessieren Sie sich für sich selbst ebenso wie für andere. Kurz nach meiner Trennung von meinem Mann begann ich mein eigenes Leben zu »entdecken«. Obwohl wir beide schon immer unsere eigenen Freiräume hatten, fiel es mir ungeheuer schwer, allein wegzugehen. Ich zwang mich dazu, ich ging allein in die Stadt, stand vor einem Eisstand und wusste plötzlich nicht mehr, welche Sorte Eis ich eigentlich mochte. Ich merkte, dass ich mehr über seine Lieblingssorten als über meine wusste. An diesem Punkt beschloss ich, das augenblicklich zu ändern. Und wenn ich alle Sorten durchprobieren müsste, um mich wieder zu erinnern! Ich würde es herausfinden! Ich begann auch, allein ins Kino zu gehen und lernte, selbst langweilige Filme zu genießen. Ich musste nicht neben mich sehen, ob er bereits schläft oder ob er lieber gehen wollte. Ich begann, mit meinen Gefühlen und Gedanken wieder zu mir zu kommen.

Manche schauen mich seltsam an, wenn ich mal allein verreise und mich mit mir selbst amüsiere. Das ist für mich die Voraussetzung, es auch wirklich und ohne Abhängigkeit mit einem Partner zu können. Den Partner entlastet das ungemein, denn er merkt sofort, wenn er dazu benutzt wird, nur eine »Lücke« im Ich des anderen auszufüllen. Längst haben Hotels Alleinreisende akzeptiert und sie werden entsprechend hofiert. Ich reise gerade beruflich sehr viel und kenne mich aus mit den so genannten Katzentischen. Kleine Tische an unattraktiver Stelle neben dem Eingang oder der Tür zur Toilette verschwinden mit der steigenden Zahl von finanzstarken Singles zusehends. Werde ich trotzdem mal dort »platziert«, so äußere ich mich höflich, aber bestimmt: »Dieser Tisch gefällt mir nicht, Sie haben sicher noch einen anderen für mich.«

Jetzt baue ich mir mein eigenes Haus!

Frau kann ja nicht so lange in der Warteschleife des Lebens ihre Runden drehen, bis sie zufälligerweise dem Mann ihres Lebens begegnet. Die Lebenskonzeptionen vieler Singlefrauen gleichen einem Provisorium: Frau traut sich nicht, sich richtig an einem Ort niederzulassen, der Zukünftige könnte ja aus einer anderen Gegend stammen und dann müsste man ja wieder umziehen. Frau traut sich nicht, sich ein Haus zu kaufen, oje, das müsste man ja dann wieder verkaufen. Oder sie traut sich nicht, ein neues Doppelbett anzuschaffen, denn dann hat man ja zwei, falls der andere auch eins besitzt. Diese Überlegungen stammen alle von

Frauen, die ich persönlich kenne. Es ist, als trauen diese Frauen sich nicht zu atmen, sie leben ständig im Standby-Modus und somit nur mit halber Kraft. Sie können so nicht in ihre persönliche Energie kommen. Das Heute findet nicht statt, alles wird auf das Morgen projiziert. Sie stecken in dem fest, was sie nicht können, anstatt das zu tun, was in ihren Möglichkeiten liegt. Also suchen Sie sich ein Grundstück und bauen Sie sich ein Haus, falls das schon immer Ihr Wunsch war! Kaufen Sie sich einen Hund, wenn das schon immer Ihr Traum war. Warten, bis man zu zweit ist und sich dann die Arbeit teilt, haut eh nicht hin. Dann ist man irgendwann zu zweit und hat doppelt zu tun!

Kisten packen

Um sich von Personen, von denen Sie sich getrennt haben und die Sie aus Ihrem Leben: »streichen« wollen, endgültig zu verabschieden, gibt es eine wirkungsvolle Methode, das »Kistenpacken«. Visualisieren Sie in Ihrem Keller ein leeres Regal. Stellen Sie sich einfach vor, dass Sie auf eines der Regalbretter einen Karton stellen. In diesen Karton packen Sie drei Dinge, die Sie mit der betreffenden Person verbinden: etwa deren Socken, eine Schachtel Zigaretten ihrer Marke und eine CD. Jetzt schließen Sie in Gedanken den Karton und packen ihn in Papier ein. Welches Papier und welche Farbe oder Art von Schleife passt zu dieser Person?

Vielleicht Packpapier mit einer dicken roten Kordel? Machen Sie einen Knoten und stellen Sie in Gedanken Ihren Karton ins Regal zurück. So, das war's: Die »Beziehungskiste« ist entsorgt. Wenn Sie wieder an diese Person denken, dann denken Sie sofort an den Karton im Keller. Dort steht er, und dort kann sich jetzt jemand anders mit ihm amüsieren. Sie sind damit fertig. und jedes Mal, wenn der Gedanke an diese Person auftaucht, ziehen Sie die Bremse: »Halt, er/sie ist doch im Keller in dem braunroten Karton verstaut.« Und irgendwann erledigt es sich von selbst. Das funktioniert übrigens nicht nur mit Personen, sondern auch mit ständig wiederkehrenden, unproduktiven Gedanken oder Problemen. Einpacken und vergessen!?

Zusammengefasst:

- Diskussionen, Auseinandersetzungen und Krisen sind Teil einer jeden normalen Beziehung und alltägliche Herausforderungen.
- Krisen zu überwinden heißt, den Berg zu besteigen und von oben die Aussicht zu genießen. Kapitulieren heißt, sich feige vor der Herausforderung zu drücken.
- Die eigene Schwäche zuzugeben und aufzugeben kann energetisch einiges in Bewegung setzen!
- Bevor die Situation eskaliert, sagen Sie »Stopp« und nehmen Sie sich Zeit nachzudenken!

- Begrenzen Sie Ihren Ärger und Ihr Leid zeitlich!
- Fragen Sie sich: »Was ist das Beste für mich? Und wie komme ich dahin?«
- Interessieren Sie sich für sich selbst ebenso wie für andere Menschen.
- Folgen Sie auch hier Ihrer Intuition und trennen Sie sich von den Dingen, die Sie in Ihrem neuen Leben belasten könnten.
- Wer gehen will, soll gehen! Reisende darf man nicht aufhalten.
- Wer mich mehr ärgert als erfreut, der fliegt!
- Falls Sie sich mal nicht entscheiden können, so entscheiden Sie sich doch dafür, sich nicht zu entscheiden!
- Trennung ist oft nur eine scheinbare Lösung des Problems, welches in die nächste Partnerschaft hineinverlagert wird.
- Das Nichtstun ist ebenso ein Handeln wie das bewusste Agieren.
- Neues kann nicht entstehen, wenn das Alte nicht geehrt und verabschiedet wurde.
- Akzeptieren Sie das Alleinleben als eine vollständige Lebensform und nicht nur als Defizit!

Zu guter Letzt: Artgerechte Haltung

Das Schreiben von Büchern kann ebenso Impulse geben wie das Lesen von Büchern. Und jedes Mal, wenn ich an einem Buch arbeite, entlasse ich etwas aus meinem Leben: Mal sind es einige Pfunde, die von allein purzeln, mal ist es eine längst fällige Trennung. Beim Schreiben dieses Buches jedoch kam etwas Neues hinzu: ein Zweithund, ein kleiner Welpe und ich taufte ihn T-Bone. Um meine Fähigkeiten in der Hundeerziehung aufzufrischen, habe ich neben dem Schreiben in diversen Hundebücher geschmökert. Das hat das Thema »Beziehungen« um zwei Pfoten bereichert und das Thema »Zweibeiner« vermischte sich mit dem Thema »Vierbeiner«.

Kann es sein, dass männliche Vierbeiner leichter zu verstehen sind als männliche Zweibeiner? Oder verstehen Hunde die Frauen besser als es die Männer tun? Liegt es aber auch daran, dass wir uns Hunden gegenüber deutlicher ausdrücken als den Männern gegenüber? Kein Zweifel, in beiden Fällen hilft Klarheit! Wenn ich meinen Hund rufe »Kommst du oder kommst du nicht?«, dann hört er aufs Wort: Er kommt oder er kommt nicht. So ähnlich läuft die Kommunikation zwischen Männern und Frau auch ab.

Also was haben wir schon zu verlieren, wenn wir es mal mit den bewährten Methoden der Hundeerziehung versuchen? Denn, wie in einem Hunderatgeber nachzulesen ist, sind wohlerzogene Hunde »anhänglich« und bringen ihren Frauchen viel Freude und vor allem kann man sich mit ihnen auch »stolz außerhalb« der eignen vier Wände sehen lassen. Allerdings sollten Sie sich vor der Anschaffung überlegen, ob Sie sich der Belastung gewachsen fühlen und ob Sie diese Verantwortung auf sich nehmen wollen, je nach Rasse erreichen sie immerhin ein stolzes Alter, wobei die größeren eine geringere Lebenserwartung haben als die kleineren. So ein neuer Hausgenosse macht zwar viel Freude, aber auch jede Menge Arbeit!

Die Auswahl der Rasse sollten Sie anhand Ihrer Bedürfnisse und deren Fähigkeiten treffen. Suchen Sie eher einen Beschützer oder Begleiter, einen Tröster und Unterhalter? Manche haben eher das Talent zu bewachen und zu hüten, andere zu apportieren oder dem Wild vorzustehen. Auch sollten Sie bedenken, ob Sie sie zu Zuchtzwecken einsetzen wollen. Doch Vorsicht, je nach Temperament kann der eine eher handscheu oder trennungsängstlich, der andere vielleicht nervös oder sogar bissig sein. Hierbei hilft das Wissen, dass Angstbeißer eher unsicher sind und die auf Schnelligkeit getrimmten Windhunde als so genannte »Sichthetzer« öfter mal abhauen können. Manch einer verweigert sogar den Rückkehrbefehl! Einen derart dominanten Artgenossen sollten Sie mindestens einmal täglich bürsten!

Von Anfang an sollten Sie Ihren neuen Mitbewohner so

behandeln, wie Sie dies auch für die Zukunft vorhaben. Entweder jetzt gleich oder nie, später die schlechten Gewohnheiten und das Fehlverhalten zu korrigieren geht meist nur mit professioneller Hilfe! Die artgerechte Haltung im Haus erfordert einen eigenen Platz, einige Extras sowie Spielsachen. Sie sollten ihm gegenüber immer freundlich, aber stets entschlossen auftreten, mit ruhigem Ton sprechen, ihn nicht erschrecken, nicht ärgern und seine Gutmütigkeit nicht ausnutzen. Hilfreich ist es, ihm kurze, eindeutige, laut und deutlich gesprochene Kommandos in Verbindung mit seinem Namen zu geben. Nichts hört er lieber als seinen eigenen Namen und diesen zu hören erzeugt Aufmerksamkeit. Aber bitte nicht ständig oder ohne Grund rufen, sonst lässt die Aufmerksamkeit nach und das Kommando flacht ab! Präzise Kommandos, gern mit einem Hand- oder Armzeichen verbunden, schließen Missverständnisse aus.

Das wichtigste Wort ist hierbei ein deutliches »Nein«. Ziel dieser Übungen ist vor allem, dass er draußen gehorcht und nicht abhaut. Dann wird er auch brav vor einem Laden warten, ohne in Panik zu geraten. Bestrafung macht wenig Sinn. Bei anfänglichen Schwierigkeiten sollte man vor allem nicht aufgeben, weiterüben, geduldig sein und die Nerven behalten. Gewalt ist hierbei kontraproduktiv und funktioniert nicht. Negatives Verhalten sollte sofort verbal missbilligt werden! Warum Frauchen beleidigt oder böse ist, versteht keiner! Eine Bestrafung funktioniert niemals für etwas, was lange zurückliegt, die Zurechtweisung muss direkt auf die Tat folgen, beispielsweise in Form eines Strahls mit der Wasserpistole, wenn er sich schlecht benimmt oder durch einen leichten Klaps mit der Zeitung! Er wird Ihnen nicht böse sein, denn er hat den instinktiven Wunsch, dem Rudel anzugehören und seinem Frauchen zu gefallen.

Erfolg versprechend wirkt, wenn die gewünschte Verhaltensweise durch eine sofortige Belohnung verstärkt wird! Also loben Sie ihn sofort, sobald er etwas richtig gemacht hat! Hat er etwas nicht richtig gemacht, lobt man nicht. Das scheint zu reichen. Die Belohnung bietet sich in Form eines Leckerbissens an. Das Training klappt daher besonders gut, wenn er Hunger hat und lässt sich hervorragend mit den Mahlzeiten kombinieren! Danach liebt er es bequem, deshalb braucht er ein nettes Plätzchen zur Befriedigung seines natürlichen Komfortbedürfnisses. Zudem sollte auch sein natürlicher Spieltrieb erfüllt werden. Er liebt Ballspiele genauso wie das Suchen nach versteckten Gegenständen wie Schlüsselbund und Brieftasche.

Eigentlich ist diese Spezies hervorragend dazu geeignet, zu arbeiten und ihre geistigen und körperlichen Kräfte zu gebrauchen. Diese müssen sogar gefordert werden, ansonsten laufen sie Gefahr, sich zu langweilen! Verhaltensauffälligkeiten wie Probleme beim Autofahren oder mit der Sexualität sind ebenso auf Langeweile zurückzuführen wie schlechte Angewohnheiten, beispielsweise »lustvolles Aasfressen« oder Angstbeißen. In diesen Fällen eignen sich am ehesten kreative Beschäftigung und körperliche Betätigung wie das Graben in einer eigenen Sandgrube im Garten.

Schlechte Manieren sind oft auch auf falsche Haltung zurückzuführen. Wenn man ihn von klein auf ständig verwöhnt und herumträgt, wird er kaum lernen, selbstständig zu sein und ab und zu auch mal allein zu bleiben! Keine Verhaltensauffälligkeit, sondern vollkommen normal ist der starke Sexualtrieb dieser Spezies. Der Befehl »runter« wirkt hier, wenn er alles Mögliche besteigt. Sollte das nichts helfen, kann hier auch wieder die Wasserpistole zum Einsatz kommen. Weitere damit einhergehende geschlechtsspezifische Probleme wie das Setzen von Duftmarken, das Streunen, die Revierverteidigung und Kämpfe mit Artgenossen lassen sich relativ einfach durch Kastrieren ausschalten!

Denken Sie immer daran, Ihr Engagement lohnt sich! Sie bekommen einen aktiven, Freude bringenden und angenehmen Mitbewohner. Doch Vorsicht, manche sind so raffiniert und verstehen es geschickt, dich zu dominieren, indem sie Hilflosigkeit und Unterwürfigkeit vortäuschen! Vielleicht braucht er nur mal wieder geistige Anregung. Vergessen Sie nicht, ihn immer und immer wieder zu belohnen, durch Leckerbissen, sanfte Worte und Streicheleinheiten, oder durch ein gemeinsames Spielchen!

Aber nicht vergessen: Verraten Sie niemals Ihrem Mann, dass Sie ihn gerade wie einen Hund behandeln. Ansonsten garantiere ich Ihnen: Entweder pinkelt er Ihnen ans Bein oder er sucht sich ein anderes Frauchen!

Aus meinem Bücherschrank

Arias, Juan: *Bekenntnisse eines Suchenden. Juan Arias im Gespräch mit Paulo Coelho*, Zürich: Diogenes 2001

Arthur, Lowell Jay: *Das Geheimnis der Anziehung*, Kirchzarten bei Freiburg: VAK Verlag 2003

Bamberger, Günter G.: *Lösungsorientierte Beratung*, Weinheim: Beltz 2001

Benard, Cheryl und Edit Schlaffer: *Glücklich trotz Mann. Partnerschaft und ihre Mythen*, Hamburg, Frankfurt am Main: Krüger 2004

Birkenbihl, Vera F.: Das 30-Tage-Trainingsprogramm. *Gehirn-gerechte Lernstrategien,* Kreuzlingen/München: Hugendubel 2003

Boerner, Moritz: *Byron Katies The Work. Der einfache Weg zum befreiten Leben*, München: Goldmann 1999

Chen, Chao-Hsiu: *Lächelnde List. 3 x36 Erfolgs-Strategeme aus dem alten China*, Kreuzlingen/München: Hugendubel 2001

Chopra, Deepak: *Lerne lieben. Lebe glücklich*, München: dtv 2000

Dahlke, Ruediger, Baldur Preiml und Franz Mühlbauer: *Die Säulen der Gesundheit. Körperintelligenz durch Be-*

wegung, Ernährung und Entspannung, München: Goldmann 2001

Dahlke, Ruediger: *Lebenskrisen als Entwicklungschancen. Zeiten des Umbruchs und ihre Krankheitsbilder*, München: Goldmann 2002

Dalai Lama: *Vision des Herzens. Wieso ich die Zukunft optimistisch sehe*, Freiburg/Basel/Wien: Herder 1999

Fiedeler, Frank: *Yin und Yang. Das kosmische Grundmuster in der Kultur Chinas*, München/Kreuzlingen: Hugendubel 2003

Fischer, Theo: *Wu wei. Die Lebenskunst des Tao*, Hamburg: Rowohlt 1992

Fogle, Bruce: *Hunde richtig erziehen. Schritt für Schritt zum idealen Familienhund*, Wien, Zürich: BLV 1994

Gratch, Alon: *Wenn Männer reden könnten. Was Männer fühlen ohne es zu sagen,* Bern, München, Wien: Scherz 2002

Goleman, Daniel: *Der Erfolgsquotient*, München: dtv 2000

Gawain, Shakti: *Meditationen im Licht. Neue Meditationen und Übungen zur kreativen Visualisierung*, München: Heyne 1992

Gibran, Khalil: *Der Prophet*, Düsseldorf/Zürich: Walter 2001

Goleman, Daniel: *Der Erfolgsquotient*, München: dtv 2000

Hellinger, Bernd: *Ordnungen der Liebe. Ein Kursbuch*, München: Knaur 2001

Laotse: *Tao Te King Das Buch vom Lauf des Lebens. Ein Juwel chinesischer Weisheitsliteratur*, München: O. W. Barth 1999

Li, Christine und Ulja Krautwald: *Der Weg der Kaiserin. Wie Frauen die alten chinesischen Geheimnisse weiblicher Lust und Macht für sich entdecken*, Bern/München/Wien: Scherz 2000

Onken, Julia: *Spiegelbilder. Männertypen – wie Frauen sie durchschauen und sich dabei selbst erkennen*, München: Goldmann 1997

Onken, Julia: *Herrin im eigenen Haus. Weshalb Frauen ihr Selbstbewusstsein verlieren und wie sie es zurückgewinnen*, München: Goldmann 2001

Osho: *Das Buch vom Ego. Von der Illusion des Ichs zur Freiheit des Seins*, München: Heyne 2000

Osho: *Beziehungsdrama oder Liebesabenteuer*, Zürich: Osho-Verlag 2002

Pease, Allan und Barbara: *Warum Männer nicht zuhören und Frauen schlecht einparken*, München: Ullstein 2000

Pohle, Rita: *Lebensräume gestalten mit Feng Shui*, München: Hugendubel 1998

Pohle, Rita: *Weg damit! Entrümpeln befreit*, Kreuzlingen/München: Hugendubel 2001

Pohle, Rita: *Weg damit! Business ohne Ballast*, Kreuzlingen/München: Hugendubel 2002

Pohle, Rita: *Weg damit! Die Seele befreien. In sieben Wochen das Leben entrümpeln!* Kreuzlingen/München: Hugendubel 2003

Popcorn, Faith und Lys Marigold: *Evalution. Die neue Macht des Weiblichen. 8 Strategien für frauenorientiertes Marketing,* München: Heyne 2001

Riemann, Fritz: *Die Grundformen der Angst. Eine tiefenpsychologische Studie.* München: Reinhardt 1961

Roberts, Monty: *Das Wissen der Pferde und was wir Menschen von ihnen lernen können*, Bergisch Gladbach: Lübbe 2000

Schäfer, Thomas: *Was die Seele krank macht und was sie heilt*, München: Knaur 1997

Schwanitz, Dietrich: *Männer. Eine Spezies wird besichtigt*, München: Goldmann 2003

Tannen, Deborah, *Du kannst mich einfach nicht verstehen. Warum Männer und Frauen aneinander vorbeireden*, Hamburg: Kabel 1990

Taylor, David: *Mein Hund. Ein praktischer Ratgeber*, Remseck: Unipart 1996

Thich Nhat Hanh: *Die Sonne, mein Herz. Wie Glück entsteht*, Freiburg/Basel/Wien: Herder 1997

Die Autorin

Rita Pohle, Dr. phil., M. A., Industrial Designerin HdK, studierte zunächst Germanistik und Politologie an der Freien Universität Berlin, dann Industrial Design an der Hochschule der Künste Berlin. Sie lebt in Stuttgart und arbeitet selbstständig als Interior- und Industrial-Designerin, seit 1996 im eigenen Büro »design & consulting«. Als Designerin gestaltet sie Arztpraxen, Ladengeschäfte, Geschäfts- und Privaträume nach den Prinzipien des chinesischen Feng Shui.

Darüber hinaus berät sie Firmen und Privatleute in Gestaltungs- und Konzeptionsfragen und unterstützt durch systemische Beratung und lösungsorientiertes Coaching. Sie hält Vorträge und veranstaltet Seminare zu den Themen Feng Shui, Space-Clearing und Selbstmanagement.

Weitere Informationen oder Kontakt zur Autorin:
pohledesign@compuserve.com
www.spaceclearing.de
www.fengshuidesign.de

Register